중국 조선족 여성의
삶과 여성해방

방미화 지음

중국 조선족 여성의 삶과 여성해방

한국학술정보

책머리에

왜 중국 조선족 여성인가, 중국 조선족 여성 그들은 누구인가, 그들에 대한 연구는 왜 필요한가, 조선족 여성 사례가 여성주의 이론 구축에 있어 어떠한 중요한 자료를 제공해 줄 수 있을까. 나의 조선족 여성 연구는 이러한 의문 속에서 진행되었다.

무엇보다도 그간의 중국 조선족 여성에 대한 연구가 학계에서 차지하는 위치를 숙고해 보고, 과연 조선족 여성 연구자들의 열정적인 학술활동이 전체 역사학 내지 여성주의 및 젠더 연구에 어느 정도 그리고 어떤 영향을 끼쳤는지에 대해 솔직하게 질문을 던져야 할 시점에서 필자는 우선 먼저 중국 조선족 여성에 대한 연구 성과를 정리하는 작업에 착수하였다.

그 과정에서 조선족 여성사 연구가 초기 단계에 머물러 있음을 알게 되었다. 특히 여성주의 시각에서 조선족 여성의 삶을 분석한 연구는 전무한 상황이었다. 이에 필자는 무엇보다도 조선족 여성들의 용감하고 헌신적인 정신이 잘 알려진 항일전쟁, 해방전쟁, 사회주의 건설 및 국가 건설에서의 조선족 여성들의 활동 양상을 젠더 시각에서 분석하는 데 치중하였다. 연구를 통해 항일 및 해방전쟁에 참여했던 여성 내지 사회주의 건설에서의 여성 사업에 종사해 왔던 여성들은 어떠한 고정된 정체성의 소유자인 것이 아니라, 한 시대 속의 이질적인 요소들과 연결 접속함으로써, 가부장제 규범에 의해 하나의 방향으로 흘러가면서도 그러한 코드에서 벗어나려는 시도에 의해 항상 변화 가능한 정체성의 재구성을 추동하는 존재임을 발견하였다.

따라서 조선족 여성들은 어느 시대이든지를 막론하고 항상 빛을 보려는 의지를 소유한 주체들로서 그들의 의지야말로 더욱 살기 좋은 미지의 세계, 창조적인 세계로 이끄는 통로이자 희망이 아닐까라는 생각에 조선족 여성에 대한 연구는 언제까지나 불가피한 것이며, 여성주의 이론 구축에 귀중한 자료를 제공할 수 있음을 기대하면서 필자는 향후에도 조선족 여성 연구에 더욱 정진하여 다양한 연구 분야에서 조선족 여성 연구가 활발히 진행될 것을 기대하는 바이다.

앞으로, 조선족 여성 연구는 이론적 및 방법론 구축 작업과 조선족 여성의 역사와 현실에 대한 기초적인 자료를 착실히 수집 축적하는 작업을 동시에 추진해야 할 것이며, 나아가 젠더, 계층 등 다양한 이론 및 방법을 동원하여 조선족 여성을 둘러싼 다양한 현상들을 쟁점화해야 할 것이다. 특히 여성사와 젠더사의 긴장 관계를 염두에 두면서 젠더관계의 맥락에서 조선족 여성의 역사와 현실을 새롭게 조망함으로써, 그들을 둘러싼 다양한 관계 예를 들면, 국가 권력, 가부장제, 전통적 관념 등 관계 속에서 여성의 '주체화' 문제를 해석해야 할 것이다. 어쨌든 간에 다양한 시각에서 다방면적으로 조선족 여성의 역사와 현실을 쟁점화하고 논쟁의 지점들을 발굴하는 것이 중요하다고 생각된다. 중국 조선족 여성에 관한 풍부한 역사 및 현실적 사실들을 발굴한 기초 위에서 다양한 해석적 작업이 이루어지고 또 서로 다른 관점을 둘러싸고 치열한 논쟁이 이루어진다면 조선족 여성에 관한 연구는 향후 더 한층 활성화될 것으로 전망된다. 나아가 이러한 연구를 바탕으로 중국 조선족 여성 주체에 대한 연구를 심화시킴으로써 여성주의 이론을 보완할 수 있는 방법을 기대해 볼 수 있을 것이다.

끝으로, 책 출간에 둘도 없는 도움을 주신 문형진 교수님, 집필 과정에서 자료가 부족할 때마다 정확한 수집 경로를 제공해 주신 고승룡 교수님, 분석방법 면에서 큰 등불이 돼주신 예성호 교수님, 그리고 출판사 관계자분들께 지면을 빌려 진심으로 감사의 인사를 올린다.

2021.11.6

인문학원 연구실에서

차례

제1장

중국 조선족 여성 연구의 현황과 과제

Ⅰ. 여성 연구의 이론적 동향 및 연구방법

1. 여성 연구의 시각 및 이론적 동향의 변천

여성에 대한 학술적인 연구는 대학 울타리 밖의 정치, 사회적 운동 특히 1960년대의 서구 여성운동에서 본격화된 여성학의 성립을 기점으로 질적인 변화를 가져왔다고 할 수 있다. 물론 지금까지의 방대한 학문체계에서 여성에 대한 연구가 전혀 없었던 것은 아니다. 여성학이 성립되기 전에도 철학, 문학, 역사학, 사회과학 등 학문 영역에서 여성에 대한 논의는 수없이 많이 진행되어 왔다. 문제는 기존의 여성 연구들에서 여성은 항상 남성의 시각에 의해 규정되고 해석되는 대상일 뿐 여성의 시각이나 입장에서 여성을 해석하는 시각이나 연구는 적었다는 것이다.

여성에 대한 연구를 체계적으로 종합하기 위한 시도로서 여성학이 등장하면서부터 여성 연구는 사회 속에서 여성의 역할,

경험, 지위를 새롭게 이해하고자 시작되었다 할 수 있다. 여성 연구에 있어 여성학이 다른 학문과 구별되는 가장 큰 차별이 바로 젠더에 대한 개념화다. 여성학은 남성/여성의 기질, 역할, 인성 등의 차이를 자연적이고 당연한 것으로 인식하던 자연주의적이거나 본질주의적인 설명을 거부하면서 남성성/여성성의 사회적 형성을 주장하는데, 그러한 사회적 성의 구분을 지칭하는 새로운 차원에서의 '성별'에 대한 인식이 바로 여성 연구의 출발점이라 할 수 있다. 그리고 여성학의 연구 영역은 현대사회에 성에 따른 차별이 존재한다는 인식하에 여성들이 현재 경험하게 되는 사회적 모순, 여성 자체의 갈등(여성문제의 영역)에 초점을 두며, 미래에 대해서는 여성해방과 그 방법을 전망하고(여성해방론의 영역), 과거에 대해서는 여성에 대한 정당한 위치 부여와 평가(여성사나 여성 예술가, 여성 사상가의 재평가 영역)를 포함하는 논의를 모두 담는다고 볼 수 있다.[1] 이 절에서는 조선족 여성 연구의 향후 과제와 관련하여 여성 연구에서도 주로 여성사 연구의 전개와 이론적 동향의 변천 및 그 쟁점에 대해 중점적으로 살펴보고자 한다.

서구에서 1968년 학생운동에 이어 1970년대 서구를 휩쓴 제2물결 여성운동은 여성사 연구를 활성화시킨 계기라 할 수 있다. 즉 1970년 이전까지의 서구 여성사가 역사적 기록에서 빠진 여성의 경험을 발굴하여 보완하는 보충사 혹은 노예폐지운동, 도덕개혁운동, 노동운동, 국가 건설, 계급 해방 등의 역사 속에서 여성의 역사적 기여를 밝히는 공헌사에 치중하였다. 하

1) 한국여성연구소 지음, 2006, 『새 여성학 강의』, 동녘, 17쪽.

지만 그러한 연구도 여전히 남성의 가치를 기준으로 여성의 공헌을 평가하는 것으로 대다수 여성에 대한 억압은 간과되며, 또한 소수의 걸출한 여성의 경험을 반영할 뿐 대다수 여성들의 일상적 경험은 논의되지 않고 있다. 하지만 제2세대 여성운동에 힘입어 시작된 새로운 여성사 쓰기에서는 더 이상 남성이 중심이 되는 영역만이 아니라, 섹슈얼리티, 연애, 출산, 자녀 양육, 모성성, 동성애, 몸, 일상생활 등 그간 소홀히 다루었던 재생산 영역이나 여성의 사생활 등으로 관심을 확장시키기 시작했다.

한편, 여성사의 이론적 동향의 변천 및 그 쟁점으로부터 볼 때, 다음과 같은 세 가지 양상을 띤다. 먼저, 역사연구에 영향을 미친 포스트구조주의의 언어적 전회(linguistic tum) 및 여성사와 젠더사 사이의 긴장이다. 1986년 조안 스콧(Joan W. Scott)은 기존 여성사 연구의 한계에 주목하면서 「젠더: 역사학적 분석의 유용한 범주」의 출간을 통해 "젠더"를 역사 분석의 범주로 끌어들이게 되며, 따라서 이 논문은 여성사가 젠더사(Gender History)로의 전환을 위한 이론적 기초가 된다.[2] 포스트구조구의가 내세우는 언어구성론적 인식틀에 따르면, 역사적 진실(truth)이란 역사적 사실(fact) 자체와 동일시할 수 없는 것으로서, 어떤 사건의 진실이나 경험은 그 사회의 지식체계와 담론 및 연구자가 처한 정치사회적 맥락을 벗어나 논할 수 없는 것이며, 역사적 사건과 주체의 경험은 그 해석 틀을 만들어내는 담론의 권력 속에서 구성되는 것으로 보아야 한다.[3] 포스트구조주의 '언어

---

2) J. W. Scott, Gender: A Useful Category of Historical Analysis: *J. W. Scott, Gender and Politics of History*(New York, 1988), 28-50쪽(이 논문은 1988년 단행본으로 출간됨).

적 전회'의 영향 아래에서 페미니스트들은 담론의 권력이 사회적 성차를 구성하면서 차별을 파생시킨다고 보았고, 역사가는 과거 여성의 경험을 재구성하는 것이 아니라 실제로 여성을 구성하는 다양한 담론을 연구할 것을 주장하였다. 따라서 젠더사는 성차별이 육체적 차이에서 비롯된 것이 아니라 사회관계 특히 권력관계에 의해 만들어진 것이기에 젠더관계가 역사적으로 구성되는 방식을 분석해야 한다는 것이다.[4)]

하지만 남성과 여성이라는 단순한 생물학적 차이가 사회적 차별로 작용하게 되는 여러 가지 불평등한 구조적 원리를 탐구하고 그 기제를 해석함에 있어 젠더의 유용성이 확인되고 그 이점을 인정한 바로 그 지점부터 젠더와 섹스의 차이, 젠더 개념의 유용성을 둘러싼 논쟁이 시작되었다. 가장 근원적인 문제는 젠더사의 발전에 초석을 놓았던 스콧 자신에 의해 제기되었다. 그는 젠더와 섹스 사이에는 날카로운 구분이 존재하지 않으며 양자 모두 사실상 지식의 한 형태로서 그들은 불가분리적인 관계에 있는 서로 긴밀히 연루된 두 개의 범주로 이해될 수 있다고 본다. 따라서 스콧은 언어의 역할에 주목하여 "자연의 구성에 기여하는 언어의 역할을 무시할 때, 그것은 젠더의 도입이 허물어뜨리려고 한 바로 그것, 즉 섹스의 자연적(언어 이전의 몰역사적인) 지위를 안정화하려는 쪽으로 작용된다"는 점을 지적한다.[5)]

3) Scott, Joan, 1992, "Experience." in J. Butler and J. Scott(ed.). *Feminists Theorize the Political.* Routledge.

4) 홍양희, 2013, 「한국 근대 여성사 연구의 현황과 전망」, 『여성과 역사』19, 한국여성사학회, 71-72쪽.

5) 조은 W. 스콧 저, 「젠더와 정치에 대한 몇 가지 성찰」(배은경 역, 『여성과 사회』

섹스와 젠더의 범주 설정과 관련된 또 다른 비판은, 사회구성주의와 마찬가지로 젠더가 결국 사회나 문화를 일종의 본질주의적 관점으로 접근하는 경향, 즉 정체성이 구성된다는 것은 문화적 혹은 사회적으로 결정된다는 의미인데, 이는 결국 개인적 정체성보다는 집합적 정체성의 형성을 상정하는 것으로서 젠더 역시 보편화의 경향에서 벗어나지 못했다는 것이다.[6] 젠더의 보편화 경향에 대한 문제제기는 페미니즘의 실천적 요구와 포스트식민주의의 비판적 태도와 함께 가속화되었다. 포스트식민주의 혹은 흑인 페미니즘은 그동안 설정되어 온 '여성' 범주는 주로 백인 중산층 여성에 대한 분석에 치중하면서 흑인 혹은 유색인종 여성, 노동계급 여성, 소수자 여성, 식민지 여성의 경험에 대해서는 제대로 반영하지 못했다는 비판을 제기했다. 또한 젠더는 역사적인 흐름 속에서 고정적으로 지속되는 것이 아니라 각 역사적 시기마다 다르게 형성될 뿐만 아니라, 해당 시기의 인종, 민족, 계급, 지역에 따라 형성된 담론체계와 교차하기에 단일한 개념과 방법론을 사용하여 복잡한 여성 경험과 복합적인 여성 정체성을 규정해서는 안 된다는 것이다.

그 외, 젠더 범주에 대한 비판은 주체 해석의 유용성과 관련해서도 제기되었다. 젠더는 남녀 간 위계를 만드는 사회적 맥락을 분석하고 '성차'를 종속/지배의 근원으로 표방하는 문화적 기제임을 밝히는 데 기여를 했으나, 심리적, 문화적 특성에 대한 형이상학적인 가정을 통해 성적 대립을 보편화함으로써,

---

13, 창작과 비평사, 210-249쪽) 참조.

6) 정현백, 2007, 「'여성사' 쓰기에 대한 (재)성찰」, 『역사교육』102, 역사교육연구회, 175쪽.

내적으로 분할되어 있고, 복수적이고, 모순에 찬 주체의 존재를 볼 수 없게 만드는 한계를 지녔다는 것이다.[7] 이에 무엇보다도 젠더화 된 주체(gendered subject)의 형성과정, 즉 여성 내부의 차이나 여성 존재의 복합성을 성적 차이로 환원하던 이분법적 분류체계를 탈피하여, '여성의 행위성'과 '주체성'을 드러내면서도 동시에 이를 역사적이고 맥락적인 것으로 파악해야 한다는 것이다.[8]

젠더 개념 및 범주에 대한 또 다른 비판은 젠더사가 당파성을 비난 받던 페미니스트 역사가들이 학문의 중심권으로 진입하고 발언권을 강화하는 수단으로 사용되었다는 것이다. 이 지점에서 페미니즘의 역사학과 젠더사 사이에 여성사를 젠더의 시각으로 연구할 것인가 아니면 여성의 시점으로 연구할 것인가를 둘러싸고 긴장관계가 발생하게 된다. 많은 페미니스트 역사가들은 언어적 전회가 젠더사의 방법론으로 유용하기는 하지만 남성 중심의 역사 서술에서 벗어나지 못하고 있는 상황에서 젠더사가 여성의 정치적 입장을 약화시키지 않을까를 우려하며, 압도적으로 남성 중심적인 역사학을 교정하기 위해서는 당분간 여성 중심적인 시각이 필요하다고 주장한다.

다음으로, 포스트식민주의 페미니즘 혹은 흑인 페미니즘은 '여성'이 단일한 생물학적 주체로 동일화될 수 없다는 문제의식으로부터 출발하여 여성 간 차이에 대한 쟁점 및 '차이'를 통

---

7) 정현백, 위의 글, 176쪽.

8) 김수정, 2006, 「젠더 정체성, 개념적 계보와 이론적 딜레마」, 『젠더연구의 방법과 사회분석』(김귀옥 외 편), 다해, 36-39쪽; 김수진, 2006, 「여성사 쓰기와 젠더/여성범주」, 『젠더연구의 방법과 사회분석』(김귀옥 외 편), 다해, 53쪽.

한 전체사 구성이라는 과제를 던져주었다. 포스트식민주의 페미니즘 혹은 흑인 페미니즘은 여성들 간에는 성적 차이의 이분법만으로 환원되지 않는 인종, 계급, 민족, 국가에 따른 차이를 드러낸다고 주장한다. 예컨대, 흑인 페미니즘은 여성과 인종과의 교차지점을 중요하게 인식하며, 포스트식민주의 페미니즘은 제3세계 여성들이 공유하는 식민지 경험 및 입장은 서구의 인식틀로 일반화하기 힘들다고 지적한다. 특히 백인 페미니스트들은 폐쇄적인 핵가족 내 여성들의 고립과 사생활을 강조하면서 그것을 모든 여성들의 보편적인 문제로 가정했으나, 그들의 추정과는 달리 흑인 여성들의 삶은 공동체에 더 많이 통합되어 있었고, 가족과 공동체에서 스스로의 정체성을 추구하는 경향이 높다는 사실이 확인되었다.[9] 따라서 여성 범주의 단일성과 몰역사성을 함축하는 제1세계 중심적 인식론에 비판이 제기되면서 여성사 쓰기에서 차이를 다루는 시각이 중요시되었다. 그러나 차이의 유형들은 인종, 계층, 민족, 국가, 종족을 기준으로 구분될 뿐만 아니라, 연령, 지역, 도시, 종교, 가족, 성적 지향성 등 무수한 요소들에 의해 구분된다. 따라서 역사가들은 결국 어떤 이론화도 도출할 수 없는 개별적 존재 및 개별적 사실의 심연으로 빠져들게 될 뿐만 아니라, 차이가 극단화될 경우 종국적으로 여성이라는 범주 자체가 무의미해지고 실천운동으로서의 페미니즘의 역할이 위축될 것이라는 우려도 없지 않다.[10]

포스트모던 페미니즘이 근대성 비판을 여성 범주를 해체하

9) 정현백, 2007, 「'여성사' 쓰기에 대한 (재)성찰」, 『역사교육』102, 역사교육연구회, 152쪽.

10) 정현백, 2007, 『여성사 다시 쓰기』, 당대, 30쪽.

는 쪽으로 밀고 나가며, 여성 차이를 강조하고 서로 다른 정체성을 강조하는 경향이 여성들 사이의 정치적 연대와 실천을 저해한다는 문제의식에서 출발하여, 최근 '포괄의 정치(Inclusive)'와 '수평적 연대의 정치(Transversal Politics)'를 모색하자는 제안이 등장하였다. 이러한 주장은 여성들의 다양한 차이를 무시하지 않고 포용하면서도 차이를 넘어서는 여성 간의 공통성에 대한 모색을 시도하면서 연대할 수 있는 방안을 모색한다. 유사한 맥락에서 모한티는 제3세계 여성이 겪는 공통의 억압을 지적하면서, 성차별주의·인종차별주의·식민주의·제국주의에 저항하는 '제3세계 여성들 간의 상상의 공동체'를 제안하면서 생물학적, 문화적 기초보다는 정치적 정체성을 선택하고 있다.[11)]

마지막으로, 유럽중심주의를 넘어 서구 역사와 비서구 역사를 동등하게 포괄하는 보편사를 성립해야 한다는 문제의식이 새로운 여성사 연구를 촉구했다. 페미니즘 연구에서는 근대의 유럽중심주의가 세계사에 대한 보편주의 이론으로, 전 지구적인 정치적 기획으로 작동하고 있다는 문제의식에서 출발하여 비서구 여성 혹은 식민지 여성의 경험을 봉건적 억압과 미개한 관습의 희생자로 보게 만드는 유럽중심주의 시각을 비판한다.[12)] 그간의 여성사 연구가 상당 부분 유럽중심주의의 영향에서 벗어나지 못한 현실을 타파하고, 여성사 연구는 비서구권을 중심으로 혹은 유색여성 집단을 통해 제기되는 새로운 문제제기를 도입해야 하며, 따라서 여성사의 서술은 재구성을 둘러싼

11) 찬드라 탈파드 모한티(문현아 역), 2005, 『경계없는 페미니즘』, 이연, 77-78쪽.

12) 정현백, 2007, 「'여성사' 쓰기에 대한 (재)성찰」, 『역사교육』102, 역사교육연구회, 183-185쪽.

치열한 논의과정을 거칠 수밖에 없다. 하지만 정현백은 그간의 포스트 식민주의 페미니즘이나 유색여성 페미니즘이 '차이'를 강조하면서도 제국주의와 식민지의 지배/피지배관계를 중심으로 젠더 연구가 진행됨으로써, 사실상 암묵적으로 또 다른 제국주의 대 (포스트)식민주의 국가라는 이항대립구조를 만들 위험성을 지적한다.[13] 따라서 이항대립구조의 어느 한편에도 속하지 않는 국가들에 대한 연구는 연구의 대상에서 빠져버리게 된다. 이제 비서구권 여성사 연구에서는 자신들의 연구가 서구중심적 시각과 해석에 치중되지 않았는지, 비서구권 여성들의 고유한 역사적 경험이 지닌 복합성을 어떻게 재해석할 것인지를 염두에 두고 차이 속에서 공유하는 바를 찾아가는 노력을 해야 할 것이다. 이는 앞서 언급한 전체사와는 다른 맥락에서 지구사(global history)를 구성하려는 노력과 연결되는데, 지구사는 지구화의 급류 속에서 국가 간, 혹은 한 국가 내의 계급 간 사회적 양극화가 가속화되면서, 이에 대응하려는 '전 지구적인 인식의 역사학적 표현'이라 할 수 있다.[14] 전 지구화의 추세 속에서 여성의 삶은 커다란 변화를 겪고 있으며, 가족 내 혹은 사회에서의 여성의 지위나 변화된 가부장제의 현실을 지구적 관점에서 재구성하는 작업도 여성사 연구에서 주목해야 할 부분이다.

이상 서구 여성사 연구의 시각과 이론적 변천 및 쟁점에 대해 간단하게 살펴보았다. 그동안 여성 연구에 있어서의 쟁점은 주로 포스트구조주의의 언어적 전회(linguistic tum) 및 여성사

13) 위의 논문, 187쪽.

14) 위의 논문, 188쪽.

와 젠더사 사이의 긴장, 여성 간 차이에 대한 쟁점 및 '차이'를 통한 전체사 구성, 유럽중심주의를 넘어 서구 역사와 비서구 역사를 동등하게 포괄하는 보편사의 성립 등 영역들로 나뉜다. 이러한 쟁점으로부터 봤을 때 중국 조선족 여성은 비서구의 제3세계 여성 주체로서 여성 연구에서 반드시 포함시켜야 할 범주에 속하며, 조선족 여성에 관한 연구를 통해 백인 여성 중심 및 유럽중심주의적 해석에서 벗어나 여성 연구의 이론화에 새로운 가능성을 부여해야 할 것이다.

2. 젠더 정체성 수행에 관한 이론적 논의

이 장에서는 조선족 여성 연구의 중요한 이론적 개념인 젠더 수행성(gender performativity)을 비판적으로 살펴보도록 하겠다. 이 연구에서 젠더 수행성을 논의하게 된 것은 조선족 여성들 사례연구에 가설추론적 과정(abduction)의 결과라 할 수 있다. 즉 조선족 항일여전사 내지 건국 후 조선족 여성들의 자료를 분석하는 과정에서 행위 주체들의 자발적인 젠더 정체성 수행이 중요한 체험으로 등장했으며, 사례의 특성을 좀 더 잘 설명해 줄 수 있는 이론적 논의로 젠더 수행성의 함의를 고찰하게 되었다.

젠더 수행성 개념으로 조선족 여성들의 삶과 여성해방 양상을 파악하기 위해서는 우선 먼저 "젠더" 개념에 대한 이해가 선행되어야 할 것이다. "젠더"는 생물학적 성과는 달리 사회적 성을 지칭하는 개념으로서 특정한 사회관계 속에서 남성과 여성에게 기대되는 남성적 혹은 여성적 태도, 가치 행동양식을 뜻하며, 그것은 또한 사회, 문화적으로 형성 및 학습되는 것으로 곧 사회 구성원들이 공유하고 있는 규범이자 지식이다. 그렇다고 해서 "젠더는 결코 고정적인 정체성이거나 다양한 행동이 그것으로부터 진행되는 행위자의 장소(locus)가 아니다. 젠더는 시간 안에서 점차적으로 구성된 정체성, 즉 행동의 양식화된 반복을 통해 도입된 정체성이다."[15)]

주디스 버틀러는 『젠더 트러블』에서 "젠더는 언제나 행위이다. 비록 그 행위에 앞서 존재하는 것으로 여겨지는 어떤 주체에 의한 행위는 아니지만 말이다", "행위, 수행, 과정의 배후에는 어떤 '존재'도 없다. '행위자는 그 행위에 부가된 허구에 불과하다", "즉 젠더의 표현물 뒤에는 어떠한 (고정된) 젠더 정체성도 없다. 정체성은 (행위의) 결과라고 알려진 바로 그 '표현물' 때문에 수행적으로 구성된다."[16)] 이러한 주장에서 젠더 정체성에 관해 두 가지 점이 강조되고 있다. 하나는 젠더 정체성은 수행적이라는 것, 다른 하나는 젠더 수행 행위 전에 행위자는 존재하지 않는다는 것이다.

그렇다면, 젠더의 수행성이란 무엇을 의미하는가. 주디스 버틀러에 따르면, 젠더가 수행적이라고 할 때, "젠더는 선행하는 주체가 선택하여 행하는 수행이 아니다. 오히려 젠더는 표현됨으로써 그 결과 그것이 바로 그 주체를 구성한다는 의미에서,

15) Judith Butler, "Performative Acts and Gender Constitution: An Essay in Phenomenologyand Feminist Theory", *Theatre Journal*, Vol.40, No.4, 1998, 518쪽.

16) Judith Butler, *Gender Trouble*, Routledge Butler, 1990(조현준 역, 『젠더 트러블』, 문학동네, 2010, 131쪽).

젠더는 수행적이다."[17] 즉 젠더 정체성은 젠더를 표현 혹은 수행하는 그 배후의 것이 아니라, 바로 그 표현과 결과로 인해 수행적으로 구성된다는 것이다. 때문에 젠더 수행성 개념은 남성 혹은 여성 개개인의 역할 수행과정에서 행위 주체의 의지와 능동성, 자율성, 진취성 등을 강조하며,[18] 행위 주체가 선험적으로 존재하는 것이 아니라 매개로서 구성된다는 점에서 수행성 개념에서는 행위자성, 행위 주체성이 부각된다. 따라서 젠더 수행성 개념은 행위자성, 행위 주체성 등 연구 대상자의 능동적인 수행성에 주목한다는 점에서 장점으로 평가되며 하나의 연구 입장이 될 수 있다.

젠더 정체성은 개개 주체의 행위와 수행의 조건들에 의해 항시 유동적이다.[19] 즉 사회문화적 구성물로서의 젠더 정체성은 "기존의 성을 허물어뜨리는 '해체적 젠더(undoing gender)'(Butler, 2004)와 새로운 성을 구축하는 '생성적 젠더(doing gender)'의 반복적인 과정 속에서 구성되고 있는 유동적인 정체성을 일컫는다."[20] 이러한 논의는 젠더 정체성의 해체와 재구성의 측면을 분석할 수 있다는 점에서 조선족 여성들의 수행을 통한 여성해방 양상을 파악하는 데 이론적 토대를 제공해 준다.

---

17) Judith Butler, ***Feminist Contentions Routledge***, Routledge, 1995, 133-137쪽.

18) 박경용·임경희, 2016, 「한 조선족 여성의 디아스포라 경험과 젠더 재구성: 중국 칭다오(青島) 거주 P씨의 구술생애사를 중심으로」, 『아시아여성연구』55(1), 숙명여자대학교 아시아여성연구소, 202쪽.

19) 위의 논문, 202쪽.

20) 임옥희, 2008, 『젠더의 조롱과 우울의 철학, 주디스 버틀러 읽기』, 서울: 여이연, 82쪽.

Ⅱ. 중국 내 조선족 여성에 관한 연구

중국 조선족 여성에 대한 연구는 1990년대 초반부터 본격적으로 진행되기 시작했다. 여성에 대한 학계의 관심이 증가함에 따라 1993년 11월 19일 연변대학에서는 여성연구센터인 '여성문제연구중심'을 설립하였는데, 이러한 연구기관의 설립은 당시 여성 연구의 필요성이 그다지 부각되지 않았던 주류 학계의 현실에 비추어 볼 때 주목할 만한 인식의 전환이라고 할 수 있다. 특히 여성학을 사회학의 하나의 지류로 보면서 중국 현대사회에서 생기는 여성문제의 원인 및 해결책을 사회학적으로 해결하고자 했다는 점은 대단히 주목할 만한 것이다. 나아가 이는 여성 연구에 대한 인식론 및 방법론과 관련된 논의의 시작을 알리는 신호탄이기도 하다. 그리고 '여성문제연구중심'의 설립은 그 후 조선족 여성에 대한 연구의 양적 축적을 가져온 계기가 되었다.

그렇다면, 1990년대부터 20년이 넘는 시점에서 조선족 여성

연구는 어느 정도의 연구 성과를 축적하고 있는가. 그리고 여성 연구의 인식론 및 방법론과 관련하여 어떠한 논의를 할 수 있을까. 조선족 여성에 대한 모든 연구가 한 곬으로 흐를 필요도 없고 또 그럴 수도 없지만 다양한 시각과 관점에 대한 논의는 조선족 여성 연구를 더욱 다양한 방향으로 이끌 것이다. 따라서 이를 위한 전주곡으로 조선족 여성에 대한 연구 성과가 어느 정도의 지점에 있는지를 가늠해 보는 작업은 불가피한 것이라 생각된다.

이러한 문제의식에 입각하여 본 논문에서는 1990년대부터 현재에 이르기까지 조선족 여성에 관한 연구들을 대상으로 그 연구의 현황과 특징을 살펴보고자 한다. 이를 위해 먼저 지난 20여 년간 이루어진 조선족 여성 연구에 대한 성과를 중국 내 조선족 여성에 관한 연구와 한국 내 조선족 여성에 관한 연구로 나누어 주제별로 살펴볼 것이다. 이를 바탕으로 조선족 여성에 대한 연구의 특징을 정리한 후 향후 여성 연구가 나아가야 할 방향에 대해 제시하고자 한다.

조선족 여성에 관한 연구를 검토하기 전에 우선 먼저 중국에서의 조선족 여성의 위치 및 한국과의 관계에 대해 간단히 언급하고자 한다. 주지하다시피, 중국 조선족은 19세기 후반부터 한반도에서 중국으로 이주하여, 1990년대 이전까지는 이동이 거의 없이 동북지역에서 생활하며 중국의 '소수민족'-조선족으로 형성되어 온 집단이다(방미화, 2013: 228). 소수민족의 일원인 조선족 여성들은 해방 이전까지 가부장적 가족제도하에 가정 및 사회적으로 예속적 지위에 처해 있었으며 여성으로서의 평등한 권리를 행사하지 못했다. 그러나 새 중국 창립 이후 국가적 차원에서 남녀평등을 주창함에 따라 조선족 여성들의 직장 참여 등을 통한 사회 참여가 증가되었으며 따라서 그들의 가족 및 사회적 지위는 상승되었다. 하지만 사회 성별에 대한 기존 관념의 영향으로 말미암아 여전히 가사노동을 완전히 떨쳐버리지 못했으며 가정과 사회의 이중 부담을 동시에 짊어지고 살아갔다. 중요한 것은, 그러한 사회문화적 환경 속에서 조선족 여성은 사회주의체제, 규범들을 내면화하고 중국 여성으로서 또한 소수민족의 일원으로서 나아가 남녀평등 실천의 주체로서 스스로의 사회적 위치를 확립했다는 점이다.

그러던 것이 1992년 한중수교 이후 해외 혹은 도시로 이주함에 따라 그들의 가치관에는 더욱 큰 변화가 생기게 되고 이주 경험을 통해 그들의 젠더 정체성은 (재)구성되고 있다. 한편, 한국으로 이주한 조선족 여성들은 '한민족공동체'의 일원으로 귀속되어 재외동포정책의 시혜 대상이 되고 있다. 하지만 때로는 '같은 민족'이라는 조선족 여성들의 초기의 기대와 상상과는 달리 '동포'집단에서 배제되기도 하며, '동포'라는 이유로 조선족 결혼이민자들은 '다문화가족'의 혜택 대상에서도 배제되는 경우가 많다. 이와 같은 중국과 한국 사회에서의 독특한 위치로 말미암아 조선족 여성은 한중 학계의 중요한 연구 대상이 되고 있다.

조선족 여성에 관한 연구는 90년대 초 특히 1993년 연변대학에 '여성문제연구중심'이 설립되면서 본격적으로 시작되었다. 한 가지 언급해야 할 것은, '여성문제연구중심'은 한국 이화여자대학교 한국여성연구원과의 교류를 바탕으로 설립되었다는 점이다. 1993년 이화여대와 연변대학 간의 교수, 연구원 교환 프로그램에 의해 이화여대 한국여성연구원의 박혜란 연구원은 처음으로 연변대학에 초빙되었으며, 여성학 강좌 개설을 위해 정치학, 역사학, 철학, 경제학, 문학 등 다양한 전공 분야의 여성 교수 10여 명을 대상으로 매주 2차 내지 3차의 여성학 강의를 진행했다. 이러한 교류를 통해 여성의 현황 및 해결책에 대해 진일보 관심을 가지게 된 연변대학의 채미화, 리복순, 양옥금 등 여성 교수들은 1993년 11월 19일에 연변대학 간부층의 강력한 지지하에 여성 연구의 전문 학술기관인 연변대학 '여성문제연구중심'을 설립하게 되었다(2000년 5월 18일 '여성연구중심'으로 개칭). 그리고 그해 11월 24일, 연변대학 '여성문제연구중심'과 이화여대 한국여성연구소는 "학술협력에 관한 협의서"를 체결했으며, 이를 계기로 양자 간의 공동학술대회, 교수 및 연구원 상호 교환 등을 주요 내용으로 하는 본격적인 교류가 시작되었다.

이와 같은 한국과의 교류를 기반으로 '여성문제연구중심'을 창립한 이래로 본 연구기관은 중국의 여성 연구와도 맥락을 같이하여, '여성문제연구중심'이 설립되기 전부터 하남대학 여성연구중심과 교류를 가지면서 연속간행물 편찬 등에 대해 경험을 섭취했으며 일찍이 1994년부터 중국의 여러 대학과 유관 부문에서 주최한 여성 관련 학술회의 발표 토론에 적극 참가하였다. 연변대학 '여성문제연구중심'은 당시 독립적인 학교급 '연구중심'으로서 중국에서도 6번째로 설립되어 비교적 빨리 설립된 여성연구소 중의 하나이며 기타 여러 대학의 여성연구소 가운데서도 설립조건이 상대적으로 우월한 연구소라 할 수 있다.

요컨대, '여성문제연구중심'은 설립돼서부터 현재까지 '여성학 강좌'를 정기적으로 개최함과 동시에 국제학술대회도 주기적으로 주최해 왔으며, 1999년부터는 연변지역사회의 여성교육, 여성개발을 목적으로 매년 "직업여성문화연구반"을 운영해 왔다. 이러한 다양한 분야에서의 연구와 활동을 기반으로 '여성연구중심'은 2006년에 중국여성연구회의 단체회원으로 가입되었으며 2013년에는 전국부녀연합회 '여성/성별연구와 배양기지'로 선정되어 전국적으로 여성학 관련 연구와 활동들을 활발하게 진행하고 있다.[21)]

초기 여성사 연구가 역사발전에 기여한 걸출한 여성 인물을 발굴하는 것으로 시작했듯이, 조선족 여성에 관한 연구도 마찬가지였다. 항일전쟁, 해방전쟁, 사회주의혁명과 건설에서 이름과 업적을 남긴 조선족 여성들의 공헌을 중심으로 분량이 있는 저서가 출판된 것도 이러한 이유이다. 현재까지 조선족 여성운동에 관한 연구들을 모아보면 저서로 출판된 것이 통틀어 4권인데 그중 3권이 동북항일전쟁 시기와 해방전쟁 시기의 연변 여성운동과 1990년대까지의 각 시대별 조선족 여성들의 업적을 기록한 것이다.[22)] 다른 하나는 『조선족여속고』라는 저서로

21) 연변대학 '여성문제연구중심'의 형성 발전 과정에 대한 내용은 『여성연구』3-6에 수록된 '연구중심'의 대사기와 현재 '연구중심'의 소장인 김화선 교수님의 자료 제공을 중심으로 정리하였다.

22) 연변조선족자치주부녀연합회, 1992, 『연변녀성운동사』, 연변인민출판사.
당대중국조선족여걸편집위원회, 1992, 『당대중국조선족여걸』, 북경민족출판사.

이 저서에서도 경제생산 활동에 참여한 조선족 여성들의 근면함과 강인함, 항일전쟁, 해방전쟁, 사회주의 건설에서의 조선족 여성들의 공헌에 대해 중점적으로 서술하였다.[23)]

이와 같이 보충사의 성격을 띠는 몇 편의 저서를 제외하고 현재까지 조선족 여성에 관련된 논문들은 주로 여성 취업, 혼인 및 가정, 사회적 지위 및 역할, 여성의식, 여성교육, 여성 이미지, 여성 여가, 소비, 이주 등 다양한 내용을 중심으로 진행되었다. 다음에서는 이러한 연구 내용들을 크게 여성의식의 변화에 관한 연구, 가정 및 사회적 지위 변화에 관한 연구와 여성 이미지, 빈곤, 소비, 여가 등 주제들로 나누어 살펴보고자 한다.

1. 여성의식의 변화에 관한 연구

조선족 여성의식의 변화에 관해서는 경제생활의 급속한 변동과 함께 변화된 그들의 혼인·가족가치관, 전통적 여성의식, 정조관, 출산·양육관, 남녀평등의식, 자아가치의식의 변화에 대해 연구가 비교적 많이 진행되었다.

조선족 여성의식의 변화는 1978년 개혁개방 이후의 그들의 경제적 참여와 갈라놓을 수 없다. 중국공산당 11기 3중 전회 이후, 농촌에서 도거리책임제를 실시하면서 잉여 노동력이 대폭 증가하게 되며, 도시에서도 시장경제체제를 도입하여 기업을

이광인, 2015, 『조선족항일련군의 녀전사들』, 연변인민출판사.

23) 차명숙, 2015, 『조선족여속고』, 상해금수문장출판사.

전면 개편함에 따라 실업자들이 대량으로 늘어나게 된다. 이 과정에서 농촌 여성들은 농촌에서 남아도는 가장 큰 잉여 노동력으로 되고 도시 여성 노동자들도 임신, 해산, 양육 등 가정 내의 책임을 담당해야 하고 또 경제적 효과를 생산하는 면에서 남자들보다 못하다는 등 젠더 정체성의 사회적 구성 속에서 도시의 제1실업자 집단으로 전락된다. 이러한 상황에 직면하여 농촌에서 할 일이 없는 여성들은 주로 농촌의 향진기업 혹은 자영업에 종사하거나 도시의 제2산업 혹은 제3산업에 종사하게 되며 일부분 여성들은 해외로 이동하게 된다. 마찬가지로 도시 실업 여성들도 주로 여러 가지 자영업 혹은 제3산업에 종사하거나 외국으로 돈벌이를 목적으로 떠나게 된다. 조선족 여성의 경제활동에 관한 연구는 조선족 여성 관련 연구의 출발점이라 할 수 있으며, 이에 관한 기존 연구에서는 조선족 여성들의 자아정체성의 확립, 과감한 개척정신, 경쟁의식에 주목함으로써 그들의 사회경제발전에서의 공헌을 드러내는 데 치중점을 두었다.[24)]

개혁개방 이후 시장경제로의 편입은 조선족 여성들의 경제생활뿐만 아니라 가치관 형성에도 영향을 주어 그들의 혼인·가족가치관은 새로운 변화를 맞이하게 된다. 무엇보다도 혼인관에 큰 변화가 생기는데, 혼인을 가문의 결합으로 인식하면서 부모, 친지의 의견을 존중하던 전통적인 중매혼인에서 탈피하

---

24) 림금숙, 1993, 「개혁개방과 더불어 나타나고 있는 여성취업문제: 중국 조선족 여성을 중심으로」, 『여성학논집』10, 이화여자대학교 한국여성연구원, 247-255쪽.
림금숙, 1994, 「연변 여성취업의 현황」, 『여성연구』1, 연변대학출판사, 98-116쪽.
허계옥, 1994, 「연변지구 여성문화소질과 경제발전」, 『여성연구』1, 연변대학출판사, 88-97쪽.
전신자, 2001, 「시장경제하 조선족 여성들의 창업정신과 효응」, 『홍변부민과 소수민족 발전』, 요녕민족출판사.

여 사랑을 첫자리에 놓는 자유연애로 변화되고 결혼 여부도 당사자의 의견에 따라 결정되며 결혼의 의미는 변화된다. 이봉연(1993), 김호웅(1995), 채미화(1995), 리복순(1999)의 연구에서 바로 이러한 점을 밝히고 있다.

혼인관의 변화에 따른 조선족 여성들의 혼인 유형의 변화에 대한 연구도 주목된다. 한영희(2003)는 개혁개방 이후 조선족 연극에 체현된 여성의 혼인패턴을 고찰함으로써, 조선족 혼인이 연상연하 간의 사랑, "황혼결혼", 이색적인 사랑, 불행한 혼인 등 유형으로 분화되고 있음을 밝혔다.

혼인관의 변화와 함께 전통적인 성역할 의식에도 변화를 가져왔다. 새 중국이 건립된 후, 중국 조선족 여성들은 기존의 남편을 섬기고 자식을 가르치며 시부모를 모시고 가사를 전담하는 것을 천직으로 삼음으로써, 남편과 자식의 출세를 자아가치의 최고 목표로 삼아 그들의 성공에서 자아가치 실현의 만족을 얻던 전통적인 윤리관 내지 문화의식의 속박에서 벗어나 부의 축적을 목적으로 시장경제에 뛰어들었으며, "보따리 장사꾼"으로부터 시작하여 한국, 일본, 미국 등 국가들을 넘나들면서 초국적 상업 활동에 종사하기 시작했다. 이러한 현실적 상황을 바탕으로 채미화(1995), 김경신(2004)의 연구에서는 개혁개방 이후 조선족 여성은 기존의 전통적인 윤리도덕, 문화적 관념의 속박을 타파하고 과감히 상업 활동에 종사함으로써 독립적인 자아정체성을 형성해 갔다고 주장하고 있다. 이러한 연구들에서 세대 차이를 고려하지 않은 데 반해, 박혜란(1994)의 연구에서는 1990년대의 20, 30, 40대의 전통적인 성역할 의식에 대해 고찰함으로써, 조선족 여성 대부분은 직장에 다니면서도 가정에서의 전통적인 성역할을 받아들이고 있으며, 40대 이상의 여성 중 강한 성취욕구가 있는 여성들은 남성에 의존하려 하지 않는 반면, 20, 30대 여성들은 개혁개방 이후 시장경제에 편입됨에 따라 취직의 어려움 등 여러 요인으로 말미암아 남성에 의존하는 경향이 오히려 강해지고 있음을 주장하고 있다. 기존 연구들에서 문헌고찰, 설문조사 등 연구방법을 활용한 데 반해, 이 연구에서는 구술생애사 방법으로 조선족 여성의 의식의 변화를 살펴보았으며 또한 세대 간 차이를 고려했다는 점에서 새로운 연구방법의 지평을 열어놓았다 할 수 있다.

혼인·가족가치관과 정조관은 늘 동전의 양면처럼 변화를 함께 거듭한다 할 수 있다. 조선족 여성의 정조관만을 대상으로 진행한 연구는 드물지만, 혼인·가족가치관, 사회화 등 내용과 함께 다룬 논문은 몇 편 정도 된다. 예하면, 채미화(1995), 김향화(2003)의 연구 등이다. 이러한 연구에서는 설문조사를 통해 조선족 여성의 순결에 대한 의식을 조사하였는바, 조사결과에 따르면 "사랑만 존재한다면 정조를 저버려도 괜찮다"(리복순, 1994), "쌍방이 자원한다면 타인은 간섭할 권리가 없다", "남의 사사로운 일로서 참견하고 싶지 않다"(김향화, 2003)는 인식이 많은 비중을 차지함으로써, 조선족 여성의 전통적인 정조관이 점차 약화되고 있음을 지적했다.

가족가치관과 관련하여 일부 연구에서는 조선족 출산·양육관의 변화에 주목하였다. 조복희·이재연·윤종희(1993)의 연구에서는 조선족의 전통적인 육아방식 및 가부장적 가족가치관의 존속실태 파악을 목적으로 252명에 대해 설문조사를 실시한 결과, 조선족들의 가계계승, 남아선호, 상속차별 사상 등 전통적 가족가치관이 쇠퇴되기는 하나, 노후보장에 있어서는 국가에 의한 노후보다 부모-자녀관계에서 기대되는 기능이 존속하고 있음을 밝혔다.

여성의식의 중요한 구성 부분인 남녀평등의식 혹은 여성해방의식의 변화에 관한 연구도 주목된다.[25] 양옥금(1994)은 1990년대 조선족 여대생은 80년대생에 비해 주체의식, 사회참여의식, 여성해방운동 참여의식이 상대적으로 높지만, 여성해방문제에 대해서는 여전히 무관심의 태도를 보이고 있다고 지적했다. 오상순(1994)도 90년대의 북경 조선족지식청년을 중장년지식인, 중청년지식여성, 재학 중인 여대생 등 세대별로 구분하여 그들의 주체의식 등 의식구조의 변화를 고찰하였다. 위의 결과와 마찬가지로 조선족 여성들의 주체의식, 경제의식, 실용의식은 시대적 변화와 맞물려 점차 강해지고 있다. 그리고 양옥금(1994)은 90년대 여성의 참정의정 양상에 대해서도 고찰하였는바, 조선족 여성들은 "여자가 얌전할수록 가정이 화목하고 진정한 '현모양처'"로 된다는 사회적 규정 속에서 조선족 여성들이 참정의식이 낮을 수밖에 없다고 지적했다. 위의 두 연구가 단순히 여성의식의 변화에만 초점을 맞춘 데 반해, 이 논문은 성 정체성의 사회적 구성, 즉 젠더의 관점에서 여성의 사회

25) 양옥금, 1994, 「조선족여대생의 부녀해방의식」, 『연변대학학보』4, 연변대학교, 60-63쪽.
양옥금, 1994, 「조선족여성들의 참정의정에 대한 초보적인 연구」, 『여성연구』1, 연변대학출판사, 77-87쪽.

적 참여에 대해 분석했다는 점에서 의의가 있다.

상기 논문들이 문헌고찰, 양적조사의 방법으로 조선족 여성의식의 변화에 대해 고찰한 데 반해, 한금옥(1994), 전신자(2003), 박금해(2012)의 논문은 사회사적인 시각으로 여성의식의 변화에 접근하였다. 이 세 논문은 모두 해방 이전의 동북지역 조선인 여성의식의 변화를 다루었는바, 연구에서는 19세기 80년대 연변지역에서의 기독교사상의 전파, 1920년대 마르크스-레닌주의 사조의 전파는 조선족 여성들의 남녀평등의식, 계급의식, 여성권리의 신장에 영향을 미쳤을 뿐만 아니라, 그들의 반일의식, 단결의식을 고양시킴으로써 민족해방운동에 중요한 공헌을 하도록 했음을 주장한다. 이와 같은 연구들은 조선족 여성교육 및 여성의식의 변화를 사회사적 관점에서 고찰했다는 점에서 여성사 연구의 기반을 닦아놓았다 할 수 있다. 하지만 여전히 조선족 여성들의 민족해방운동에서의 업적에 주목하고 있다는 점에서 보충사 혹은 공헌사의 성격에서 벗어나지 못하고 있다. 짚고 넘어가야 할 것은, 한금옥(1994)의 연구에서는 기타 두 연구와는 달리, 가요 등 대중문화에 대한 고찰을 통해 당시 여성 주체의 가치관 및 이념을 파악함으로써, 일상 문화를 통한 사회학적 연구의 가능성을 보여주었다는 점이다.

2. 가정, 사회적 지위 변화에 관한 연구

중국 내 조선족 여성에 관한 연구 성과들 가운데서 경제, 사회 환경 및 의식의 변화에 따른 조선족 여성의 가정, 사회에서의 지위 및 역할에 관한 연구가 상대적으로 많은 비중을 차지한다.

먼저, 조선족 여성들의 가정적 지위에 관한 연구에서는 가정적 지위의 변화, 젠더 정체성 재구성 및 그 영향 요소에 대해 분석한 논문이 몇 편 된다.[26] 초기 연구에서는 당시 조선족 여성들의 가정적 지위를 해방 이전과 이후로 나누어 해방 이전 조선족 여성들은 가정적으로 철저히 예속 지위에 있던 것이 해방 이후 혼인에서의 주도권과 결정권, 가정에서의 가사결정권을 행사하기 시작했으며 부부간의 대화를 통해 모순을 조정하고 성적 권리를 행사하기 시작했다고 지적했다(리복순, 1994). 하지만 최근 연구에서는 단지 시대별로 분석하던 한계를 넘어 세대라는 사회학적 요소가 더 고려되고 있다. 조선족 여성들의 가정적 지위에서의 세대별 차이는 그들의 전통적인 성역할과 사회적 참여 간의 모순 조정에서 나타난다. 즉 새 중국 창건 이후 1세대 조선족 여성들은 여전히 '남존여비', '현모양처'의 봉건적 관념 속에서 가정과 사회의 이중 압력을 받아온 데 반해, 개혁개방 이후, 2세대 조선족들은 단일한 전통가정의 역할에서 벗어나 사회에 진출하게 되며, 직장 참여로 인한 경제적 수입이 증가됨에 따라 가정적 지위가 상승된다. 그럼에도 불구하고 '남존여비', '현모양처'의 봉건관념이 여전히 뿌리 깊게

26) 리복순, 1994, 「중국조선족 여성의 가정적 지위변화에 대한 고찰」, 『제1차 한민족여성 학술대회 논문집』, 이화여자대학교 한국여성연구원.
오신우 외, 2013, 「초국가주의 시각하 젠더 재구성에 미치는 영향요인 분석: 연변조선족자치주 연길시 조선족 이주여성을 중심으로」, 『학이론』19, 할빈시사회과학원, 133-136쪽.
전부원, 2017, 「조선족 여성의 가정지위의 변화에 관한 연구: 3대 여성의 구술자료를 중심으로」, 연변대학 민족학 석사학위논문.

박혔기에 직장 생활을 하는 여성이라 할지라도 잡다한 가사노동을 떨쳐버리지 못하고 있다. 하지만 3세대 조선족 여성들의 남녀평등의식은 상대적으로 강하며, 따라서 사업과 가정 양자간의 모순을 영활하게 처리함으로써 기존 세대의 곤경에서 일정 정도 벗어나고 있다(전부원, 2017).

이와 같이 최근 가정 지위에 관한 연구에서 세대라는 요소가 고려될 뿐만 아니라, 이주라는 요소도 함께 고려되며, 더욱 중요한 것은 여성학의 주요 시각인 젠더의 시각이 부각되고 있다는 점이다. 초국적 이주 경험이 있는 연길시 조선족 여성들을 대상으로 설문조사 및 심층면접을 진행한 오신우(2013)의 연구에 따르면, 조선족 여성들의 해외 이주로 인한 경제적 수입의 증가 등으로 인해 그들의 가사노동에서의 역할 분담에는 변화가 생기며 따라서 가정에서의 위치도 상승된다. 가정적 지위의 상승에도 불구하고 조선족 여성들의 젠더 정체성은 전통적인 성역할 관념의 영향하에 여전히 기존의 젠더 권력 체계를 유지해 나가는 모순 속에서 재구성되고 있다.

다음으로, 여성의 지위와 역할에 중요한 영향을 미치는 여성교육에 대해 고찰한 연구가 있는데, 교육에서의 조선족 여성의 지위 변화에 대한 통설은 해방 후 특히 개혁개방 이후 조선족 교육은 커다란 발전을 가져오며 따라서 교육에서의 조선족 여성의 지위는 상승되고 교육발전에서도 큰 역할을 발휘한다는 것이다(양옥금, 1994).

그다음으로, 정치, 경제, 문화 방면에서의 조선족 여성의 지위변화를 살펴본 연구로 엄성흠(1995), 김귀옥(2005), 전금희

(2013), 왕해륜(2017)의 논문이 있다.[27] 위의 가정 지위의 변화에 관한 연구에서 세대라는 요소가 고려되었다면, 사회적 지위에 관한 최근 연구에서는 계층, 지역 등 요소들이 고려되고 있다. 그렇다 하더라도 세대, 계층, 지역 등 요소들을 전반적으로 고려하여 그 차이들을 비교 분석하지는 못하고 있다. 예하면, 초기 연구인 엄성흠(1995)에서 해방 이후 조선족 여성은 기타 민족 여성과 마찬가지로 남녀평등의 권리를 얻고 피선거권과 선거권을 획득함에 따라 적극적으로 참정 의정하고 여성단체를 설립하여 여성권리를 수호하는 각종 활동을 전개하였다고 전반적으로 서술하였다면, 신영숙(2004), 김경신(2005)에서는 조선족 여성들의 사회단체 및 여성 지도자의 사회적 역할, 전금희(2013)에서는 요녕성 조선족 여성의 민족 문화 사업에서의 역할, 안홍매(2014)에서는 조선족 여성 경영자들의 가정, 사회에서의 이중역할 속에서의 사회적 활동력, 왕해륜(2017)에서는 민족 음식업 발전에서의 조선족 여성의 작용 등에 대해 논의함으로써, 조선족 여성 집단 사회적 지위를 계층, 지역에 따라 분석하고자 했다.

27) 엄성흠, 1995, 「중국 조선족 부녀지위의 변화」, 『흑룡강민족논총』3, 흑룡강성민족연구소, 20-27쪽.
김귀옥, 2005, 「연변조선족사회 속의 여성들: 참여관찰 및 심층면접을 중심으로」, 『중국 조선족사회의 변화』(권태환 편저), 서울대학교출판부, 177-206쪽.
전금희, 2013, 「요성 조선족 여성들의 민족문화사업발전에서의 작용」, 『요동학원학보』2, 88-91쪽.
왕해륜, 2017, 「민족음식업 발전에서의 조선족 여성의 작용」, 연변대학 민족학 석사학위논문.

3. 기타

조선족 여성에 관한 연구는 상기의 주제들을 제외하고도 여성 이미지, 빈곤, 소비, 여가 등 주제를 중심으로 진행되었다. 먼저 일부 연구에서는 조선족 여성들의 경제적, 사회적 참여에 따른 이미지의 변화에 주목하였다.[28] 김해룡(1994), 채미화(1995)의 연구에서는 조선족 여성들은 전통사회가 그들에게 강요하던 심미적 규범을 준수하던 데로부터 50년대에 들어 독립적, 자주적 인격을 추구하면서 건강하고 활달한 성격미를 갖추게 되며, 개혁개방 이후에는 남성화에 가까운 여성 영웅의 미적 매력도 심각하게 반성되면서, 점차 사물의 전체적인 조화미를 추구하기 시작했고 사물의 내재적 소질의 완미함을 중시하였으며 뚜렷한 개성미를 추구하게 된다고 주장한다. 이 두 연구가 조선족 여성의 이미지의 시대적 변화를 전반적으로 서술하였다면, 이승자(2007)에서는 구체적인 분석 대상, 즉 20세기 80-90년대부터 21세기 초까지 연변지역에서 제작된 연속극을 중심으로, 조선족 여성의 이미지에 대해 고찰함으로써, 억압적이고 강제적인 조선족 여성의 젠더 정체성을 드러냈다. 이 논문은 젠더 관점에서 영상자료를 활용하는 등 새로운 연구방법으로 조선족 여성의 젠더 정체성을 밝혔다는 데 의의가 있다. 따라서 이는 여성사적, 젠더사적 연구에 있어 하나의 선례로서 주목된다.

다음으로, 최근에 진행된 조선족 여성의 빈곤, 소비, 여가 등

---

28) 조선족 여성의 형상, 이미지와 관련되어 국어국문학 전공에서 문학작품을 대상으로 그들의 이미지에 대해 분석한 논문들이 다수 존재하나 이러한 인문학 계열의 연구는 분석방법 등이 사회과학 계열과 다른 등 원인으로 인해 본 글의 분석 대상에서 제외하였다.

에 관한 연구도 주목된다.[29] 조선족 여성의 빈곤문제에 대해 고찰한 최형녕(2015)에서는 연길시의 빈곤한 조선족 여성 장애인을 대상으로 심층면접을 진행함으로써, 조선족 빈곤 여성들의 낙후한 경제적 조건, 사회보장의 결핍, 사회자본 및 향유 가능한 문화적 환경의 결여 등 현실적 상황을 드러냈으며, 리춘매(2012)는 연변지역의 여가활동에 참여하는 20대 조선족 여성을 대상으로 그들의 여가활동을 저해하는 요소, 즉 거주지의 활동 장소의 부재, 여가 시간의 부재, 여가 참여 동료의 부재 등을 지적했다. 또한 채영(2017)은 연길시 80년대생 조선족 직업여성의 소비 상황에 대해 분석함으로써, 그들의 소비는 과소비, 과시소비, 자아투자소비, 향수성적인 소비, 정서적인 소비 등 특징을 띠며 이러한 소비 양상은 기존의 전통적인 소비 모식을 타파하고 있다고 주장한다.

최근 조선족 여성 연구에서는 기존 연구에서 고려되지 못했던 계층, 세대 등 요소들이 점차 연구의 변수로 고려되기 시작하며, 연구주제들도 기존의 여성의식, 사회적 지위 등 특정 주제들에서 벗어나 점점 더 다양해지고 있다.

---

29) 리춘매, 2012, 「연변지역 도시 조선족 여성의 여가운동의 저해요인에 관한 연구」, 연변대학 체육교육 훈련학 석사학위논문.
최형녕, 2015, 「연변 조선족 여성의 빈곤문제와 권한 부여에 관한 연구」, 연변대학 민족학 석사학위논문.
채영, 2017, 「연길시 80년대생 조선족 직업여성의 소비에 관한 연구」, 연변대학 민족학 석사학위논문.

Ⅲ. 한국 내 조선족 여성에 관한 연구

한국 내 조선족 여성에 관한 연구는 대부분 한국 학자에 의해 진행되었다. 한국 학계의 연구 현황에 대해 정리해 보기에 앞서 중국 학계의 연구 상황에 대해 살펴보도록 하자. 조선족들의 도시 및 해외 이주가 증가됨에 따라 일찍이 1990년대 초반부터 중국 학계 특히 조선족 여성 학자들은 조선족 여성 이주에 대해 관심을 보이기 시작했다. 조선족 여성 이주에 관한 현재까지의 연구를 살펴보면 주로 국제결혼의 기본 형태, 문화적 충돌 및 정체성, 이주의 영향 등 주제를 둘러싸고 진행된 연구가 비교적 많다.

먼저, 국제결혼의 기본 형태에 관해서는 조선족 여성들은 국제결혼을 출국의 수단으로 동원하고 있으며,[30] 국제결혼 과정

30) 이승매, 1994, 「연변조선족여성들의 섭외혼인문제에 관하여」, 『여성연구』1, 연변대학출판사, 200-217쪽.
강해순, 1999, 「중한 섭외혼인 생활의 실태와 전망」, 『여성가족생활연구』4, 여성가족생활연구소, 41-59쪽.

에서 자신의 '젊음', '언어' 등 이용 가능한 자원으로 삼아 한국 남성의 '우월한 거주 자원'과 교환을 진행하고자 하며, 따라서 국제결혼은 조선족 여성들의 경제적 온정과 사회경제 지위를 변화시키기 위한 수단으로 선택되고 있다는 관점이 일반적이다.[31] 이러한 논문들에서 조선족 여성 행위 자체에 초점을 맞추어 혼인의 기본 형태를 분석한 데 반해, 싸한조나(2014)에서는 가족 구성원과 이주 행위 주체의 사회적 상호작용 속에서 펼쳐지는 이익창출의 전략적 행위에 초점을 맞추어 조선족 여성의 이주 양상을 분석하고 있다는 점에서 차이를 보이고 있다. 일부분 조선족 가정에서의 자녀의 국제결혼을 통해 가족의 운명을 개변시키고자 하는 전략과 조선족 여성들의 스스로의 운명을 개변시키고자 하는 행위가 맞물려 조선족 여성들의 이동을 추동하고 있으며, 조선족 여성의 이주를 둘러싼 가족의 전략은 조선족 행위 주체와 가족 구성원과의 긴밀한 연계 속에서 지속적으로 조정된다는 것이 글의 기본 관점이다.

다음으로, 이주국에서의 문화적 충돌 및 정체성에 관해서는 조선족 이주여성에 대해 지속적으로 연구를 진행해 온 연변대학 전신자의 연구가 대표적이다.[32] 전신자의 연구(2006)에 의

31) 전신자, 2007, 「중국 조선족 여성들의 국제결혼으로 본 조선족 사회 가족변화」, 『여성이론』16, 도서출판 여이연, 57-77쪽.
림명선·신순분, 2006, 「혼인행위에서의 자원과 교환: 연변조선족여성의 섭외혼인을 중심으로」, 『인구연구』3, 중국인민대학, 50-55쪽.

32) 전신자, 2006, 「중한국제 혼인 중의 문화적 요소」, 『당대아태』3, 중국사회과학원, 58-63쪽.
전신자, 2012, 「월경민족의 정체성 형성의 배경과 특징: 중국 조선족 국제결혼 여성 이민자를 중심으로」, 『연변대학학보』5, 연변대학교, 87-94쪽.
전신자, 2012, 『동원이류의 문화감정: 중한 국제 혼인 중 조선족 국제결혼 여성의 이민 현상에 대한 탐색』, 학원출판사.

하면, 한국으로 이주한 조선족 여성들은 직장에서의 위계질서 등 한국 문화에 대한 경험을 통해 조선족과 한국인 간의 가치관 차이를 경험하게 되며, 한국 가정 내의 예의범절이 많고 시부모를 공경하고 제사가 많으며 절대적으로 예속적 지위에 처하게 되는 등 경험을 통해 가정문화의 차이를 경험하게 된다. 따라서 이러한 문화적 충돌과 더불어 한국인 남성 및 가족의 무시와 편견에 직면하여 조선족 국제결혼 여성들은 한국으로의 결혼이주를 열망하고 기대하던 데로부터 방황하고 실망하면서 한국에서 '이방인'으로 살아가게 된다. 한층 더 나아가 한국으로 이주한 조선족 여성들의 초국적 민족 정체성에 대한 연구(2012)에서는 조선족 여성들이 한국으로 이주하기 이전 '같은 민족'으로서의 '한민족 정체성'을 강화하던 것이 한국인들과의 언어적, 문화적 차이 및 사회체제의 차이와 함께 자신들에 대한 한국 사회의 무시, 편견, 기시를 경험한 이후로는 중국이라는 국가 정체성을 강화하기 시작했으며, 그들의 민족 정체성과 국가 정체성은 서로 분열되는 것이 아니라, 상황에 따라 복합적으로 표출되는 행위 주체들의 다중 정체성의 중요한 구성 부분이라고 주장한다.

그다음으로, 조선족 여성 이주가 이주의 행위 주체 나아가 가정, 사회에 미친 영향에 대해 고찰한 연구들에서는 조선족 여성들의 이동은 그들의 사회적 신분, 직업, 계층 나아가 그들의 의식에 커다란 변화를 가져다준 반면에 가정교육의 방식, 모성의 역할, 가족적인 부양 기능의 변화를 초래했고 '이혼가정', '결손가정', '독거노인', '유수아동' 등 사회문제를 야기했

으며, 농촌인구의 감소를 초래시킴으로써 농촌의 공동화를 가져왔다고 주장한다.[33)]

끝으로, 최근 조선족 집거마을에 대한 '디아스포라 민속지'와 '조선족 원로 세대'들에 대한 '디아스포라 구술생애사'[34)] 기록의 필요성에 대해 제기하면서, 생애사적 방법으로 중국 조선족 여성의 이주와 정착과정에서 겪은 애환 및 생활사에 대해 고찰한 연구가 주목된다. 구술생애사 방법으로 하나의 개별적인 사례를 심층적으로 분석함으로써, 조선족 여성의 이주 과정 및 그 과정에서 겪은 생활 체험 나아가 생활문화의 지속과 변화에 대해 고찰한 박경용의 일련의 연구 성과가 이에 해당된다.[35)] 조선족의 이주, 적응 및 생활사를 이주 주체의 경험과 기

---

33) 강해순, 1999, 「중한 섭외혼인 생활의 실태와 전망」, 『여성가족생활연구』4, 여성가족생활연구소, 41-59쪽.
원동개·탕수려, 2006, 「조선족 농촌여성인구 유동 현상에 대한 분석: 동북지역 모 조선족촌을 중심으로」, 『문화다양성과 당대세계』, 국제학술회의 자료.
전신자, 2007, 「조선족 여성 섭외혼인의 기본 형태에 관한 탐색」, 『동강학간』4, 연변대학교, 99-105쪽.
전신자, 2007, 「중국 조선족 여성들의 국제결혼으로 본 조선족 사회 가족변화」, 『여성이론』16, 도서출판 여이연, 57-77쪽.
탕수려, 2009, 「조선족 농촌여성의 이동현상에 대한 인류학적 연구」, 『화북수리수전학원학보』1, 화북수리수전대학, 35-37쪽.
김화선, 2010, 「중국 비농화 과정에서 나타난 조선족 마을의 이민모촌화와 여성의 이주」, 이화여자대학교 여성학과 박사학위논문.
이옥자, 2010, 「연변 조선족여성 이동으로 인한 혼인법률문제에 관한 연구」, 『운남민족대학학보』3, 운남민족대학, 49-52쪽.
왕혜민, 2012, 「연변지역 조선족 여성 인구이동에 미치는 영향에 관한 연구」, 길림대학 인구학 석사학위논문.

34) 조선족 디아스포라 구술생애사 연구 현황에 대해서는 박경용(2014)의 논문을 참조하기 바람(「조선족 디아스포라 구술생애사 연구 현황과 방법」, 『아태연구』 2(1), 71-108쪽).

35) 박경용, 2013, 「조선족 디아스포라 경험과 신흥이주지 정착 전략: 칭다오(青島) 거주 한 여성 이주자의 생애 내러티브(Life Narrative)를 중심으로」, 『다문화와 디아스포라 연구』3, 25-69쪽.
박경용, 2013, 「중국 조선족 한 여성 구술자의 삶과 가족사를 통해 본 디아스포라 애환: 생애 내러티브(Life Narrative)를 중심으로」, 『다문화와 평화』7(2), 성결

억을 통해 성별, 지역, 세대, 직업 등 여러 차원에서 생생하게 그려내는 것은, 조선족 이주사에서 이주 주체들의 생생한 체험, 느낌, 인지들이 빠져 있던, 즉 그들의 다양한 생활사에 대한 고찰이 부족했던 기존의 연구를 보완하는 의미 있는 작업이라 생각된다.

조선족 여성에 대한 한국 학계의 연구들은 주로 이주생활 체험/적응에 관한 연구, 주체성 변화/젠더 정체성에 관한 연구, 초국적 가족/성역할 변화에 관한 연구 등 유형으로 나누어 볼 수 있다.

1. 이주생활 체험/적응에 관한 연구

1992년 한중수교 이후, 한국으로 통하는 문이 열리게 되자 한국에 입국하는 수단으로 한국 남성과의 결혼을 선택하는 조선족 여성들이 증가하게 되며 따라서 한국 학계에서는 결혼 이주여성에 대한 실태 파악과 지원책을 목적으로 연구를 진행하기 시작했다.[36] 이러한 연구들에서는 남편의 폭력성, 저소득과 빈

대학교 다문화평화연구소, 68-106쪽.
박경용, 2014, 「조선족 디아스포라 구술생애사 연구 현황과 방법」, 『아태연구』 2(1), 경희대학교 아태지역연구원, 71-108쪽.
박경용, 2014, 「한 조선족 여성의 가족사를 통해 본 디아스포라 경험과 생활사: 1932년생 박순옥의 삶을 중심으로」, 『아시아연구』17(3), 한국아시아학회, 1-36쪽.

36) 성지혜, 1996, 「중국교포여성과 한국남성간의 결혼연구」, 대구효성가톨릭대학교 대학원 여성학과 석사학위논문.
김숙자・강유진, 1999, 「한중 섭외혼인실태와 그 가족의 복지: 한국남성과 중국 조선족여성과의 섭외 혼인실태와 그 가족의 복지를 중심으로」, 『여성가족생활연구』4, 명지대학교 여성가족생활연구소, 61-109쪽.
강해순, 1999, 「중한 섭외혼인 생활의 실태와 전망」, 『여성가족생활연구』4, 여성가족생활연구소, 41-59쪽.

곤, 고용기회의 희소, 한국 남편에 대한 경제적 의존, 상이한 언어와 관습, 문화적 차이, 제한적 사회활동, 빈약한 사회적 연결망, 조선족 여성에 대한 차별과 배제 등을 조선족 여성들의 한국 생활 적응에 미치는 요인들로 제시하고 있다. 또한 대부분 양적 조사방법으로 조선족 국제결혼 이주여성들의 생활 양상에 대해 고찰함으로써, 부부 갈등 및 한국 생활 적응에 영향을 미치는 요인들을 밝혔으며 한국에서의 적응 문제를 해결하기 위한 가족복지정책의 개선과 적응 프로그램의 개발이 필요함을 제시했다는 점에서 공통점이 있다.

이와 같은 초기 연구들에서 주로 설문조사방법으로 조선족 여성들의 한국 생활 적응 실태와 부적응 요인들을 파악한 데 반해, 홍기혜(2000)의 연구는 젠더 관점으로부터 출발하여 심층면접을 통해 성별화된 정치경제와 지구화된 가부장적 체제라는 보다 거시적인 맥락 안에서 한국 남성과 결혼한 조선족 여성 양자간의 불평등한 부부관계 형성 및 문제점들을 성(sex)과 이주노동의 정치학적인 측면에서 해석하고자 했다는 점에서 차이를 보인다. 하지만 여전히 조선족 여성들이 겪고 있는 어려움이나 문제

정현욱, 1999, 「조선족 귀화여성들에 관한 연구: 유입배경, 수용환경 및 부적응에 관한 고찰」, 『정치정보연구』2(3), 한국정치정보학회, 258-298쪽.
신영화, 2002, 「한국인 남편과 조선족 아내의 부부문제」, 『한국가족치료학회지』10(2), 한국가족치료학회, 1-24쪽.
손은록, 2004, 「국제결혼 가정의 부부갈등요인과 갈등대처방안에 관한 연구: 한국인과 결혼한 중국 조선족 여성을 중심으로」, 강남대학교 사회복지 전문대학원 사회복지학과 석사학위논문.
임경혜, 2004, 「국제결혼 사례별로 나타난 가족문제에 따른 사회복지적 대책에 관한 연구」, 대구대학교 사회복지대학원 석사학위논문.
홍기혜, 2000, 「중국 조선족 여성과 한국 남성간의 결혼을 통해 본 이주의 성별 정치학」, 이화여자대학교 대학원 여성학과 석사학위논문.
안혜옥, 2007, 「국제결혼 여성 가정에 대한 연구: 중국, 필리핀, 베트남 여성을 중심으로」, 단국대학교 정책경영대학원 석사학위논문.

점에 초점을 맞추었다는 점에서 큰 변화를 보이지 않고 있다.

기존 연구에서 단순히 적응상의 문제에만 초점을 맞춰왔던 것에 반해, 최금해[37]의 연구에서는 한국 남성과 결혼한 조선족 여성의 생활체험의 본질을 여성주의 관점에서 재구성했다는 점에서 새로운 논의를 던져주었다. 연구에서는 한국 남성과 결혼한 조선족 여성들은 한국에서의 적응기에 있어서 남편으로부터 '소외', 시부모에 대한 '복종', 동서들로부터 받은 '무시' 경험, 한국인으로부터 받은 차별적 경험을 하고 있으며, 그들과의 다양한 관계 속에서 자아정체성의 변화를 체험하게 됨을 밝혔다. 따라서 이와 같은 가부장적 이데올로기의 여성 내면화는 여성성의 열등성과 여성행위의 가치폄하로 이어지고 있음을 지적했다. 동시에 남성 중심의 가부장적인 한국 사회에서 억압받고 있는 여성의 현실과 중국에서 남녀평등 교육을 받아왔고 여성의 권리를 인정받으며 살아왔던 기존의 가치, 관념의 괴리는 조선족 여성들이 정체성의 변화를 체험하게 되는 중요한 요소라고 주장한다. 이 연구에서는 초기의 일방적 적응의 관점에서 벗어나 조선족 여성들의 체험의 본질을 드러냄으로써 그들을 둘러싼 구조적, 제도적 현실을 비판하고 나아가 그들의 자아정체성 변화에 대해 분석했다는 점에서 연구의 의의를 찾아볼 수 있다.

현재 한국에서 살아가는 조선족들은 점차 계층적으로 분화되

---

37) 최금해, 2005, 「한국 남성과 결혼한 중국 조선족 여성들의 한국에서의 적응기 생활체험에 관한 연구: 여성주의적 고찰」, 『아세아여성연구』44(1), 329-364쪽. 최금해, 2006, 「한국남성과 결혼한 중국 조선족 여성들의 한국생활 적응에 관한 연구」. 서울대학교 대학원 박사학위논문.

고 있다(이정은, 2012). 이러한 상황 속에서 재한 조선족 여성에 관한 연구에서는 계층, 학력 등 변수가 크게 고려되고 있다. 최근에 나온 최금해(2010), 박준성 외(2015)의 연구에서 바로 이러한 변수를 고려하여 고학력 조선족 국제결혼 여성의 생활적응, 조선족 직업여성의 문화 적응에 관해 고찰하였는바, 연구에서는 국가 정체성 및 민족 정체성 혼란, 언어적 의사소통, 문화적 차이, 정치 및 경제구조의 차이, 관계 형성의 어려움, 성적 차별 및 폭력 등을 생활 및 문화 적응의 요소로 지적하고 있다. 비록 최근 연구들에서 계층, 학력 등 변수가 고려된다고 하더라도 기존의 저학력, 노동자 계층의 조선족 여성들의 적응 양상과의 비교가 덜 진행되고 있다는 점에서 여전히 과제를 남겨주고 있다.

2. 주체성 변화/젠더 정체성에 관한 연구

기존의 조선족 이주여성에 관한 연구가 사회구조적 맥락에서 그들의 정착과 적응을 위한 정부 차원에서의 문화 적응 정책, 가족복지정책의 제정에 초점을 맞춘 반면에, 2000년대 중후반 이후부터는 성별화된 이주 방식과 여성들의 이주 경험에 주목하면서 여성주의 연구가 진행되기 시작했다. 즉 젠더 시각을 강조함으로써 '이주의 여성화' 맥락에서 조선족 국제결혼 이민자 및 이주여성 노동자들의 주체의 경험을 구조적, 제도적 차원에서 해석하고자 했다.

한국에서 살아가는 조선족 여성들은 끊임없이 자신의 삶을 나름대로 해석하고 판단하고 실천하는, 항상 변화하는 주체로 자신의 주체성을 구성해 나가는 행위자로 해석되는 등 조선족 여성의 주체성의 변화에 대한 연구들이 등장해 새로운 논의의 지점을 만들어냈다. 이해응(2005)은 조선족 여성들은 국제노동의 공간적 분리로 인해 자녀 교육의 문제를 일으킨 장본인, 정숙한 섹슈얼리티를 위반한 자 등 조선족 사회로부터 오는 비난에서 자유로울 수 없지만 한국 내에서는 그러한 기표가 제거된 "성별화된 개인", 스스로를 생계 부양할 수 있는 부모로서 이해되며, 거주기간이 길어짐에 따라 조선족 기혼 여성들의 정체성, 모성, 여성성은 변화된다고 지적했다. 이 연구는 기존의 여성주의 연구에서 단지 성별 범주만 강조하던 한계에서 벗어나 다양한 상황 속에서 복합적인 요소들을 고려하는 융통적인 여성주의 분석 범주의 필요성을 제기했다는 점에서 새롭다.

최근에 나온 이해응의 후속 연구[38]에서는 한발 나아가 중장년 조선족 이주여성들의 노동 경험과 몸 경험을 통해 돈 벌 '기회'와 '자유'를 보장한다는 신자유주의적 이주노동시장의 허구성을 비판하고자 했다. 위의 논문에서 지적했듯이, 이주 초기 조선족 여성은 가족해체를 불러일으킨 장본인이라는 '비난담론'에서 자유로울 수 없었으나, 조선족 3세대의 성공담론[39]이 부상하면서 중장년 조선족 이주노동자들은 한국의 3D업종에 종사하여 힘겹게 번 돈으로 훌륭한 자녀들을 키워낸 '희생자'로서의 부모로 위치된다. 따라서 저자는 그러한 '희생담론'은 노동

---

38) 이해응, 2013, 「중장년 조선족 이주여성의 노동경험과 탈구적 삶에 관한 연구」, 이화여자대학교 여성학과 박사학위논문.
이해응, 2014, 「중장년 조선족 여성 이주노동자의 몸 아픔 경험에 관한 연구」, 『한국여성학』30(1), 한국여성학회, 213-252쪽.

39) 「달라지는 조선족 위상…3세대 부상」, 연합뉴스, 2012.1.10일 자.

경험에 가치와 정당성을 부여하지만 '희생'이라는 이름하에 몸 아픔, 고통의 경험이 사라지게 되며 어떻게 왜 이주노동시장에 기꺼이 '자발적'으로 몸을 맡기게 되는지 그 자기 통치성에 대해 하나도 설명해 주지 못하게 되는 점에 문제를 제기한다. 결과적으로 조선족 여성들은 '적응'과 '타협'의 전략을 통해 안정감을 도모함과 동시에 항상 자신의 삶의 조건을 임시화하며, 따라서 자기 돌봄 시공간을 유예하는 '탈구적 삶'의 양식은 관습화되고 그러한 관습화는 조선족 여성들로 하여금 몸 아픔을 인내하면서 이주노동을 지속하게 한다. 그 외, 변혜정(2007)의 연구에서도 목욕관리사로 일하는 조선족 여성의 섹슈얼리티에 대해 분석함으로써, 조선족 여성들은 기존의 전통적인 성역할에 저항하며 '강한 여성'으로서의 실천적 행위와 기대를 갖지만, 한국 사회의 여성성의 규범을 체현한다는 점에서 여전히 이분법적인 성별을 재생산하고 있음을 문제 삼고 있다.

이주노동 시장구조 속에서 체현되는 이주여성 노동자들의 경험을 드러내고자 하는 이러한 여성주의 연구는 이주여성들의 돌봄노동에도 눈을 돌리기 시작했다. 돌봄노동의 전 지구적 구조이론이 개별적인 행위 주체들의 경험적 측면을 드러내지 못한다는 한계가 지적되면서, 이주여성들의 경험들을 다양한 맥락에서 해석하고자 한 연구들이 나타났다. 한국 내 조선족 가사노동자에 대한 연구[40]도 이러한 맥락에서 진행된 것이다.[41]

40) 유경선(2002)의 연구는 조선족 가사노동자에 대한 최초의 연구이다. 이 연구에서는 조선족 여성 입주가정부의 인구학적 특성, 노동조건 및 문제점을 밝히는 데 초점을 두고, 113명 조선족 여성에 대한 설문조사를 통해 그들은 중상층 이상의 맞벌이 가구나 노인 및 편부 가구에 집중되어 일하고 있음을 밝혔다. 이 연구는 조선족 여성 가사노동자의 실태를 보여줬다는 데 의의가 있다. 하지만

이주영(2005)의 논문에서는 주체화 경험에 주목하여 조선족 이주여성들은 '하층의 서비스 노동자'로서의 정체성 외에도 다양한 정체성을 가지고 있으며, 자신의 미래에 대한 다양한 전망을 가지고 있는 능동적인 행위 주체임을 드러냈다. 이와 유사한 맥락에서 박준성(2010)에서도 조선족 가사노동자의 경험에 주목하여 그들의 경험을 체험된 신체, 시간, 공간, 관계의 맥락에서 해석하고자 했으며, 분석을 통해 그들에게 가사노동의 시간과 공간은 불편한 것들이고 미래의 시간에도 불확실성이 존재하며, '이방인'과 '이모'의 경계에서 신체는 가족 안에 있지만 때로는 가족 밖의 존재임을 느끼는 애매모호한 것임을 지적했다. 이에 반해, 최근에 나온 박소영(2015)의 연구에서는 이주 가사노동자의 사회문화상의 계층 지위에 주목하여 한국의 식모와 조선족 입주가사노동자의 정체성 형성과정을 고용주와의 관계 속에서 파악하고자 했다. 조선족 가사노동자가 공유하는 전근대적 생활방식, 중국 문화, 저소득층 지위 등 기존의 출신 배경은 그들의 도덕성과 지적 능력, 신용을 저평가하는 핵심의 기제로 사용되며, 그것은 이주 가사노동자의 이중적인 정체성,

---

조선족 가사노동자들의 구체적인 가사노동 경험을 드러내지 못했다는 한계를 지닌다(유경선, 2002, 『중국 동포 입주가정부 실태조사』, 국회통일시대 평등사회정책연구원).

41) 이주영, 2005, 「한국 내 조선족 여성이주자의 가사노동 경험」, 연세대학교 석사학위논문.
박홍주, 2009, 「이주여성 가사노동자의 경험을 통해 본 돌봄노동의 의미구성과 변화」, 이화여자대학교 대학원: 여성학과 박사학위논문.
이송이·홍기순·손여경, 2010, 「한국에서 조선족 이모로 살아가기: 조선족 육아·가사도우미의 삶에 대한 해석학적 현상학」, 『한국가정관리학회지』28(1), 한국가정관리학회, 25-36쪽.
박소영, 2015, 「외국인 담론 극복하기: 식모와 조선족 입주 가사노동자의 계급적 위치성과 이중적정체성에 관한 연구」, 『대한지리학회지』50(2), 대한지리학회, 185-201쪽.

즉 고용주의 입장에서 지속적으로 감시해야 할 위협적인 존재인 동시에, 고용자의 문화 지도와 따뜻한 동정이 필요한 위험에 처한 이중적인 정체성 형성의 근원이 된다. 이주여성 개인의 주체적인 선택과정과 상호작용을 집중적으로 서술하는 이와 같은 미시적 접근과는 달리, 박홍주(2009)의 연구에서는 한국의 조선족 및 필리핀 가사노동자에 대한 조사를 통해 돌봄노동의 의미와 변화에 대해 밝힘으로써, '아시아 이주여성'의 현실을 전혀 반영하지 못하고 있는 한국의 이주노동정책을 구조적, 제도적 차원에서 비판하고자 했다.

최근 들어 주목을 끄는 것이 젠더 수행성 개념으로 이주 영역에서의 조선족 여성의 젠더 변화 과정을 분석한 박경용·임경희(2016)의 연구다.[42] 박경용·임경희(2016)는 한 조선족 이주여성의 젠더 정체성이 이주 이전, 이주 과정, 이주 경험 이후 등 생애 시기에 따라 재구성되고 있음을 밝혔다. 즉 이주 이전에는 전통적 규범과 성역할을 그대로 수용함으로써 전통적 젠더의 모습을 나타내던 것이 구소련과 한국 등 국경을 넘나드는 초국적 이주 과정에서는 이주지에서의 일자리 확보와 문화적 적응 등 초국적 경쟁 상황 속에서 기존의 지위나 역할을 부정 혹은 거부함으로써 새로운 정체성으로의 전이를 경험하게 되며, 이주 경험 이후에는 전통적 정체성을 해체하고 주체적인 젠더 정체성을 형성한다. 이로써 "젠더는 수행성의 관점에서 고정적, 획일적인 것이 아니라 젠더 주체의 수행 여부에 따라

42) 박경용·임경희, 2016, 「한 조선족 여성의 디아스포라 경험과 젠더 재구성: 중국 칭다오(青島) 거주 P씨의 구술생애사를 중심으로」, 『아시아여성연구』55(1), 숙명여자대학교 아시아여성연구소, 199-236쪽.

해체와 재구성 과정을 거치면서 끊임없이 유동하며, 권력관계를 비롯한 여러 조건들이 협상과 경합, 타협, 억압, 저항, 조정 등의 과정을 통해 젠더 주체의 수행 양상과 지속적으로 작동하며 영향을 미친다"고 주장한다.[43] 이 연구는 젠더 시각에서 개별적인 조선족 여성 주체들의 의지, 인식, 경험 등을 주체적 입장에서 해석하고자 했으며, 그들의 이주와 정착의 경험 및 인식을 생애사적 맥락에 기초하여 젠더 수행과정으로 접근했다는 점에서 향후 조선족 여성 연구에 중요한 논의와 논쟁의 지점들을 던져주고 있다.

3. 초국적 가족/성역할 변화에 관한 연구

'이주의 여성화'와 '초국적 가족'현상의 맥락에서 조선족 여성의 이주 및 가족관계에 대해 분석한 연구[44]에서는 주로 조선족 여성 이주화의 원인 및 그 과정에서의 가족의 역할, 이주가 가족관계 및 성정체성 형성에 미친 영향에 대해 고찰함으로써, 조선족 여성들은 중국과 한국의 정책변화, 한국과 중국과의 경제적 격차, '한국 바람' 등 정치, 경제, 사회적 요인하에 이주를 선택하게 되며, 먼저 이주한 여성이 돈을 더 많이 벌 수 있는 여성에게 비용을 대주어 한국으로 입국하도록 할 경우

43) 위의 논문, 230-231쪽.

44) 이혜경・정기선・유명기・김민정, 2006, 「이주의 여성화와 초국가적 가족: 조선족 사례를 중심으로」, 『한국사회학』40(5), 한국사회학회, 258-298쪽.
이율이・양성은, 2010, 「한국 내 조선족 여성의 분거가족 관계에 대한 탐색적 연구」, 『한국가정관리학회지』28(4), 한국가정관리학회, 77-87쪽.

친정 식구가 우선적으로 고려되는 등 원인으로 '친정' 위주의 연결망이 형성되었다는 점, 조선족 여성들이 시대적 변화를 빨리 수용하고 적응하여 '장사'에 뛰어들고 외국으로 이주함으로써 강인함, 억척스러움, 강한 독립심 등 '디아스포라 여성성'을 체현하고 있다는 점, 분거생활의 시작인 자녀 중심의 가족가치는 분거생활에서도 여전히 중요한 부모-자녀관계의 중심이 되며, 확대가족과의 강한 응집력이 분거 가족의 한 특징이라는 점 등을 밝혔다.

이와 같은 연구들은 유입국 중심으로 되어 있는 경향에 문제를 제기하면서 일부 연구들에서는 유입국에서의 이주여성의 지위뿐만 아니라, 출신지와 정주지의 연결성 및 이주자들의 생애시간적 연속성을 함께 고려할 것을 제기하였다.[45] 이러한 연구들에서는 조선족 여성들의 성역할 변화를 중심으로 조선족 사회에서의 '여성 유실'담론 및 그와 연관된 조선족 남성 위기 담론, 성역할 균형, 조선족 여성의 자기 정체성 재규정 방식 등에 대해 고찰하였다. 우명숙・이나영(2013)은 초국적 장소의 이중성과 생애시간적 연속성이 상화 교차되는 지점에서 조선족 여성들은 자녀 양육과 교육을 중심으로 한 자신의 생애단계에서 초국적 이주를 결정하고 자신들이 현재 머무는 곳에서의 삶과 떠나온 곳에서의 삶, 그리고 현재의 생애단계와 다음의 생애단계를 연결시켜 나감을 밝혔다. 즉 그들은 한국에서 하층

45) 우명숙・이나영, 2013, 「'조선족' 기혼여성의 초국적 이주와 생애과정 변동: 시간성과 공간성의 교차 지점에서」, 『한국사회학』47(5), 한국사회학회, 139-169쪽. 김은실・민가영, 2006, 「조선족 사회의 위기 담론과 여성의 이주 경험 간의 성별 정치학」, 『여성학논집』23(1), 이화여자대학교 한국여성연구원, 35-72쪽.

노동자로서 높은 강도의 노동을 감내하고 있으며 이를 새로운 삶의 지름길로 인식하고 있으나, 그들이 고된 노동을 감내할 수 있는 것은 중국에서의 삶의 연장선에서 자식들의 세대인 미래에 대한 동경이 있기 때문이다. 김은실·민가영(2006) 또한 지구적 가부장제 맥락에서 출발하여 조선족 여성의 이주는 여성의 돌봄과 모성 역할이 부재하다는 위기 담론에서 자녀 양육 문제를 거론시키며, 여성 이주는 남성이 혼자서 아이를 기르는 등 현상을 초래함으로써 기존의 성별분업체계를 위협하여 가부장제 남성 의식의 위기를 부상시켰을 뿐만 아니라, 일부 귀환한 조선족 여성들의 변화된 자기 정체성과 조선족 사회에서의 젠더화 된 성역할이 충돌되는 상황에서 가부장제 담론은 더 이상 자신의 경험을 조선족 사회에 준거시키지 않는 조선족 여성들의 욕망과 경합하면서 변화를 겪고 있다고 지적했다. 이 논문은 지구화 시대 한 지역의 성별 권력관계를 논의할 수 있는 지점들을 보여줬다는 점에서 의의가 있다 할 수 있다.

Ⅳ. 조선족 여성 연구의 문제점과 전망

1. 특징과 문제점

이상 1990년대 초부터 현재까지 진행된 조선족 여성에 대한 연구의 내용과 관점들을 주제별로 정리해 보았다. 이 절에서는 조선족 여성에 대한 기존 연구의 특징과 문제점에 대해 제시하고자 한다.

먼저, 조선족 여성에 관한 연구를 양적으로 살펴보았을 때, 현재까지 가장 활발히 이루어진 연구가 바로 2000년대 중반부터 본격적으로 시작된 조선족 이주여성에 대한 연구이다. 1992년 한중수교 이후 조선족 여성 국제결혼이민자들이 증가함에 따라 한중 학계에서는 조선족 여성들의 사회 적응, 차별과 배제, 젠더, 초국적 가족 등 다양한 주제로 연구를 진행했으며 일정한 성과를 축적하고 있다. 이에 반해, 기타 주제들은 모두 90년대 초반부터 2000년대 초반에 이르기까지 단편적이고 간헐적으로 이루어졌으며 논의의 수준이 비교적 낮을뿐더러 후속적인 연구가 잘 진행되지 못하고 있다. 이는 조선족 여성들의 한국 이주가 증가됨에 따라 연구자들의 관심이 이주 연구에 치우친 것과 무관하지 않으며, 따라서 조선족 여성들의 역사와 현재 중국에서 살아가는 조선족 여성들의 현실에 대한 관심이 부족한 데 그 원인이 있다고 할 수 있다. 뿐만 아니라, 조선족 여성 연구자들이 부족하여 연구진 형성이 부진하고 후속 연구자들의 배양이 제대로 진행되지 못하는 등 연구의 여러 가지 여건도 무시할 수 없다. 하지만 최근 여성학을 전공한 연변대학 김화선 등 여성 연구자의 후속 연구자 배양에 의해 조선족 여성 빈곤, 소비, 여가 등 다양한 주제의 연구들이 진행되고 있으며, 연구주제가 점점 다양해지는 추세를 보이고 있다. 이는 대단히 긍정적인 현상이다.

다음으로, 조선족 여성 이주에 대한 연구가 시작되기 전까지의 연구는 그들의 경제활동 및 그에 따른 혼인·가족가치관, 전통적 여성의식, 성평등의식, 자아정체성 등 여성의식의 변화와 사회적 지위 및 역할의 변화에 대한 연구가 많은 비중을 차지한다. 이러한 연구들에서는 조선족 여성들의 경제적 지위가 그들의 의식 변화와 가정, 사회적 지위의 상승 및 역할 변화에 영향을 미쳤다는 결론을 제시하였다. 이러한 연구들은 자신의 삶을 개변하고자 끊임없이 시도하는 개별적인 행위 주체에 관심을 가졌다는 점에서는 연구의 의의가 있으나, 계층, 연령, 결혼 여부, 섹슈얼리티, 개인의 경험 등에 따라 여성으로서의 자기 위치성에 대한 인식은 다양할 수 있으며 따라서 여성들 간에도 다양한 차이가 존재할 수 있다는 것을 간과함으로써 연구의 한계를 드러내고 있다. 비록 최근 연구에서 이러한 차이를 고려하는 조짐이 보이나 아직까지도 이러한 변수들을 전반적으로 고려하지 못하고 있다.

그다음으로, 조선족 여성사에 관한 연구가 잘 이루어지지 않았다. 이 부분에 대해서는 아직까지 다루지 못한 영역이 많고 그렇다 할 만한 연구 성과가 없다. 현재까지 나온 연구 성과들은 모두 항일전쟁, 해방전쟁, 사회주의 건설 등 전쟁 및 국가 건설에서의 여성의 공헌을 밝히는 데 치중함으로써, 보충사 혹은 공헌사의 성격에서 벗어나지 못하고 있다. 이러한 성격의 연구 외에 건국 이전 조선족 여성들의 사회사, 일상생활사에 관한 연구는 완전한 공백 상태이다. 건국 이전뿐만 아니라 건국 이후의 사회사, 생활사 연구는 더더욱 찾아보기 힘들다.

끝으로, 조선족 여성 연구를 바탕으로 한 여성주의 이론 및 방법론 구축이 지지부진하다. 우선 현재까지 중국 내 조선족 여성에 대한 중국 학계의 연구는 대부분 실상 자체를 밝히는 실증연구에 머물러 있으며, 여성주의 시각으로부터 출발하여 그들의 주체적 행위를 이론적으로 해석해 내지 못하고 있다. 조선족 이주여성에 관한 중국 학계의 연구도 대부분 조선족 공동체 발전이라는 입장으로부터 출발하여, 조선족 여성들의 이주가 야기한 조선족 사회의 문제, 예하면, '결손가정', '유수아동', '독거노인', '자녀교육' 등 이주의 영향에 대해 많이 논의하고 있으며, 조선족 여성이주 행위 주체의 행위성에 대한 해석적 및 이론적 작업은 잘 진행되지 않고 있다. 그리고 한국 학계의 연구도 여성주의 시각으로부터 출발하여 한국으로 이주한 조선족 여성들의 주체성 변화에 주목하고, 나아가 그들이 처한 신자유주의적 이주노동시장의 허구성을 비판했다는 점에서는 의의가 있으나, 여전히 서구 중심적인 여성주의 이론에 입각하고 있으며, 조선족 여성들을 둘러싼 100여 년간의 이주 및 1992년 한중수교 이후의 한국으로의 이주 배경, 한반도와 한민족 디아스포라 관계의 위치 등 역사적 경험에 대한 전반적이고 구체적인 분석을 기반으로 새로운 이론적인 접근방법이나 모델을 제시하지 못하고 있다.

2. 과제와 전망

조선족 여성에 관한 연구는 아직까지 초기 단계로서 이론적 분석이 미진하고 연구의 추세가 전망적이지 못하다. 이러한 상황에서 조선족 여성 연구가 나아가야 할 방향과 과제는 무엇인가. 우선적으로 여성 연구의 인식론 및 방법론 구축에 심혈을 기울여야 할 것이다. 현재까지 조선족 여성의 현실에 대한 다양한 해석적 작업이 진척되지 못하고 있는 이유 중의 하나가 바로 그러한 현실을 재해석해 낼 이론적 시각이 부족했기 때문이다. 조선족 여성에 관심을 갖고 있는 학자들을 중심으로 연구진을 형성하여 학제 간 연구를 활성화함으로써 조선족 여성 연구를 위한 이론적 시각 및 방법을 탐색하는 것도 중요한 방법론적 전략이라고 본다. 이러한 작업이 우선적으로 이루어져야만 조선족 여성 연구의 질적 발전을 가져올 수 있을 것이다.

다음으로, 여성 연구를 위한 이론적 및 방법론 구축 작업을 진행함과 동시에 조선족 여성의 역사와 현실에 대한 기초적인 자료를 착실히 수집 축적해야 할 것이며, 나아가 젠더, 계층 등 다양한 이론 및 방법을 동원하여 조선족 여성을 둘러싼 다양한 현상들을 쟁점화해야 할 것이다. 특히 여성사와 젠더사의 긴장 관계를 염두에 두면서 젠더관계의 맥락에서 조선족 여성의 역사와 현실을 새롭게 조망함으로써, 그들을 둘러싼 다양한 관계, 예하면, 국가 권력, 가부장제, 전통적 관념 등 관계 속에서 여성의 '주체화' 문제를 해석해야 할 것이다. 최근 여성의 '주체화' 문제를 어떻게 해석할 것인가에 대해서 기존의 여성해방의 정치로 해석하던 경향에서 벗어나, 근대 권력/근대 정치, 젠더 정치 그리고 여성의 주체화 문제가 어떻게 얽혀 있는지에 대한 성찰로 이어지고 있다. 따라서 이러한 논쟁의 지점, 연구의 이슈에 대한 전면적인 재검토 역시 요청된다 하겠다. 어쨌든 간에 다양한 시각에서 다방면적으로 조선족 여성의 역사와 현실을 쟁점화하고 논쟁의 지점들을 발굴하는 것이 중요하다고 생각된다.

요컨대, 중국 조선족 여성에 관한 풍부한 역사 및 현실적 사실들을 발굴한 기초 위에서 다양한 해석적 작업이 이루어지고 또 서로 다른 관점을 둘러싸고 치열한 논쟁이 이루어진다면 조선족 여성에 관한 연구는 향후 더 한층 활성화될 것으로 전망된다. 나아가 이러한 연구를 바탕으로 중국 조선족 여성 주체에 대한 연구를 심화시킴으로써 여성주의 이론을 보완할 수 있는 방법을 기대해 볼 수 있을 것이다.

제2장

건국 이전 만주 조선인 여성의 항일활동과 여성해방

Ⅰ. 여성주의 시각으로 본 만주 조선인 항일 여전사의 항일활동

1. 들어가며

1910년 한일합방 이후, 조선인의 항일운동은 만주지역을 중심으로 활발히 진행된다. 1919년 3.1운동 전후까지 민족주의적이었던 항일운동은 1917년 러시아혁명 이후 사회주의 사상이 간도지역으로 전파됨에 따라 점차 사회주의와 공산주의 이념에 입각한 항일무장투쟁으로 변화되며, 30년대 초부터 반제 반봉건운동으로 확대된다. 그러던 것이, 1931년 위만주국이 건립되자 반제 반봉건운동은 조선인과 중국인의 항일반만운동으로 발전되며, 적지 않은 만주 조선인 여성들도 항일무장투쟁에 가담하게 될 뿐만 아니라, 설사 제1전선에서 전투에 직접 출전하지 않았어도 후방에서 후방지원사업을 담당하게 된다. 통계에 의하면 연변지역 항일열사 총 3,125명 가운데서 조선족이 3,026명을 차지하며, 그중 조선인 여전사가 338명을 차지한다.[46)]

46) 중공연변주위당사연구실 편, 2002, 『연변역사대사기』, 민족출판사.

현재까지 만주 조선인 남성 반일지사에 관해서는 그들의 반일활동, 전장에서의 역할 등에 대해 구체적으로 연구하였으며 일정한 성과를 거두었다고 할 수 있다. 그러나 만주 조선인 항일 여전사[47]에 대한 연구는 대단히 미흡한 실정이다. 지금까지의 성과를 살펴보면, 열사들 가족, 전우, 지인을 통해 입수한 구술 자료, 생전인 여전사들의 항일 경험 및 여전우에 대한 회억 등을 중심으로 구성된 편찬서 혹은 회억록 등 자료가 대부분이다. 이러한 자료들에서는 무엇보다도 그들의 강인함과 용맹함 및 헌신 정신을 유난히 부각하고 있으며, 또한 보충사 혹은 여성의 역사적 기여를 밝히는 공헌사라는 점에서 의미를 가지고 있다.

하지만 현재까지 여성주의 시각에서 조선족 항일 여전사들의 항일활동 및 전쟁 속에서의 몸, 출산, 자녀 양육 등을 둘러싼 그들의 처우에 대한 여성학적 함의를 이끌어내는 등 학자들의 성과는 전무한 상황이다. 비록 본 논문과 직접적인 관련이 있는 박용옥(1992)의 논문에서 기존의 관련 회억록 및 열사전을 참조하여 여전사들의 항일활동 참여 동기, 가정생활 영위 양상을 통한 가정관의 변화, 항일투쟁 양상, 그들의 희생정신, 투지력 및 용감성을 고찰함으로써 그들의 항일혁명 투쟁관 및 한계성에 대해 논의하고 있으나, 만주 조선인 여전사들의 항일활동이 내포한 여성해방의 양상에 대해 분석한 여성주의 연구

47) 본 글에서는 항일에 참가한 여성들을 '여전사'라는 용어로 명명하고자 한다. 왜냐하면, 그들은 항일에 참가하여 다양한 항일활동을 진행해 왔을 뿐, 거시적인 안목으로 항일을 조직, 계획, 지휘, 감독, 총결하는 항일 운동가는 아니기 때문이다.

는 아니다. 그 외, 강영심(2003)은 중국으로 망명하여 활동한 적 있는 여성 항일운동가 박차정의 생애 및 구체적인 활동에 대한 분석을 통해 그의 민족해방운동은 조국자유 회복을 위한 투쟁이자 여성해방을 위한 투쟁이었음을 밝히고자 했다. 이 논문 역시 여성 항일운동가의 민족해방운동과 여성해방운동을 적극적으로 평가하고 있으나, 여성주의 시각에서 항일운동을 통한 여성해방의 양상에 대해서는 언급하고 있지 않다.

이에 본고에서는 기존 연구의 한계에 문제제기하면서 여성주의 시각에서 만주지역 조선인 항일 여전사들을 대상으로 그들의 항일운동에 대한 고찰을 통해 여성해방의 양상을 살펴보고자 한다. 이를 위해 먼저 연변지역 조선인 항일 여전사들의 항일운동 참여 동기 및 영향요인에 대해 살펴보고, 다음으로 개별적인 행위 주체들의 구체적 항일활동에 대한 고찰을 통해 항일 과정에서의 그들의 역할에 대해 고찰하고자 한다. 마지막으로, 항일투쟁 과정에서의 여전사들이 직면한 고난에 대한 분석을 통해 항일운동을 통한 여성해방의 양상에 대해 살펴보고자 한다.

본 연구에서는 이러한 이론적 논의하에 기존의 조선족 항일 여전사들에 대한 편찬서 및 회억록 『항일녀투사들』, 『항일련군의 조선족녀전사들』, 『송산풍설정: 리재덕 회억록』을 참고하였으며,[48] 논문에 총 32명의 여전사들의 사적을 활용하였다.[49]

---

48) 연변조선족자치주부녀연합회, 1984, 『항일녀투사들』, 연변인민출판사.
리광인・림선옥, 2015, 『항일련군의 조선족녀전사들』, 연변인민출판사.
박창욱 주편, 1992, 『조선족혁명열사전』3, 요녕민족출판사.
리재덕, 2013, 『송산풍설정: 리재덕회고록』, 민족출판사.

49) 『항일녀전사들』에서 홍혜순, 김영신, 문두찬, 최금숙, 김순희, 리숙, 황정신, 김

만주 조선인 여전사의 구체적인 사적에 관한 1차 사료 및 신문 자료는 거의 없다고 할 수 있다. 왜냐하면, 여전사들은 항일 당시 대부분 전장에서 전사하거나 체포된 후에도 일제에 반항하다가 희생된 경우가 많고 감옥에서 희생되더라도 당시 공식적 기록을 남긴 경우는 거의 없기 때문이다. 1차 사료가 극히 적은 상황에서 항일 여전사의 전우, 가족, 지인 등의 구술을 통해 여전사들의 출생, 부대소속, 항일활동 등에 대해 파악하고 여전사에 관한 사적을 구술 자료로 채록할 수 있었던 것은 중요한 의미를 갖는다고 할 수 있으며, 구술 자료 역시 1차 자료 못지않게 중요한 활용 가치가 있다고 본다.

물론 본 논문에서 비록 항일투쟁 행적이 뚜렷하고 역사 자료로 가치가 있다고 생각되는 32명 여전사들의 사적을 선정 활용하였으나, 그 사적들을 활용함에 있어 무엇보다도 각 인물들의 행적에 대한 분석적인 자료 검토가 따라야 함은 두말할 것 없다. 그것은 필경 1차 사료가 아닌 회억록을 인용하는 것이어서, 구술자의 회억이 당시 사실을 여실히 반영했는지를 확인하기 힘든 부분이 많기 때문이다. 예하면, 리추악같이 유명한 항일 여전사의 경우는 『조선족혁명열사전』, 『항일련군의 조선족녀전사들』 두 책에 모두 기록되어 있는데, 두 책에 기록된 희생일은 모두 1936년 9월 3일로 동일한 날짜이지만, 『조선족혁명열사전』에는 체포된 지 한 주일 만에 총살되었다고 기록하

정옥, 최희숙, 리계순, 박정자, 김정길, 김정숙, 안순화, 리어순, 허성숙, 김인수 어머니 등 17명, 『항일련군의 조선족녀전사들』에서 박록금, 박수환, 오철순, 리부평, 박영자, 주신옥, 림정옥, 허현숙, 안순복, 리근숙, 김백문, 김옥선, 리영근, 신련옥 등 14명, 그 외 리재덕까지 총 32명 여전사의 사적을 활용하였다.

고 있고 『항일련군의 조선족녀전사들』에서는 1936년 8월에 체포되어 9월 3일에 희생되었다고 쓰고 있어서 체포된 날짜가 정말 체포된 지 한 주일 만인 8월 28일인지는 확실치 않다. 또 허성숙의 경우도 『조선족혁명열사전』에서는 일제의 6대 트럭을 공격하다가 그들의 집중사격을 당해 복부에 적의 탄알을 맞아 부상을 입었으며, 정신을 잃고 쓰러진 그를 마을 사람들이 발견하고 구원하려고 했으나 지나친 출혈로 심장의 고동을 멈추었다고 기록하였고, 『항일녀투사들』에서는 일제의 7대 트럭을 향해 사격하다가 복부에 탄알을 맞아 쓰러졌으며 이튿날 한의사가 그를 구하려고 집으로 데려갔으나 방 안에 눕히자마자 숨졌다고 적혀 있다. 이와 같이 두 책에서 제시한 일제의 트럭 수는 각기 6대와 7대, 허성숙을 발견한 사람도 각기 마을 사람과 한의로서 서로 다르며, 그 외 허성숙의 희생 장면에 대해서도 『항일녀투사들』, 『불멸의 투사』, 『빨치산의 여대원들』 등 세 책에서 모두 다르게 기술되고 있다. 『항일녀투사들』에서와는 달리, 『불멸의 투사』에서는 적들에게 체포된 후 자위단의 딸임을 알고 전향시키려 했으나 굴복하지 않아 총살했다 쓰고, 『빨치산의 여대원들』에서는 중상을 입고 체포되느니 싸우다 죽겠다고 생각하고 250여 발의 탄알을 다 쏜 후 수류탄을 던져 적을 쓰러뜨리고 자신은 더 이상 움직이지 않았다고 했다. 항일 여전사의 최후를 여전사 당사자가 아닌 제3자가 어떻게 그토록 생생하게 회억할 수 있는가 하는 의문이 들 수도 있겠지만, 어쨌거나 최후의 순간까지 싸웠을 것임은 틀림없는 것이다. 이처럼 여러 책에 동시에 기록되어 있는 여전사의 경우, 기록이 일치되지 않는 부분들이 없지 않다. 이러한 부분들은 사료 발굴을 통해 검증을 거쳐야 하는 부분들이라 생각된다. 하지만 본 연구에서는 여성주의 시각에서 항일 여전사들의 의식변화, 영향요인, 항일활동 및 역할, 항일무력투쟁에서의 고난 등을 전체적으로 파악하고 재해석하는 데 목적이 있으므로, 회억록의 활용을 통한 분석에는 큰 오차가 없으리라 생각된다.

2. 1920-1930년대 여전사의 의식 변화 및 영향요인

19세기 말, 20세기 초 만주지역에서 형성되기 시작한 조선인이민사회는 조선국 내 민족 지사들의 대거 망명과 더불어 국권회복을 위한 민족독립운동의 요람으로 부상한다. 따라서 민족독립운동에 필요한 인력 자본을 확보하기 위한 수단으로 그동안 가부장적 질서와 성차별 체계 속에서, 교육으로부터 완전히 소외되었던 여성에 대한 계몽 교육이 중요시됨과 동시에 국권회복에서의 여성의 사명이 아울러 부각되면서 여성들의 지위 향상에 대한 문제가 시급한 문제로 부상된다. 반일민족독립운동에서 여성들이 빠질 수 없다는 취지에서 1908년, 구자윤, 김하석, 리동휘 등은 연길 소영자에 처음으로 되는 여자소학당 사립광성여자소학당을 세웠으며,50) 리동휘는 1911년 명동마을의 부흥회에서 "새가 어떻게 날개를 하나만 가지고 날 수 있으며, 수레바퀴가 하나로 굴러갈 수 있는가"51)라는 여성해방의

50) 연변조선족자치주부녀연합회, 1991, 『연변여성운동사』, 연변인민출판사, 17쪽.

51) 김형수, 2004, 『문익환 평전』, 실천문학사, 103쪽.

논리를 펼치면서 민족의 독립은 절반 인력을 차지하는 여성의 해방과 갈라놓을 수 없음을 역설한다. 이처럼 여성교육은 국권 상실이라는 상황 속에서 국권회복을 위한 실력양성론의 맥락에서 강조되었다.[52]

또한 이 시기 여성교육의 발전은 첫째, 천주교, 기독교 등 해외 종교단체의 활동과 연동되었다는 점이다. 당시 종교단체들에서는 근대적 학교제도를 통해 여성에게 교육의 기회를 부여하고자 했으며 이는 그들의 선교사업의 일환이었다. 선교사들이 표방하는 자유, 인권, 민주, 평등 등 근대적 사상은 마침 유교적 순종을 강요받던 만주 조선인 여성들의 관심을 자아냈으며, 민족주의자들이 독립운동의 방편으로 종교를 받아들이게 되면서, 여성교육은 민족주의자들의 독립운동 차원에서든 종교인사들의 종교복음전파의 차원에서든 할 것 없이 주목의 대상으로 되었다. 1910년 용정에 천주교에서 설립한 첫 외국종교계통의 여자학교 상전여학교가 설립되었으며, 1913년 캐나다 선교사 박걸 부부는 해외선교부의 파견으로 용정에 정착하게 되면서 기독교 계열의 여성교육이 활성화되었다. 특히 박걸 부인 레베카는 "유교의 질곡에 얽매인 여성에게 교육의 기회를 주어야 하며, 여성들로 하여금 그들도 남성들과 동등한 지위임을 자각시킴으로써 여성의 권리를 찾도록 해야 한다"며 여성교육의 필요성 및 여성 지위 향상을 주장하였다.[53] 이와 같이 여성에 대한 계몽운동은 민족계, 종교계 학교로부터 시작되었지만

52) 박금해, 2012, 『중국 조선족 교육의 역사와 현실』, 경인문화사, 151쪽.

53) 『독립신문』, 1986.4.21일 자.

광범한 여학생들이 학교 교육의 혜택을 받지 못하였기에, 사립학교 교육운동의 창시자들이었던 많은 우국지사들과 지식인들은 야학반, 동학반, 반일(半日) 부녀학교 등을 곳곳에 꾸려 학교 교육을 받을 수 없는 광범한 청장년들과 여성들을 대상으로 반일을 취지로 하는 근대민족의식을 고취시켰다.

둘째, 1920년대에 접어들어 신문화계몽운동의 흥기와 더불어 마르크스-레닌주의가 만주 지역에서 전파됨에 따라 여성교육은 단순한 여성 계몽과 여권신장의 차원을 벗어나 남녀평등과 여성해방 사상의 고조 속에서 진행되기 시작했다는 점이다. 20세기 10년대 여성교육과 운동이 평등주의에 입각한 "봉건적 인습의 타파, 문맹퇴치, 여성 지위 향상 등 부분적이고 관념상의 추구가 주류였다면, 20년대의 여성교육과 여성운동은 계급의식, 사회주의이념을 기초로 하는 여성해방 및 불합리한 사회제도를 부정하는 강렬한 정치적 성향을 띤 운동이 크게 대두되었다는 점"에서 특징적이다.[54] 1931년 "만주사변" 이후, 일제는 조선인 교육을 전면 통제하였으며, 일제의 관할하에 속하지 않는 만주 지역의 유일한 조선인 여자전문중학교인 명신여자중학교를 "만주국" 학제에 따른 명신여자국민고등학교로 개편하고 1943년에는 일본인이 세운 광명여자중학교와 병합하여 용정여자국민고등학교로 개칭함으로써 여자중학교를 통제하였다. 이러한 상황에서 여성 계몽 및 해방에 있어 나름대로 자아각성의 길을 찾고자 하는 노력은 계속되었고, 20세기 초부터 여성교육에 대한 의식이 시공간적으로 전파되었던 여운에 힘

54) 박금해, 2012, 『중국 조선족 교육의 역사와 현실』, 경인문화사, 161쪽.

입어 민족교육의 정기는 끊이지 않고 지속되었다.[55] 또한 항일 유격근거지 및 항일무장부대에서 여성교육을 통한 부녀들의 계몽 및 정치적 각성에 중시를 돌리면서 여권신장, 여성해방을 주장했다. 1933년, 동만특위에서 제정한 「쏘베트건설사업대강」에서는 "여자도 반드시 토지를 분배받아야 하며 일체 봉건적 잔재를 철저히 소멸하여야 한다"[56]고 규정했으며, 1935년 6월 10일, 왕청현위에서 반포한 「임시동북인민혁명정부강령초안」에서도 "…일제 반일반제반만민중 및 그 가속들은 남녀 불문하고 종족과 종교 차별을 불문하고 모두 평등한 권리를 향유하고 있으며 일률로 혁명정의 공민이다"[57]라고 규정하였다.

셋째, 조선인 항일 여전사들의 항일활동은 근대사상의 영향을 받았으며 그로 인해 의식변화와 항일운동 참여는 상호 연관성을 가진다는 점이다. 조선인 항일 여전사들은 당시 만주에서의 민족주의 계열의 여성 계몽운동, 천주교, 기독교 등 해외종교 단체에서의 자유, 인권, 민주, 평등 등 근대적 사상의 전파, 공산주의 계열에서의 남녀평등과 여성해방사상 전파 등 사상적 배경하에서 의식 전환의 계기를 맞이하게 되며, 그러한 의식변화는 그들의 항일 참여의 사상 배경으로 작용하게 된다.

만주 조선인 항일 여전사들의 의식에서 가장 근본적인 변화를 가져온 것이 바로 그들의 반봉건의식이다. 즉 그들에게는 봉건적 남존여비사상에 얽매인 전통가정의 속박에서 벗어나 글을 배우고 사회에 눈을 떠야만 진정한 남녀평등을 실현할 수

---

55) 위의 책, 164-165쪽.

56) 양소전 외, 1992, 『동북지구 조선인혁명투쟁자료회편』, 요녕민족출판사, 802쪽.

57) 위의 책, 807쪽.

있다는 반봉건의식과 남녀평등의식이 싹트기 시작한다. 아래와 같은 여전사들의 의식이 그러한 변화를 보여주고 있다. 예하면, 홍혜순은 "여성들은 까막눈으로 있어서는 안 되고 눈을 떠야 한다"[58]고 했으며 김영신은 "봉건적 남존여비사상이 여자들을 까막눈으로 만들었으며 눈을 떠야만 자신들을 힘들게 하는 사회를 뒤엎을 수 있다"[59]고 생각했다. 또한 김정길은 "시부모의 학대와 남편의 구박을 받는" 봉건적인 가부장적 제도하의 자신들의 처지를 뒤엎기 위해서는 글을 배우고 스스로 해방하기에 힘써야 한다"고 인식하였다.[60] 김정숙은 "무엇 때문에 여성은 팔려 다녀야 하는가요. 여성도 사람이에요. 우리는 여성을 사고팔며 강제로 혼인시키는 현상을 반대해야겠어요. 우리 여성들은 봉건사상의 속박에서 해방 받아야 해요."[61]

그리고 여전사들의 의식변화에서 가장 선명하게 나타나는 특징이 바로 자신들의 가난한 처지를 불공평한 사회적 현실로 자각하면서 그러한 가난은 일제 침략, 지주와 자본가의 착취에서 기인한 것이라고 인식했다는 점이다. 여전사들의 출생 당시 가정 배경을 보면, 대부분 농민의 딸이었다. <표 1>[62]에서 보면 32명 여전사들 중 14명 여전사들은 그동안 가난을 숙명으로 간주하던 데로부터 혁명사상을 전파하는 학교, 기독교나 부녀 야학, 가족, 친지 등의 영향으로 점차 자신들의 가난하고 불

58) 연변조선족자치주부녀연합회, 1984, 『항일녀투사들』, 연변인민출판사, 4쪽.

59) 위의 책, 20쪽.

60) 위의 책, 142쪽.

61) 위의 책, 157쪽.

62) <표 1>부터 <표 4>까지 모두 부록에 첨부하였다.

평등한 처지에 대해 반문하며 점차 계급의식과 혁명의식을 싹틔우기 시작한다. 일례로, 리숙은 시집온 지가 5년이 되었지만, "우리는 어째서 지주집 소나 말보다 못한 생활을 하지 않으면 안 되는가 하는 생각을 끊임없이 떠올리면서, 죽게 일해도 여전히 쪼들리는 살림을 면치 못하는 세상을 공평하지 못하다"[63]고 인식하게 된다. 황정신 역시 "자기 손으로 일군 땅에서 일년 내내 피땀을 흘려 일했건만 가을이 오면 지주, 관료배들이 몰려와서 땅세, 물세, 산세, 소금세 등 가렴잡세로 지은 곡식을 거의 다 앗아가고 나면 그들은 빈털터리로 되고 마는" 불합리한 사회현실에 불만을 품고 일찍 혁명의 길에 들어서게 된다.[64] 왜냐하면, 그러한 가난하고 불합리한 현실은 지주, 자본가들의 착취로 기인한 것이므로 그들에 저항하고 그들의 착취를 제거해야만 여성의 진정한 해방을 실현할 수 있다는 혁명의식과 여성해방의식도 함께 성장했기 때문이다. 김정길은 "일제와 지주, 자본가를 때려 엎고 우리 여성들까지 다 해방 받는 날이라야 우리 인민이 진정으로 해방 받는 날이라고 인식하게 되었고,[65] 안순화도 "일본 침략자와 봉건세력을 뒤엎어야만 빈궁에서 허덕이는 가난한 사람들에게 출로가 있다"고 인식하였다.[66]

이와 같이 반봉건의식, 계급의식, 혁명의식 등이 싹트기 시작하면서 여전사들은 항일에 참여하게 된다. 하지만 그들의 혁

63) 위의 책, 65쪽.
64) 위의 책, 74쪽.
65) 위의 책, 142쪽.
66) 위의 책, 161쪽.

명 참여가 전부 이러한 변화에서 기인한 것이라 보기는 힘들다. 32명 여전사들 중 13명 여전사들에게는 남편, 부모, 아들 등 가족구성원이 일제에 의해 사망하게 되자 원수를 갚고자 하는 복수심이 생기게 되며 바로 그러한 감정이 혁명 참여의 직접적인 동기로 작동하게 된다. 아래의 사례들을 보도록 하자. 안순복은 아버지와 오빠가 일본군에게 피살된 이후로 복수의 마음을 품고 그해(1933) 2월, 항일구국유격군에 가입하여 재봉대에 배치된다.[67] 리조린 장군의 부인 김백문(본명 김정순) 역시 조선독립군에서 활동하던 부친이 일본군의 총칼에 숨지고 그 이후 산에서 유격투쟁을 하던 오빠마저 돌아가게 되자 원수를 꼭 갚겠다는 비장의 마음으로 어머니와 작별하고 혼자 몇십리 산길을 걸어 유격대를 찾아가게 된다.[68] 그 외, 두 아들의 어머니 김인수도 자신의 눈앞에서 둘째 아들이 일제의 손에 숨지는 것을 보고, 원수를 갚기 위해 혁명의 길에 나서게 된다.[69] 그 외 리부평, 선옥, 김옥선, 리근숙 등 여전사들도 부친, 남편, 오빠 등 부모, 형제들이 항일활동에서 목숨을 잃게 되자, 가정의 원한을 품은 채 항일에 참여하기를 결심하게 된다.

이러한 사실로부터 만주 조선인 여전사들의 항일운동 참여는 그들의 의식의 변화에서 기인한 것이라 할 수 있는 동시에, 남편, 부모, 자식, 형제자매 등 가족성원들의 피살, 전사 등으로 인한 여전사들의 슬픔과 증오, 분노의 분출구가 복수라는 행위와 맞물려 나타난 행위라고도 할 수 있으며, 가족을 여읜

---

67) 리광인・림선옥, 2015, 『항일련군의 조선족녀전사들』, 연변인민출판사, 343쪽.

68) 위의 책, 448쪽.

69) 연변조선족자치주부녀연합회, 1984, 『항일녀투사들』, 연변인민출판사, 221쪽.

깊은 원한이 혁명 참여의 촉매제로 작동했다고 할 수 있다.

그렇다면, 만주 조선인 항일 여전사들의 의식은 어떠한 요인들의 영향을 받고 변화하게 되는가. <표 2>에서 보면, 혁명에 참여한 부모의 영향을 받은 여전사가 6명, 형제의 영향을 받은 여전사가 5명, 남편 영향을 받은 여전사가 8명, 친척 영향을 받은 여전사가 3명, 혁명지사, 마을 청년의 영향을 받은 여전사가 10명, 정규적인 학교의 영향을 받은 여전사가 6명, 야학의 영향을 받은 여전사가 10명, 진보서적의 영향을 받은 여전사가 2명을 차지한다. 그리고 3명의 여전사는 부모를 여의고 복수하기 위해 자진하여 항일에 참가하였고, 1명은 아들이 항일과정에서 전사한 후 원수를 갚기 위해 항일에 참가하게 된다.[70] 이상과 같은 인도자 요인 및 교육환경요인 가운데서 그들을 항일에 참여하도록 이끈 가장 강력했던 영향 인소가 바로 부모, 형제, 남편, 친인척들이라 할 수 있다. 다음으로 야학, 학교에서의 교육 영향도 매우 크다. 정규적인 학교를 다닌 여전사들은 학교에서 벌이는 혁명 활동에 적극 참여함으로써 혁명사상을 받아들였고, 여러 가지 형편으로 말미암아 학교를 다니지 못한 여전사들은 야학을 통해 글을 익히고 또 해방과 자유를 실현하기 위해서는 일제 침략을 물리치고 착취자들을 뒤엎는 혁명을 진행해야 한다는 의식을 형성하게 되었다. 그 외, 마을의 혁명지사로부터도 영향도 무시할 수 없다. 당시 마르크스-레닌주의 사상을 흡수한 진보적인 청년들은 여러 가지 형식을 통해 혁명

70) <표 2>에서 삼각형으로 표시한 세 여전사의 경우는 기타 여전사들과 달리, 부모 및 아들의 인도하에 혁명에 참여하게 된 것이 아니라, 부모 및 아들을 잃게 되자 원수를 갚기 위해 직접 부대를 찾아가서 혁명에 참여한 경우이다.

사상을 전파하였는데, 야학, 학교에서 혁명사상을 접한 여전사들이 있는가 하면, 평소에 마을의 혁명지사들로부터 마르크스, 레닌에 대한 이야기, 10월 혁명을 통해서 그리고 노동자, 농민이 주인 된 소련의 이야기를 들음으로써 혁명사상을 받아들인 여전사들도 있다. 끝으로 진보적 서적으로부터도 영향을 받은 여전사도 있다. 예하면, 리계순은 오빠가 빌려온 진보적 서적과 잡지를 통해 혁명의 도리를 터득하게 되었고, 홍혜순도 낮에는 학교에서 공부하고 저녁에는 진보서적을 탐독함으로써 혁명의식을 싹틔우게 되었다. 그러나 진보서적으로부터 영향을 받은 여전사는 극소수에 불과하다. 그것은 당시 여전사들의 교육수준이 그다지 높지 못했기 때문으로 보인다.

이와 같이 여전사들의 당시의 사상적 배경 및 여러 가지 영향 요인하에 의식의 변화를 가져오게 되며 점차 항일에 참가하게 된다. 그렇다면, 그들은 구체적으로 어떠한 항일활동을 전개하게 되며, 항일에서 어떠한 역할을 담당하게 되는가.

3. 여전사의 항일활동 양상 및 역할

이 절에서는 여전사의 항일활동 및 활동 과정에서의 여전사들의 역할에 대해 살펴보고자 한다. 부록의 <표 3>에서 여전사들의 활동경력과 구체적인 활동내용을 요약하여 제시하였다. <표 3>의 내용에 제시된 여전사들의 활동내용은 크게 야학운동, 부녀회 사업, 실전 및 후방에서의 사업 등으로 분류해 볼 수 있다.

먼저, 만주 조선인 항일 여전사들이 참여 혹은 조직했던 야학운동에 대해 살펴보도록 하자. 야학교 목적 중의 하나가 바로 야학에서의 글공부를 통해 문맹인 여성들에게 글을 가르치고 그들로 하여금 점차 세상에 눈을 뜨게 하고 나아가 남녀평등, 혼인자유, 여성해방, 부녀운동 등 교육을 진행하는 것이다. 만주 조선인 항일 여전사들 중에는 최희숙 등과 같이 처음에 야학을 통해서 글을 배우고 나아가 야학에서의 사상 전파를 통해 계급의식, 혁명의식이 싹틔움으로써 남편 등 가족 성원과 함께 혁명에 참여한 여전사가 있는 반면, 혁명의 길에 들어선 여전사, 예하면 홍혜순, 김영신, 문두찬, 김순희, 리숙, 리계순, 김정길, 김정숙과 같이 야학에서 여성들에게 봉건적인 남존여비사상을 반대하는 교육을 진행하고 나아가 야학운동을 전개함으로써 혁명의식을 전파한 경우도 있다. 그들이 전파하고자 하는 혁명의식인즉 봉건적 착취와 일제의 탄압에서 벗어나고 남녀평등을 이루어야 함을 의미하는 것이며, 민족해방과 조국독립을 실현해야 함을 의미하는 것이다. 이와 같은 혁명의 도리를 일깨워주는 것 외에 더욱 중요한 목적은 의식화되고 조직화된 부녀들을 동원하여 혁명사업에 뛰어들도록 하는 것이다. <표 3>에서 보면 김순희, 리숙, 김정숙, 최희숙, 박정자, 안순화 등 여전사들은 1930-1932년까지 진행된 "추수투쟁", "춘황투쟁"에 참가하여 군중사상을 통일하는 선전사업을 진행하고 또 여성들을 동원하여 시위행진을 하는 등 조직적인 행위를 통해 여성들을 각성시키고 항일에로 이끌고자 했다. 또한 만주지역에까지 전파된 1930년 전라도 "광주학생사건"의 영향으로 중공동만특위 지시에 따라 김정길은 봉림동 부녀야학의 50-60명의 여성을 영솔하여 시위를 진행했으며, 1931년 연변지역의 반제 반봉건투쟁이 앙양되는 가운데 봉림동 부녀야학의 여성들은 남성들과 함께 삐라를 살포, 운반하고 통신을 나르고, 망을 보면서 동만특위연락소의 전사들을 보호하는 등 혁명 활동을 진행하였다. 이와 같이 야학운동을 통한 여전사들의 조직 활동에 의해 많은 여성들이 조직적으로 혁명에 참여하게 되었다.

다음으로, 야학운동으로부터 부녀회 회원으로 편입된 여전사들은 단순한 계몽운동이 아니라 구체적인 항일활동을 진행해야 한다. 위의 <표 3>에서 제시된 부녀회원 사업은 크게 네 가지로 분류할 수 있다. 먼저, 부녀회원들이 담당해야 할 혁명사업 중 가장 중요한 사업들이 바로 삐라를 안전하게 인쇄, 보관하고 살포하기, 비밀암호를 전달하고 중요한 회의 개최 시 망을 보기 등이다. <표 3>에서 알 수 있듯이, 부녀사업을 담당했던 여전사들 중에는 상기 임무를 수행한 경우가 많다. 특히 삐라를 인쇄하고 보관하는 임무를 수행할 때 안전이 가장 큰 문제로서 여전사들은 위험한 상황에 대처하여 무덤과 같은 굴을 파놓고 그 속에서 인쇄한다든지 천장 등 감출 수 있는 곳들을 찾아 감추며, 비밀암호를 전달할 때에는 변장술을 쓰기도 하고 생명의 위험을 무릅쓰고 임무를 완성한다. 두 번째 중요한 사업이 바로 유격대 혹은 혁명군에 대한 지원사업이다. 김영신, 문두찬, 최금숙, 황정신, 리계순, 박정자, 김정숙, 안순화, 허성숙, 오철순, 리부평, 김백문 등 12명의 여전사들은 부녀회원으로서 유격대 및 혁명군을 위해 식량을 구하고 밥을 짓고 옷을 빨고 해진 옷을 꿰매며 일상용품을 장만하고 탄약을 나르며 부상자를 간호하고 일제와 지주를 습격하여 물자를 노획하는 등 대원들을 돕고 지원하는 구체적인 활동들을 진행했다. 언급해야 할 것은, 일제대토벌이 심하게 진행되는 상황에서 유격근거지와 유격대가 극심한 식량난에 허덕일 때 부녀회 회원인 여전사들이 발 벗고 나서서 산속, 눈 속을 헤매며 식량을 구하는 등 구체적인 행위를 통해 식량을 얼마간 구하거나 전사들에게 혁명의 신심과 의지를 북돋우어 주었다는 것이다. 세 번째 중요한 사업이 바로 선전사업, 군중사업을 통한 부녀 동원 및 회원 확보이다. 김영순, 리숙, 리계순, 안순화, 리어순, 리근숙 등 부녀회 책임자 및 회원들의 여성해방, 혁명사상 전파 등 선전사업을 통해 많은 여성들이 가정을 벗어나 부녀회에 가입하게 되며 혁명에 참여하게 된다.

마지막으로, 실전 및 전투보조 활동에 대해 알아보도록 하자. 전장에서 작식대, 재봉대, 부상병을 간호하는 의료대는 전투력을 재생산하는 임무를 수행하는 중요한 영역이다. 먼저, 작식대에서의 여전사들의 활동에 대해 살펴보자면 다음과 같다. 주지하다시피, 전투에서 대원들의 전투력을 뒷받침하는 가장 중요한 사항이 바로 식량과 의복이다. 투지력과 전술이 있는 군대라 할지라도 양식문제가 우선적으로 해결되지 않으면 전투는 지속되기 어렵게 된다. 때문에 갖은 방법을 동원하여 양식과 의복문제를 해결해야 하는데, 주로 양곡, 옷감, 무기 등을 노획하는 전투를 통해 물자를 구하기도 하고, 유격 근거지 내에서 식량을 경작하여 얼마간의 식량을 장만하기도 하며, 각

부녀회를 통해 각출된 양곡으로 해결하기도 하고 또 작식대 여전사들의 역할을 통해 해결하기도 했다. 근거지 내에서 경작한 양곡은 대개 토벌대의 습격으로 인해 전부 빼앗기는 경우가 많으며, 습격을 피해 도처로 자리를 옮겨 다니니 근거지 내에서 경작한 양곡으로 대원들의 끼니를 보장하기에는 어림이 없다. 또한 부녀회를 통해 각출된 양곡도 지속적으로 조달되지 못하는 상황에서, 어찌 보면 작식대 여전사들의 식량 장만 정도에 따라 대원들의 끼니가 해결되고 전투력이 재생산된다고 할 수 있다. 실제로 작식대 여전사들은 있는 양곡으로 밥을 하여 공급하는 일만이 아닌, 양식이 다 떨어졌을 때 갖은 방법을 다하여 식량을 구하여 끼니를 해결해야 하는 임무를 수행해야 했다. 예하면, 안순화는 며칠 굶어서 기력이 풀린 상황에서 지친 몸을 지탱하며 산나물을 캐왔고 가까운 산에 뜯을 풀이 없게 되자 또 먼 산에 다다른 그는 지쳐서 땅에 엎드린 채 팔을 뻗치고 나물을 캤다.[71] 이처럼 먹을 것을 장만하고 밥을 짓는 일들이 여성에게는 당연한 것으로 간주되었으며, 전장에서 식량이 떨어졌을 때 비상수단을 동원해서라도 대원들의 끼니를 해결해야 하는 일은 전적으로 여전사들의 담당이었다.

다음으로, 재봉대원들도 모두 여성으로서 그들 역시 작식대원들과 마찬가지로 사명감과 투지력으로 재봉 임무를 수행해냈다. 예하면 최희숙은 1933년 작식대에 배치되었다가 다시 1934년 유격대의 복장공장에 가서 재봉기술을 배운 뒤 1935년 동북항일연군 제2군 독립사 2퇀에서 김정숙, 김명화, 리영자,

71) 연변조선족자치주부녀연합회, 1984, 『항일녀투사들』, 연변인민출판사, 174쪽.

리정숙 등 동지들과 함께 재봉대와 작식대에서 일을 하게 되며, 1938년 동북항일연군 제2군 제6사재봉대 책임자로 되어 재봉대 임무를 도맡아 나선다. 1938년 늦가을, 재봉대는 전투를 한 달 앞두고 겨울군복 600벌을 지을 과중한 임무를 맡게 된다. 최희숙은 재봉대를 몇 개 조로 나누어 한 개 조는 도토리나무와 황경나무 껍질을 벗겨다가 끓는 물에 우려서 광목천을 염색하도록 하고, 다른 조는 염색한 천을 햇볕에 말리도록 했다. 그리고 자신은 나머지 대원들과 함께 천을 재단하였다.[72] 그들은 낮과 밤을 이어가며 작업을 계속했고, 최희숙 등은 밤잠을 자지 못한 탓으로 얼굴이 퉁퉁 부었고, 손등과 손가락도 벗겨져서 피가 날 정도였다. 그렇게 하여 600벌 만드는 임무를 20일 만에 완수해 냈던 것이다.[73] 항일동북연군 제4군 재봉대 대장 안순복 역시 전사들이 굶주림을 달래며 잠에 곯아떨어지는 시간에도 리봉선 등 여전사들과 함께 우등불가에서 밤을 새우며 전사들의 옷을 깁는 데 전념했다.[74] 이와 같이 재봉임무를 수행해야 하는 외에, 재봉대 대원들이 반드시 확보해야 하는 것이 바로 재봉침이다. 전장에서 재봉침이 없으면 군복을 만들어낼 수가 없기 때문이다. 그리하여 재봉대원들은 불의의 습격을 받을 때마다 열여 근 넘는 재봉기를 메고 행군과 전투를 견지해야 했다. 동북항일연군 제7군 부녀퇀 제3사 재봉

72) 『항일녀투사들』에는 당시 재봉대원이 총 8명이라고 적혀 있고, 『항일연군의 조선족 여전사들』에는 10여 명이라고 적혀 있다. 본고에서는 자료 및 출처가 상대적으로 더 구체적이고 상세한 『항일연군의 조선족 여전사들』의 내용을 참조하였다.

73) 리광인·림선옥, 2015, 『항일련군의 조선족녀전사들』, 연변인민출판사, 32쪽.

74) 위의 책, 345쪽.

대의 신련옥에게 재봉기는 총과 다름없는 "무기"였다. 그는 당시 40도 이하의 날씨에 오른쪽 발꿈치 뒤의 살이 얼어서 떨어져 나갔지만 절뚝거리면서도 열 근 넘는 재봉기를 버리지 않고 끝까지 메고 다니면서 전사들의 군복을 재봉하였다.75)

그다음으로, 의료대 대원들도 의료조건이 차하고 의사가 없으며 약물은 더더욱 없고, 식량 보장도 없는 상황에서 전심전력으로 부상병을 간호하였다. 예하면 "밀영병원"에 파견된 동북항일연군 제2군 제6사의 리계순은 병원에 의사, 약품, 양식이 없는 상황에서 부상병을 위해 매일 산에 올라가 약재를 캐오고 산나물을 뜯어와, 부상병에게 약을 달여 먹이고, 때를 해서 먹이곤 했다. 어느 하루 병원이 적들에게 포위되자 리계순은 먼저 양식을 감추고 부상병을 병원으로부터 피난시킨 후 적들에게 사격을 하는 도중 부상을 입고 체포되어 생을 마감하였다.76)

끝으로, 남성들과 똑같이 실전에 참여한 여전사들로는 김정옥, 최희숙, 허성숙, 김인수, 박록금, 오철순, 박영자, 주신옥, 림정옥 등이다. 예로부터 전쟁은 전적으로 남성의 전유물로 간주되어 왔으나, 항일무력투쟁에서의 만주 조선인 여전사들의 전투 행위는 실로 남성 못지않은 용맹함과 강인함을 과시하였다. 단발머리 마상대 처녀라고 불린 김정옥, 항일련군 제6사 여성련 첫 련장 박록금, 부터뢴 기관총 명사수 주신옥 등은 남성들과 같이 여러 차례 되는 물자 노획, 각종 투쟁에 참가하였으며, 그 과정에서 무기를 잘 다루고 민첩한 사유와 행동으로

75) 위의 책, 530쪽.

76) 연변조선족자치주부녀연합회, 1984, 『항일녀투사들』, 연변인민출판사, 128-129쪽.

전사로서의 역할을 수행했다.

중요한 것은, 실전에 참여한 여전사들도 전투가 끝난 뒤 남성 전사들이 휴식을 취하는 시간에 쉬지 않고 작식대원을 도와 식량을 장만하고 끼니를 해결하는 일, 옷을 깁거나 빨래를 하는 일에 참여했다는 점이다. 예하면, 고된 행군 끝에 밀림에서 숙영할 때마다 그녀는 부상당한 동무들을 간호하거나 전우들의 해진 옷들을 기워주기도 하고, 남보다 먼저 일찍 일어나 작식대원을 도와 미끄러운 산길을 걸어 물도 길어왔고 쌀을 씻고 불도 지펴주었다.[77] 동북인민혁명군 제2군 독립사 제3퇀의 김정옥 역시 짬만 있으면 동지들의 옷을 빨아주고 기워주었으며 위생원을 도와 부상자들에게 약을 발라주었다.[78] 이와 같이 여전사들은 피로한 몸을 지탱하면서도 식량을 장만하고 밥하고 빨래하고 옷을 입거나 재봉하는 일들을 당연한 것으로 받아들였다. 이처럼 여전사들이 전투보조 활동을 하는 경우가 다반사이지만, 주신옥이 소속된 제5군 부녀퇀 여전사들과 같이 평소에는 재봉대, 의료대의 임무를 수행하지만 필요시에는 전투대가 되어 남자들과 똑같이 전투에 투입되는 경우도 있다. 이럴 경우 여전사들은 결국 전사로서 여성으로서의 역할을 동시에 수행하는 다중 역할의 행위 주체가 되는 것이다.

이상 만주 조선인 항일 여전사들의 항일활동 상황에 대한 분석을 통해 당시 여성해방운동에서 여전사들의 역할이 매우 중요했음을 인식할 수 있다. 그들은 야학운동을 통해 문맹퇴치,

77) 리광인 · 림선옥, 2015, 『항일련군의 조선족녀전사들』, 연변인민출판사, 138쪽.

78) 연변조선족자치주부녀연합회, 1984, 『항일녀투사들』, 연변인민출판사, 93쪽.

남녀평등, 혼인자유, 여성해방, 부녀운동 등 교육을 진행함으로써 여성을 봉건사상의 속박에서 벗어나 사회로 진출하도록 이끌었으며, 혁명을 통해 봉건착취와 일제통치에서 벗어나 남녀평등, 민족해방과 조국독립을 실현해야 함을 선전함으로써 여성들을 가정에서 사회로, 전업주부에서 혁명 군인으로 이끌고자 했다. 이러한 그들의 활동을 통해 많은 여성들이 봉건 속박에서 벗어나 글을 배우게 되었고 자유혼인을 실현하게 되었으며 남자와 똑같이 혁명에 참여하여 소년선봉대, 공청단, 부녀회원, 전사 등 사회 조직 구성원으로서의 신분을 부여받았다. 또한 유격대 혹은 혁명군에서 남성들과 똑같이 싸우면서 혁명전사로서의 역할에 충실했다. 이로부터 알 수 있는 바와 같이 32명 여전사들을 비롯한 많은 여성들이 당시의 야학운동을 통한 계몽운동, 항일활동 등을 통해 봉건사상으로부터의 해방, 가정으로부터의 탈출, 사회적 신분의 상승 등을 통해 일정한 수준에서 여성해방을 실현했음을 알 수 있으며 그 과정에서 만주 조선인 여전사들이 매우 중요한 역할을 행사했음을 알 수 있다.

하지만 그들의 항일활동 상황에 대한 분석에서 알 수 있듯이, 여전사들은 항일 과정에서 일반여성으로서의 역할에도 대단히 충실했다. 위에서 언급했던 부녀회원으로서의 유격대 및 혁명군 지원사업에서 여전사들은 가부장적 질서 속에서 수행해 오던 여성 이데올로기를 그대로 수행했을 뿐만 아니라 그러한 역할을 자랑스러운 것으로 여겨왔다. 기존의 여러 자료와 회억록에서도 그들의 그러한 행위들은 헌신정신과 강인함이 더없이 부각되는 행위로 높이 찬양되고 있다. 하지만 젠더 관점에서의 여성해방의 양상에 대해서는 언급되지 않고 있다.

4. 젠더 정체성 수행으로 보는 여성해방 양상

항일 전장에서 여전사들이 여성으로서 강인하고 헌신적이었다면, 그 과정에서 그들이 직면하고 또한 감당해야 할 고난들은 어떠한 것이었는가. 이 절에서는 여전사들의 고난에 대해 분석함으로써 그들이 어떻게 전장에서 스스로의 행위를 통해 가부장적인 문화를 수행하는지에 대해 고찰하고자 하며, 나아가 젠더 정체성 수행에 의한 여성해방 양상에 대해 분석하고자 한다. <표 4>는 32명 여전사들의 고난을 일반여성, 혁명전사로서의 고난 등으로 분류하여 요약 정리한 것이다.

1) 항일 전장에서의 여전사의 고난

여전사들의 고난은 다음 몇 가지로 나누어 볼 수 있다. 먼저, 항일 과정에서의 일반여성으로서의 고난은 생리기, 임신기 고통, 해산 시 고통, 양육 부재, 자녀 상실 등으로 인한 고통으로 나누어 볼 수 있다. 여성 몸체가 전장에서 겪어야 하는 가장 빈번한 고통이 바로 생리기에 생리대의 부재로 인한 것이다. 신련옥은 생리가 오면 여전사들은 "낡은 천으로 주머니처럼 만들어 그 안에 벚나무껍질 속 섬유를 찢어서 넣어 사용하였는데 그 아픔은 말이 아니었다"고 당시의 고통을 회상하였다.[79] 달

거리 때는 그렇다 치더라도, 임신하거나 해산할 때 고통은 더욱 심하였다. 32명 여전사들 중에는 문두찬, 리계순, 김옥선 등 옥중 해산한 여전사들이 몇몇 있는데 해산 시 육체가 견뎌내야 하는 고통은 옥중이든 옥외든 다를 바가 없다. 왜냐하면, 해산 후 먹을 것이 없는 건 옥중이든 옥외든 마찬가지이기 때문이다. 따라서 해산 후 몸조리를 못 했기에 건강이 회복되지 않을 뿐더러 각종 병을 앓게 되어 신체적 조건이 약화되는 경우가 다반사이다. 예하면, 리영근은 산후에 큰 병을 얻어 사흘 동안 물 한 모금도 못 마시는 바람에 손발이 차지면서 목숨이 위태로워졌다.[80]

다음으로, 일반여성으로서 자녀에 대한 양육 부재 및 자녀 상실에서 오는 슬픔은 더욱 큰 것이었다. 혁명에 참가하기 이전에 결혼하고 슬하에 자식이 있는 여전사들일 경우, 혁명에 참가함에 있어 가장 우려되는 것이 바로 어린 자식을 돌볼 가족이 없다는 것이다. 자료에 의하면, 남편, 친정 부모님에게 맡기는 경우가 가장 많고 친정 부모님이 계시지 않을 경우에는 친척, 지인에게 맡기기도 한다. 예하면, 김정숙과 홍혜순은 각기 남편과 친정어머니에게 맡기고 혁명에 참가했으나, 1930년 대흥동부녀회 책임자로 된 리숙은 5살 되는 딸을 친정 부모가 아닌 친척집에, 두 살밖에 안 되는 아들애는 양어머니에게 맡길 수밖에 없었다.[81] 그리고 허현숙 부부는 아들 둘, 세 살배기 딸 하나를 데리고 혁명에 참가했으며, 그들이 속해 있는 부대는 일제의

---

79) 리광인 · 림선옥, 2015, 『항일련군의 조선족녀전사들』, 연변인민출판사, 531쪽.

80) 위의 책, 513쪽.

81) 연변조선족자치주부녀연합회, 1984, 『항일녀투사들』, 연변인민출판사, 66쪽.

토벌에 직면하여 이동작전을 해야 했기에 어린애들을 데리고 다닐 수가 없어, 반일회 회원인 옆집 중국인 류 어머니에게 딸애를 맡겼다. 혁명 당시 허현숙 부부처럼 중국인들에게 맡긴 조선족 아이가 무려 8명(일부 자료에는 9명이라 적혀 있으나 고증에 의하면 8명이라고 함)[82]으로서 가장 큰 애가 예닐곱 살이고 어린 것은 돌이 금방 지난 아기였다. 여전사들은 애들의 옷자락에 생년월일, 이름, 부모 이름을 적은 천 조각을 달아주면서 맡긴 사람들에게 15년 정도 지나서 돌아올 수 있으니 애를 잘 키워달라고 부탁하였다.[83] 이와 같이 자식을 스스로 키우지 못하고 다른 사람에게 맡길 때, 여전사들이 감내해야 하는 고통 중의 하나가 바로 자식과의 이별로 인한 서러움과 그리움과 아픔, 나아가 어머니로서 자식을 키우지 못한 죄책감이다.

이와 같이 양육 부재에서 오는 죄책감과 고통은 갓난애를 업고 다니면서 혁명에 참가했던 여전사들도 마찬가지로 겪게 되는 경험이다. 왜냐하면, 갓난애를 업고 부대를 따라다니는 여전사들은 때로 부대의 안전을 위해 갓난애가 울면 손으로 아기 입을 틀어막거나 저고리 섶을 입에 밀어 넣지 않으면 비상용으로 가지고 다니던 아편을 아기 입에 발라 아기를 잠들게 하기도 하는데, 아기 입을 막고 있는 시간이 길 경우에 아기는 불행하게 숨을 거두게 되며 애가 울지 못하도록 하려고 아편을 먹이면 이듬해 봄이 오기 전에 애는 숨을 거두게 되기 때문이다.[84] 이와

---

82) 중공흑룡강성위당사공작위원회 편, 1987, 『흑룡강당사자료』11집, 중공흑룡강성위당사공작위원회, 85쪽.

83) 리광인・림선옥, 2015, 『항일련군의 조선족녀전사들』, 연변인민출판사, 338쪽.

84) 위의 책, 531쪽.

같이 부대와 전사들의 안전을 위해 금방 태어난 자식의 목숨이 위태로운 것도 마다하지 않고 입을 틀어막거나 하고 그 과정에서 불행히 자식을 잃어버리게 될 때, 여전사들은 새 생령의 보호자로서 큰 죄책감에 휩싸였을 뿐만 아니라 자녀를 잃었을 경우에는 더욱 큰 자녀 상실의 아픔을 이겨내야 하는 것이다. 때문에 전쟁 시 전우와 부대의 안전은 때로 막부득이한 상황에서 여전사들의 자녀 상실로 인한 고통으로 바꾸어 온 것이라 할 수 있다.

이러한 자녀 상실의 아픔은 전장에서 해산하자마자 애를 잃은 일부 여전사들도 마찬가지로 겪게 되는 고통이다. 전장에서 낳은 갓난애들 중에는 여전사인 산모가 해산 후 먹을 것이 하나도 없고, 리재덕, 황정신의 자식 등과 같이 젖도 나오지 않아서 기아에 허덕이다가 며칠 안 되어 죽는 경우도 있고, 고열이 나지만 약이 없어서 그대로 사망되는 경우도 있다. 김순희 같은 경우는 임신 막달에 일제가 불사른 집에서 희생되었고, 새 생명은 세상에 태어나지 못하였다.

다음으로, 혁명전사로서 감내해야 하는 고통으로는 일제의 육체적 고문으로 인한 고통과 고문에 맞선 반항행위로 인한 고통 등이다. 일제의 육체적 고문까지 당한 여전사들은 여러 가지 고통을 동시에 겪게 된다. 일제의 고문은 쇠줄 혹은 가죽띠로 채찍질하거나 쇠막대기로 다리를 틀며 뻘겋게 달군 인두로 가슴을 지지거나 참대를 손가락에 밀어 넣고 눈을 빼는 등 방식으로 진행된다. 자료에서 보면, 여전사들은 이와 같은 육체에 대한 고문을 끝까지 참아냈으며 심지어 일제의 고문에 맞서 진행된 김순희, 황정신 등의 스스로 혀를 씹어서 끊거나 열 손톱을 이빨로 물어뜯는 등 저항행위들은 그들의 육체적 고통을 더욱 가중시켰다.

중요한 것은, 전장에서 진행된 여성으로서의 역할 수행으로 인해 여전사들의 고난은 더욱 가중되었다는 것이다. 구체적으로 말하자면, 여전사들은 임신하면 대개 작식대와 재봉대에 배치되며, 임신해서도 그들은 대원들의 식량을 장만하고 해진 옷을 깁는 등 일에 종사하면서 쉴 새 없이 보내기가 일쑤다. 그리고 작식대, 재봉대, 의료대에 배치된 여전사들은 모든 자원이 부족한 전장에서 헌신적으로 자신의 몸을 혹사하면서 여성으로서의 역할을 수행해 냈고, 실전에 참여한 여전사들도 전투가 끝나고 남성들이 휴식하는 시간에 쉬지 않고 작식대원을 도와 식량을 장만하고 밥을 짓고 옷을 깁거나 빨래를 하는 일들을 전담했다. 여전사들이 전장에서 몸으로서 수행해 낸 여성으로서의 각종 임무는 두말할 것 없이 그들의 육체적 고통을 수반한 것이다.

이와 같이 여전사들은 항일 과정에서 혁명전사로서의 고난을 겪어야 했으며, 여성으로서 어머니로서 감당해야 할 고통과 슬픔도 함께 견뎌내야 한다. 뿐만 아니라, 두 유형의 고난에 덧붙여 전장에서의 가부장적인 이데올로기가 부여한 젠더 정체성 수행으로 인해 그들은 삼중의 고난을 동시에 겪어야 했다. 그렇다면, 만주 조선인 여전사들은 항일활동을 통해 여성해방을 실현했는가.

2) 지속, 해체, 생성의 젠더 정체성과 여성해방

여전사 스스로의 젠더 정체성 수행을 통한 여성해방 양상을 분석하기 위해서는 당시 진행되었던 중국 공산당 부녀해방정책에 대해 이해할 필요가 있다. 중국 공산당의 부녀정책노선은 기본적으로 마르크스적 계급투쟁적 차원에서의 부녀사상, 부녀관에서 출발한다. 1920년대는 공장부녀노동자의 투쟁을 중시하며, 1930년대 혁명근거지 시기에서는 부녀해방적 차원의 부녀정책 수립 방향이 제시되며 결과 여학생과 지식부녀를 적극적으로 참여시키고자 해방근거지 확보 이후 남녀평균적 법률을 제정할 것을 약속하는 정책이 발표 시행되며, 항일전쟁시기 중국 공산당의 부녀정책은 부녀의 경제적 활동을 적극적으로 후원하고 요구하는 정책을 세우며 이 시기 부녀공작의 중심은 농촌부녀로 확정지어 적극적인 전쟁후원의 역할을 부녀가 담당하도록 동원하는 정책내용이 주가 되었다.85)

이러한 정책에 따라 부녀해방운동에서는 실제로 남녀평등, 강제혼, 매매혼 금지 등을 주장함으로써 기존의 도덕체계인 남존여비, 삼종지도, 삼강오륜을 정면으로 타격했다. 하지만, 중국 공산당의 부녀정책은 1921년 창당 초기부터 남녀의 대립적 입장의 여권 운동적 차원이 아닌 피압박 민중의 해방적 차원에서 출발한 것으로서, 여성 해방적 차원이 아닌 민족해방, 봉건적 사회사상의 해방으로부터 부녀의 진정한 해방을 이룩할 수 있다는 혁명이론에 입각하여 공산당이 처한 정치적 상황에 따

85) 김염자, 1990, 「중국 혁명과정의 부녀인력동원정책연구: 공산당부녀정책을 중심으로」, 『여성학논집』7, 이화여자대학교 한국여성연구소, 40-41쪽.

라서 적절하게 세워나갔다.[86] 즉 여성의 사회적, 경제적, 정치적 참여를 통해서만 억압적인 결혼제도와 봉건적인 사회관계로부터 해방이 가능하므로 혁명에의 참여를 통해 동등한 권리를 쟁취할 것을 호소하였다.[87] 항일전쟁 시기의 공산당 여성해방 정책을 북한에서는 "여성들의 완전한 해방을 위해서는 법률상 평등만이 아니라, 정치 경제 및 사회적 평등을 실지로 보장받아야 한다는 레닌적 원칙에 확고히 입각해 여성문제 해결을 위한 항일무장 투쟁과 밀접히 결부시켰다"고 평가하였다.[88]

더욱 중요한 것은, 중국 공산당의 부녀해방정책에서는 기존의 봉건적 도덕체계를 부정했지만, 여성에게 강요된 가정 내의 역할 분담, 가부장적 여성 이데올로기에 대한 비판은 이루어지지 않았다는 점이다. 부녀회원을 확보하기 위한 안순화의 활동양상, 즉 "집집을 방문하면서 여성들에게 혁명의 도리를 해설해 주는 한편, 그들을 도와 키질도 해주고 방아도 찧어주었으며 나무도 패줌으로써 점차 마을 여성들의 믿음직한 벗이 되었다. 그는 오른손 집게손가락이 탈이 나서 쓰지 못하면서도 보릿가을이나 귀밑가을을 남성들 못지않게 했으며, 짐을 질 때면 언제나 남들보다 무거운 짐을 많이 지면서도 남들이 힘겨워하면 덜어내어 자기의 짐에 더 얹는"[89] 등에서 가부장적 성 체계에 기반을 둔 젠더 정체성이 그대로 수행되며 군중기초를 닦는

86) 위의 논문, 41쪽.

87) 박현옥, 1993, 「만주 항일 무장투쟁하에서의 여성해방정책과 농민여성」, 『아시아문화』9, 한림대학교 아시아문화연구소, 26쪽.

88) 유호춘, 1960, 「여성들의 완전한 평등을 위하여」, 『조선여성』, 조선여성사.

89) 연변조선족자치주부녀연합회, 1984, 『항일녀투사들』, 연변인민출판사, 166쪽.

데 필수적인 행위로 인식되었음을 알 수 있다.

이로부터 알 수 있듯이, 중국 공산당의 여성해방운동은 민족독립과 조국해방과의 갈등 속에서 하위 영역으로 전락된다. 따라서 가족과 사회 안에서의 여성의 역할이 강조되었으며 가부장적 이데올로기는 혁명의 도덕체계로서 중요한 역할을 하게 된다. 중요한 것은 그러한 도덕체계는 어떠한 강요나 강제적 집행을 통해서 역할을 발휘한 것이 아니라, 여성들 스스로의 수행과정을 통해 지속되었다는 점이다. 이하에서는 항일무력투쟁과정에서의 젠더 정체성의 지속, 해체, 생성 등 자체의 수행 과정에 대한 고찰을 통해 여성해방 양상에 대해 논의하고자 한다.

먼저, 여전사들의 가부장적 이데올로기의 자각적인 수행에 의해 기존의 젠더 정체성은 지속되며 결국 그들은 가부장적 이데올로기에 포섭된다. 일례로 허성숙은 전우들이 쉴 참에도 쉬지 않는 그녀를 보고 쉬라고 권고할 때 웃으면서 "바느질쯤이야 힘들 일도 아닌걸요. 그리고 이건 우리 여자들이 할 일이지요"라고 대답한다.[90] 이러한 인식은 여전사들의 수행 행위는 전장에서 쓰러지는 몸을 지탱하며 식량을 장만해 오거나 낮과 밤을 이어가며 재봉임무를 완성하는 등 여성의 가부장적 역할 수행 행위에서 구체적으로 체현된다. 그리고 가부장적 역할 수행은 항일 와중에서도 당연한 것으로 받아들여진 그들의 생육 경험에서도 잘 드러난다. 한마디로, 전통규범은 이미 그들의 피와 살로 체화되었으며 전장에서 여전사들은 가부장적 이데올로기를 기반으로 하는 젠더 정체성을 자신들이 수행해야 할

---

90) 리광인・림선옥, 2015, 『항일련군의 조선족녀전사들』, 연변인민출판사, 138쪽.

당연한 역할로 간주했다. 따라서 그들은 스스로 그 규범을 수행하는 행위자였으며 가부장적 이데올로기 및 젠더 정체성은 그들 스스로에 의해 지속되었다.

다음으로, 여전사들은 항일활동에 참가함으로써 기존의 젠더 정체성을 해체한다. 구체적으로 말하자면, 여전사들의 항일에 참가하려는 의지와 행동은 여성에 대한 남성들의 편견을 반박함과 동시에 기존의 성역할 이데올로기를 해체한다. 예하면 김정옥은 유격대에 참가하려고 김호철 대장을 찾아가며 대장의 "동무는 처녀인데 싸울 만한가"[91]라는 물음에 잘 싸울 수 있다면서 끝내는 유격대의 여전사로 되었고 포대를 까부수는 임무 수행 중 포대에 접근하여 수류탄심지를 뽑은 후 벌떡 몸을 솟구쳐 일어나 수류탄이 터지는 소리와 함께 희생된다.[92] 또 안순화의 남편은 안순화의 마음을 떠보려고 "…여자들이란 마음이 약한 게 놈들한테 붙들려만 보지, 실토 안 하는가"라고 말한다. 이에 안순화는 "…혁명을 위해 내 목숨 하나만 바치면 그만인데 그만한 비밀도 지키지 못하겠어요"라고 대답하였으며, 마지막 일제에 붙들려 혹심한 고문을 당했어도 식량, 탄약 등을 숨긴 위치를 말하지 않았으며 끝내 나무꼬챙이에 박혀 생을 마감하게 된다.[93] 이와 같이 여전사들은 항일에 참가함으로써 여성은 가정주부라는 가부장적 이데올로기 및 여성에게 부여한 여성성, 즉 연약함, 나약함이라는 기존의 젠더 정체성을 해체한다.

91) 연변조선족자치주부녀연합회, 1984, 『항일녀투사들』, 연변인민출판사, 90쪽.

92) 위의 책, 95쪽.

93) 위의 책, 162쪽.

그다음으로, 여전사들은 항일무력투쟁 속에서 새로운 젠더 정체성을 생성한다. 그러한 과정은 젠더 정체성의 해체 과정을 동반하며 생성된 젠더 정체성은 여성성/남성성의 2분법적 정체성에서 벗어나 항일 여전사 특유의 젠더 정체성을 확립한다. 예하면, 여전사 김정길이 "오동미인"이라는 소문을 듣고 하루 저녁 망나니들이 그의 하숙집으로 찾아와 밖으로 나오라고 수작을 피웠다. 그러자 김정길은 문을 열고 나가 "나라가 망하고 인민들은 도탄 속에 빠졌는데 당신들은 이게 무슨 짓입니까, 여자들도 일어나 싸우는 때 남자 대장부로서 부끄럽지 않습니까. 연애를 하겠으면 똑똑히 하시오. 당신들도 투쟁의 길에 나선다면 우리는 함께 싸우며 연애를 할 수도 있습니다"라고 대답했다.[94] 또 감옥에 갇힌 주신옥 등 6명의 여전사들은 심문실에서 일제에 결사적으로 대항했으며, 감방에 돌아온 후 전우들의 상처를 닦아주면서 "우리가 하는 일이 옳아요. 응당 이렇게 해야 해요. 우리는 보통 사람이 아니라 항일련군 전사이며 공산당원이지요. 우리가 만만치 않다는 것을 적들이 똑똑히 알게 해야 합니다."[95] 이러한 사례로부터 여전사들은 혁명우위의 자유연애관, 혁명에서의 강인함과 완강함 등 그들만의 특유의 젠더 정체성을 생성했음을 알 수 있다. 뿐만 아니라, 여전사들은 항일을 통해 남성과 똑같은 전사로서의 사회적 신분을 부여받음으로써 사회 혁명가 및 군인으로서의 정체성을 확립하였으며, 각급 당정기관의 중요한 직위에도 임용되어 여러 가지 칭

94) 위의 책, 140-141쪽.

95) 리광인 · 림선옥, 2015, 『항일련군의 조선족녀전사들』, 연변인민출판사, 326쪽.

호와 명예를 가짐으로써 지휘자로서의 정체성도 확립했다.

종합하면, 여전사들은 봉건 착취와 일제 침략을 반대하는 혁명 과정에서 여성 전사로서의 강인함과 완강함으로 가부장적 여성성을 해체하였으며, 가정으로부터 사회로 진출하여 여성 전사로서의 정체성을 생성하였다. 하지만 생성된 정체성은 그들이 가부장적 문화를 몸소 수행함으로 인해 기존의 젠더 정체성과 혼재되어 있으며, 그들의 여성해방 양상은 혼재된 젠더 정체성에 대한 다양한 층위에서의 식별을 통해서만이 판단할 수 있는 것이다.

결국 여성해방운동이 민족독립, 혁명투쟁, 항일운동 등과 결부되어 하위영역으로 전락된 상황에서 혁명의 도덕체계로서의 가부장적 이데올로기는 여전사들 스스로의 수행 과정과 맞물려 지속됨과 동시에 여성해방의 가능성을 축소시켰다. 그럼에도 불구하고 여전사들은 생성된 젠더 정체성의 수행을 통해 강한 의지로서 해방의 틈을 찾아가고자 했으며, 그러한 능동적이고 자율적인 젠더 수행성에서 여성해방의 가능성을 발견할 수 있다.

5. 맺으며

지금까지 만주지역 조선인 여전사들을 대상으로 기존 연구에서 중시하지 않았던, 그들의 고난에 대해 주목하였으며, 여전사들의 젠더 정체성 수행 과정에 대한 고찰을 통해 그들의 여성해방 양상 및 제한성과 가능성을 살펴보고자 했다. 연구의 결과를 제시하면 다음과 같다.

첫째, 조선인 항일 여전사들의 항일활동은 민족주의 계열의 여성계몽 운동, 천주교, 기독교 등 해외종교 단체에서의 자유, 인권, 민주, 평등 등 근대 사상의 영향을 받았으며 그로 인해 의식변화와 항일운동 참여는 상호 연관성을 가진다. 즉 그들은 부모, 남편, 아들, 친척, 혁명지사, 야학, 학교, 진보서적 등 영향요인으로 봉건사상을 반대하고 남녀평등, 혼인자유, 여성해방을 주장하게 되며 지주 착취와 일제 침략을 물리치고 민족독립을 실현함으로써 진정한 평등을 실현해야 한다는 혁명의식을 형성하게 되며 따라서 항일무장투쟁에 참가하게 된다.

둘째, 항일에 참가한 여전사들은 주로 야학운동, 부녀회 사업, 실전 및 전장 후방에서 활동을 진행해 왔다. 여전사들을 비롯한 많은 여성들이 당시의 야학운동을 통한 계몽운동, 항일활동 등을 통해 봉건사상으로부터의 해방, 가정으로부터의 탈출, 사회적 신분의 상승 등을 통해 일정한 수준에서 여성해방을 실현했으며, 그 과정에서 만주 조선인 여전사들이 매우 중요한 역할을 행사했다. 하지만 여전사들은 항일 과정에서 일반여성으로서의 역할에도 대단히 충실했다. 즉 부녀회원으로서의 유격대 및 혁명군 지원사업에서 여전사들은 가부장적 질서 속에서 수행해 오던 여성 이데올로기를 그대로 수행했을 뿐만 아니라 그러한 역할을 당연한 것으로 자랑스러운 것으로 여겨왔다.

셋째, 여전사들은 전장에서 생리기, 임신기 고통, 해산 시 고통, 양육 부재, 자녀 상실 등으로 인한 일반여성으로서의 고난, 또 일제의 육체적 고문과 고문에 맞선 반항행위 등으로 인한 혁명전사로서의 고난을 겪게 된다. 뿐만 아니라, 두 유형의 고난에 덧붙여 전장에서의 가부장적인 이데올로기를 기반으로 하는 젠더 정체성 수행으로 인해 그들은 삼중의 고난을 동시에 겪게 되며, 혁명의 도덕체계로서의 가부장적 이데올로기는 여전사들 스스로의 수행 과정과 맞물려 지속된다.

넷째, 여전사들은 자각적인 젠더 정체성 수행 행위를 통해 기존의 정체성을 지속시킴과 동시에 봉건 착취와 일제 침략을 반대하는 혁명 과정에서 여성 전사로서의 강인함과 완강함으로 가부장적 여성성을 해체하였으며, 가정으로부터 사회로 진출하여 여성 전사로서의 정체성을 새롭게 생성하였다. 그리고 생성된 정체성은 가부장적 문화를 몸소 수행함으로 인해 기존의 젠더 정체성과 혼재되어 있으며, 그들의 여성해방 양상은 혼재된 젠더 정체성에 대한 다양한 층위에서의 식별을 통해서만이 판단할 수 있다.

종합하면, 여전사들의 정체성에는 다양한 젠더 정체성이 혼재되어 있으며, 여성해방운동이 민족독립, 혁명투쟁, 항일운동 등과 결부되어 하위영역으로 전락된 상황에서 가부장적 이데올로기의 강요, 강제집행이 아닌 여전사들의 능동적이고 자율적인 수행으로 인해 여성해방의 가능성은 축소되었다고 할 수 있다. 그럼에도 불구하고 여전사들은 생성된 젠더 정체성의 수행을 통해 강한 의지로서 해방의 틈을 찾아가고자 했으며, 그러한 능동적이고 자율적인 젠더 수행성에서 우리는 여성해방의 가능성을 발견할 수 있다.

덧붙이면, 본 글에서 필자는 가부장적 이데올로기의 수행으로 인한 여성해방의 제한성에 대해 문제제기를 했으나, 한 시대 한 주체의 자율성이 너무나도 제한되어 있다는 사실을 감안했을 때, 우리는 가부장적 제도에 의심의 눈초리를 보내는 우리의 '의심'까지도 '제도적인 것이 아닌지'를 의심해야 하고, 또 그것을 알아차리지도 못한 채, '가부장적 이데올로기'를 소리높이 비판하는 행위들에 대해서도 반성해 봐야 한다. 결국, 우리의 '의심'조차 여전히 그 '제도'에 속한다는 불쾌감, 아무런 반성 없이 외친 비판의 목소리에 대한 모멸감, 그러한 불쾌감과 모멸감 속에서 스스로에 대한 자기 언급과 비판이 부족한 현재, 만주 조선인 여전사들과 같이 빛을 보려는 의지, 그 의지만이 우리를 해체와 해방으로 이끌고, 미지의 세계, 창조적인 세계로 이끄는 통로이자 희망이 아닐까라는 생각을 해본다.

끝으로, 만주 조선인 항일 여전사에 대한 연구는 사료 발굴이 어려운 상황에서 기존의 구술 자료를 바탕으로 그들의 연애, 혼인, 출산, 모성성, 가족 등 여성의 사생활 영역으로 연구주제를 확장시킬 필요가 있다. 따라서 향후 연구에서는 내적으로 분할되어 있고, 복수적이고, 모순에 찬 여성 존재의 복합성을 충분히 드러내는 기초 위에서 여성의 '행위성'과 '주체성'을 역사적으로 맥락적으로 또 구조적으로 파악함으로써, 기존의 젠더 개념이 지니는 이분법적 분류체계의 한계를 벗어나는 방향으로 나아가야 할 것이다.

Ⅱ. 만주지역 여성 항일운동가의 삶과 젠더 정체성 재구성

1. 들어가며

만주 조선인 남성 항일 운동가에 대한 연구는 그동안 한중일 학자에 의해 많이 진행되어 왔고 또 일정한 성과를 거두었다. 기존 연구들이 남성 항일활동에만 집중되었음을 지적하면서 항일 여전사의 항일 양상에 대해 고찰한 연구들도 간헐적으로 진행되어 왔다. 그러한 연구에서는 주로 항일구국투쟁의 틀에서 여성의 활동을 살펴보고 여성해방운동의 특성을 밝히고자 했으며 항일 여전사들의 헌신 정신과 용감한 투쟁 정신을 드러내는 여성사의 한 부분이라는 점에서 의의가 크다. 이에 반해 필자는 젠더 정체성 수행이라는 틀에서 전쟁 속에서의 여전사들의 몸, 출산, 자녀 양육 등을 둘러싼 그들의 처우에 대한 여성학적 함의를 끌어내는 연구의 필요성을 제기한 바 있다. 본 연구도 여성 주체의 젠더 정체성 구성이 수행적 젠더 실천을 통해 형성된다는 관점에서 그동안 간과되어 왔던 여성 항일운동가의 삶에 주목하고자 한다.

현재까지 여성 항일운동가에 대한 연구는 주로 회고록이나 자서전 같은 기록을 남겨둔 여성들을 대상으로 진행되었으며,[96] 대부분 항일 전쟁이 끝난 이후 한국으로 돌아간 여성들을 중심으로 이루어져 왔다(김귀옥, 2015; 윤정란, 2009; 이상경, 2012; 이원승, 2015). 항일전쟁에 참여했고 전쟁이 끝난 후 연변지역 및 기타 지역에서 살아가면서 한평생 여성해방사업에 종사하다가 중국에서 생을 마감한 여성들에 대한 연구는 다 미흡한 상황이다.

주지하다시피, 70년대 중반부터 여성사 연구가 활성화되면서, 역사가들은 사료에 접근하는 새로운 방식을 모색하기 시작하여, 편지나 일기, 자서전, 구술사 등을 통해서 '역사 속에서 드러난 여성적 존재 형태의 특수성'을 탐구해 나갔다(정현백, 2007). 따라서 본 연구에서도 기존의 편지와 일기, 자서전을 더하여, 1차 사료의 개념을 새로이 할 수 있는 구술을 연구의 재료로 삼았으며, 구술 자료의 활용 및 방법에 의거하여 연애, 혼인, 출산, 모성애, 가족 등에 대해 살펴봄으로써 여성사 연구의 새로운 지점을 발견하는 데 목적과 의의를 둘 것이다.

기존 연구들에서 그동안 주목되지 못했던 여성 항일운동가들의 무조건적인 희생정신과 삶이 조명되었다면, 이에 더하여, 그들의 연애, 혼인, 출산, 모성애, 가족 등 영역으로 연구주제를 확장시켜 여성의 젠더화 된 '행위성'과 '주체성'을 역사적으

96) 본 연구에서는 중국에 남은 항일여성운동가들에 대해 고찰하는 데 목적이 있고 또 기존에 한국에서 진행된 여성항일운동가에 대한 선행연구 검토는 기타 연구에서도 찾아볼 수 있으므로 여기서는 생략하고자 한다.

로 맥락적으로 또 구조적으로 파악함으로써 내적으로 분할되어 있고, 복수적이고, 모순에 찬 여성 존재의 복합성을 충분히 드러내는 것이 중요하다고 본다.

이러한 문제의식하에 본 논문에서는 젠더 행하기의 역사적 주체인 여성들의 행위, 즉 '젠더화 된 여성 주체'를 발견하고 그들이 역사적, 사회적 구조 속에서 어떻게 새로운 젠더 정체성을 형성하는지를 살펴보고자 한다. 분석을 통해 그들이 어떻게 스스로의 행위를 통해 젠더 정체성을 수행했는지 그러한 행위가 어떻게 다양한 가부장적 요소들을 넘어서 한 여성 주체로서의 새로운 정체성을 형성해 나가는지를 밝히고자 한다.

본 연구에서는 항일전쟁에 참여했고 또 한국으로 돌아가지 않고 중국에서 여성사업 내지 중앙정부에서 근무했던 김찬해와 이재덕을 연구대상으로 선정했다. 해방 후 돌아가지 않은 여성들이 많았음에도 불구하고 두 명의 여성을 선택한 이유는 1930년대 만주에서 활약한 '여전사'들은 항일 당시 대부분 전사하거나 체포된 후에는 일제에 저항하다가 희생된 경우가 많고 감옥에서 희생되더라도 공식 기록에 남긴 경우는 거의 없는 상황에서 이 두 여성에 관한 자서전 내지 구술 자료가 남아 있어서 그들의 항일활동 양상들을 살펴볼 수 있었기 때문이다. 비록 가족, 지인 등의 구술을 통해 '여전사'의 출생, 부대 소속, 항일활동 등을 알 수밖에 없다 보니 이를 기록한 책마다 달리 기록되는 경우도 적지 않지만 본 연구에서는 그들의 젠데 정체성 형성을 재해석하는 데 목적이 있으므로, 회고록의 활용을 통한 분석에는 큰 오차가 없으리라 생각된다.

2. 두 회고록 특징 및 약력

『김찬해전』은 그가 하직한 지 48년이 지난 2018년 12월에 그의 조카 김순희와 그의 아들 장상권에 의해 집필되었다. 필자는 2021년 10월 11일, 저자 김순희를 만나 그의 집필과정 및 김찬해에 대한 1차 사료를 수집하였다. 김순희는 재무학교 영어 선생님으로 퇴직한 후 그의 어머니로부터 김찬해 생애를 책으로 편찬할 것을 추천받아 한국의 부산, 김해 등 지역을 다니면서 자신의 친척들 특히 사촌들(사촌들은 부모님한테서 전해 들음)한테서 김찬해의 어린 시절 및 항일에 대한 이야기들을 전해 들었으며, 부련회에서 일할 때의 이야기들은 연변에 있는 양로원들을 돌아다니면서 당시 김찬해와 함께 일하거나 또는 그의 지인들을 통해 수집하였다. 그들은 인터뷰 당시 모두 90대였으며 현재는 모두 세상을 떠났다. 남아 있는 1차 사료로는 김찬해가 『연변일보』에 발표한 문장이 20편 정도, 가족사진 4장, 한국에 남아 있는 서당을 찍은 사진 외에 기록된 문서나 정부에서 소장한 자료는 없었다.

『송산풍설정』은 1999년에 처음으로 출간되었고 이재덕의 혁명 참여 과정, 혁명 활동 양상, 결혼 및 해산, 해방 이후 해방전쟁 참여, 사회주의 시기 여성사업 여정에 대해 구체적으로 구술했다. 2010년에 재판되었는데, 재판 당시 이재덕은 92세의 고령이었지만 수정한 내용들에 대해 모두 확인하였고 자신의 기억과 자료가 일치하지 않는 부분 및 초판에 잘못 쓰인 부분에 대해서는 재판에서 설명하였다.[97] 『김찬해전』이 제3자의 회고

97) 그동안 이재덕에 관한 연구 성과로는 다음과 같다. 于保合, 『风雪松山客』, 民族

와 구술에 의해 집필된 데 반해, 『송산풍설정』은 이재덕 자신이 직접 체험하고 경험한 사실들을 회고하여 적은 자서전이므로 더욱 신빙성이 있을 수 있다. 하지만 김찬해의 생애사를 전반적으로 고찰한 상황에서, 조카의 기억 혹은 기타 지인의 구술이나 관련 자료를 통해 집필된 전기 역시 1차 자료 못지않게 중요한 활용 가치가 있다고 본다.

1) 김찬해의 생애와 경력

김찬해의 생애와 경력은 4개 시기로 나누어서 살펴보고자 한다.[98]

(1) 남존여비사상에 대한 저항: 유년 시절 '지하 공부'로부터 '서울 가출'에 이르기까지[99]

김찬해는 1905년 4월 21일 경상남도 김해읍 지내동 김해 김씨 부잣집 장녀로 태어났으며 본명은 김필수다. 김찬해 아버지 이름은 김진상이고 어머니 성씨는 청주 송씨였으며 그의 아래

出版社, 1982; 国家图书馆国家记忆项目组织编纂, 2016, 『我的抗联岁月: 东北抗日联军战士口述史』, 北京: 中信出版社; 李淑娟, 2007, 「抗日巾帼-记朝鲜族抗联女战士李在德」, 『党史纵横』2, 中共辽宁省委党史研究室; 洪梅, 敏华, 2007, 「哺育过金正日的女战士李在德」, 『中国老区建设』3, 中国老区建设促进会; 史义军, 2014, 「东北抗联中的女战士」, 『党史博览』, 中共河南省委党史研究室; 梁宗仁, 2003, 「帽儿山被服厂始末」, 『世纪桥』, 中共黑龙江省委党史研究室; 张正隆, 2016, 「雪冷血热」, 『党的生活』, 中共黑龙江省委政策研究室; 孙璐璐, 2021, 「朝鲜族李在德的革命历程及其贡献研究」, 烟台大学硕士论文. 위에서 제시한 첫 두 책에서 이재덕의 혁명과정에 대해 비교적 전면적이고 구체적으로 서술되어 있으며, 그 외 저서 및 논문에서는 부분적으로 그의 혁명과정을 서술하고 있다.

98) 김찬해 항일활동과 여성 사업에 관한 상황은 1차 사료가 거의 없는 상황에서 『김찬해전』을 중심으로 재구성했음을 밝혀둔다.

99) 『김찬해전』의 4-11쪽의 내용을 중심으로 재구성하였음.

로 남동생 5명, 여동생 1명이 있었다.

20세기 초, 봉건사상의 영향하에 한반도에서의 남존여비사상은 그 뿌리가 매우 깊었고 따라서 남자들만 서당에서 공부를 시키고 여자들에게 공부는커녕 가사노동 외에 일체 불필요한 것이라고 인식되어 왔다. 때문에 여자들은 대부분 눈 뜬 장님의 신세를 면치 못했으며 시집갈 나이가 되면 시집이나 가서 남편을 받들고 시부모를 잘 모시면서 내조를 잘하는 것이 여자의 올바른 인생이라고 인식되었다.

이와 같이 봉건사상이 뿌리 깊었던 시대, 여자들이 서당에서 교육받는 일은 있을 수 없는 일이었다. 그러나 김찬해의 학구열은 그러한 기존 사상의 틀을 넘어섰다. 1912년 봄, 서당이 개학하는 첫날 서당에서 공부할 수 있을 것이라고 생각했던 김찬해는 동네 애들과 함께 서당으로 발을 들여놓았다. 하지만 훈장은 계집애라는 이유로 다짜고짜 김찬해를 서당 밖으로 내쫓았다. 서당에서 쫓겨난 김찬해는 여자로 태어나면 공부하지 말아야 한다는 낡은 관념에 수긍할 수 없었고 서당에서 꼭 공부할 수 있다는 신념에 다시 서당으로 향했다. 하지만 훈장에게 쫓기지 않기 위해 김찬해는 서당 밖에서 발각되지 않으려고 머리를 살며시 쳐들고 문틈으로 훈장의 강의를 훔쳐 들었고 수업 시간 마친다는 훈장의 말이 끝나기 바쁘게 바람처럼 사라지곤 했다. 그가 매일 서당 밖에서 '지하 공부'를 하느라 여념이 없었기에 할머니와 어머니가 잔심부름 시키려고 찾아도 찾을 길 없었다. '지하 공부'를 한 지도 퍽 지난 어느 하루, 찬해의 할아버지와 아버지가 가정 수입과 지출에 대해 계산하고 있을 때 옆에서 듣고 있던 찬해의 입에서 저도 몰래 답이 튕겨 나왔다. 이에 서당 훈장이셨던 할아버지와 아버지는 찬해에게 어떻게 계산할 줄 알게 되었는지에 대해 캐묻게 되었고 그가 그동안 '지하 공부'를 해왔던 걸 알게 되었다. 그 이후 할아버지는 찬해더러 서당에서 공부할 수 있도록 하였고 12살 때부터 한문까지 자습할 수 있었다.

하지만 남달리 총명하고 공부 성적이 마을에서 남자애 이상으로 가장 우수했으나 여자라는 이유로 부득불 어머니를 도와 가사노동에 종사해야 했다. 게다가 자신의 어머니도 남달리 총명하지만 여자로 태어났기에 봉건사상의 속박하에 가사노동과 매서운 시집살이에 얽매어야 하는 현실이 너무나도 불평등하다고 생각되었다. 학문이 깊어감에 따라 며느리들이 겪는 시집살이 고통에 대한 동정, 가부장적 문화 속에서 여자들이 받는 압박에 대한 분노가 갈수록 커졌고 그러한 인식은 그를 끝내는 서울로 가출하도록 추동하였다. 어머니가 받은 시집살이의 고통은 당시 대부분 며느리들이 겪는 고통이지만 어린 김찬해에게는 대단히 심각한 영향을 끼쳤던 것이다.

이러한 불평등한 사회에 대한 인식은 깊어만 갔고 김찬해가 18세 되던 당시 혼삿말이 문턱에 불이 날 지경으로 오가고 집에서 시집보낼 준비를 다그치자 김찬해는 어머니 같은 시집살이 운명을 면치 못할 것을 짐작하고 마침 서울로 이사 간 사촌오빠의 주소를 알아내 서울로 가출하였다. 그때로부터 김찬해는 일생에서의 큰 전환기를 맞이하게 된다. 가출의 길이 험난한 만큼 그의 삶의 여정도 커다란 곡절을 겪게 된다.

(2) 조선독립에 대한 혁명의지: 여성 지하공작자로부터 반일투사로[100]

1922년 가을 서울의 사촌 오빠 집으로 가출한 뒤, 김찬해는 오빠의 지지하에 서울동덕여자대학교에 입학하였다. 부모 몰래 가출한 처지인지라 학비 낼 돈이 없는 찬해는 삯빨래, 삯바느질, 삯뜨개질, 닥치는 대로 하여 학비를 마련했으며 어려운 생활과 고학의 간고함 속에서도 김찬해의 성적은 항상 앞자리를 차지하였고 선생님들의 칭찬과 교장의 중시를 받았다. 어릴 적부터 공부에 대한 욕망이 강한 김찬해는 동덕여자고등보통학교를 졸업한 후 진학을 하려고 했으나, 혼자의 힘으로 진학이 어렵게 되자 1926년 서울동덕여자보통학교에서 교편을 잡게 되었다. 교편을 잡고 있는 동안 김찬해는 일제의 감시를 피해 가면서 학생들에게 애국심과 민족심을 심어주는 등 민족의 정신으로 학생들을 배양하고자 했다. 당시 학교에 재직 중인 권태희라는 선생님한테서 조선독립사상, 여성해방과 사회주의사상을 전수받았고 여성동지회, 여자청년동맹 등 단체에 가입했다. 그 후에 또 '조선공산주의청년회'라는 비밀조직에 가입하여 공산주의 사상을 더 한층 접하게 되며 스스로의 재능을 발휘하여 비밀 임무를 잘 완수해 냈다. 이에 서울지역 책임자 고광수는 김찬해를 의식적으로 사회주의 혁명의 일원으로 배양하기에 노력했으며, 따라서 김찬해는 소련의 사회주의혁명에 동조하게 됨과 동시에 조선독립혁명가로 성장하였다.

1926년 12월 5일, 김찬해는 서울 낙원동에서 여성들의 대중

100) 『김찬해전』의 11-52쪽 내용을 중심으로 재구성하였음.

교양을 보급하기 위해 중앙여자청년동맹을 조직하였으며 같은 해에 조선공산주의청년회에 가입하여 독서회, 웅변모임 등 활동을 조직함으로써 주로 여성 청년들에게 항일민족독립에 관한 선전활동을 적극 전개하였다.

그 후인 1928년 3월, 김찬해는 고려공산청년회에 가입하여 학생부 위원으로 활동했고, 같은 해 7월 근우회 중앙집행위원으로 선출되어 학생을 동원하여 비밀독서회나 웅변모임 등을 조직하였으며, 그 외 동맹휴학운동에서 통신, 정보 나르기 등 비밀활동을 하는 지하공작자들을 엄호하는 일들을 하였다.

1928년 10월, 김찬해는 조선공산주의청년회의 추천으로 모스크바동방노동자공산주의대학(이하 동방대학)에 가서 공부할 수 있게 되었다. 찬해라는 이름은 사실 동방대학으로 향하기 전에 '필수'로부터 '찬해'로 고친 것이었다. 시종 남녀는 평등하다는 인식을 가지고 있었던 그는 자신 세대에서 남자에게만 '찬(燦)' 자 돌림을 한 데 대해 불평등하다고 생각했으며 동방대학에 입학할 때부터 세상 뜰 때까지 '김찬해'라는 이름을 사용하였다.

동방대학은 김찬해가 반일투사로 되는 데 있어 또 하나의 전환점이었으며 바로 이곳에서 그는 혁명가의 길에 들어섰다. 동방대학에 입학한 김찬해는 마르크스-레닌주의와 공산주의에 대한 신념을 더욱 확고히 했으며 특히 10월 혁명을 통해 인민들이 봉건사상의 압박에서 해방되고 여성들도 남자와 똑같이 사회주의 일원으로 되었을 뿐만 아니라 남자와 똑같은 평등한 권리를 부여받은 혁명 결과에 깊은 감명을 받았다.

바로 이 시기에 그는 인생의 혁명 동반자 림민호를 만나게 된다. 림민호는 1904년생으로 1905년에 가족과 함께 중국 길림성 연길현 용정으로 이주하였으며 1920년 동흥중학교에 입학하였고 1926년에 조선공산당에 가입하여 조선공산당에서 활약하게 된다. 그는 조선공산당 건당 초기 혁명자로서 조선공산당 중앙에서 동방대학으로 추천한 당내에서 중요한 일원이었다. 동방대학에 입학한 지 2년이 지난 1930년 김찬해와 림민호는 백년가약을 맺고 이듬해에 아들을 낳게 된다. 그리고 1932년 5월, 4년간의 동방대학 공부를 마치고 모스크바 교외에 있는 어느 휴양소에서 아들을 키우면서 국제노동운동 연구를 하고 지하사업에 관한 지식과 재능을 익히던 도중, 같은 해 9월 국제직업동맹 중앙본부로부터 조선의 함흥과 흥남 지구에 가서 홍색노동조합을 조직하라는 임무를 맡게 된다. 이에 림민호가 먼저 모스크바를 떠나 김창섭이라는 가명으로 조선 함흥에 가서 활동하게 되고, 그해 가을경 김찬해도 아들을 모스크바 국제고아원에 맡기고 조국독립을 위해 모든 것을 헌신하려는 마음으로 반일혁명의 길에 들어서게 된다.

1935년 1월, 조선 함흥으로 돌아와서 본격적으로 혁명 활동을 전개하려던 차에 10월 혁명 선전삐라산포사건이 일제에 발각되면서 원산운수노동자 조직이 발각되어 자신의 신분이 폭로된 것을 몰랐고 결국 반역자의 밀고로 체포되었다. 함흥에서 3년 반의 도형을 받은 그는 감옥에서도 감옥생활 개선 투쟁, 외부 동지들과 연락하여 비밀 정신을 전달하면서 옥중투쟁을 엄밀히 진행하였다.

1939년 7월, 18세의 꽃나이에 서울로 가출했던 김찬해는 17년 만에 아들애 하나 있는 35세의 부녀가 되어 아버지 앞에 나타났다. 출옥한 후 김찬해는 당지 경찰들의 감시하에서도 15살 나는 막냇동생 김찬천을 혁명에로 이끌어 함께 혁명 활동을 진행했다. 그러던 1941년 1월 어느 날 저녁, 지하당조직에서 파견한 박근식이라는 사람이 거지 차림으로 림민호가 쓴 짤막한 친필 편지를 김찬해 집으로 가져왔고 그날 저녁 김찬해는 또다시 집을 떠나갔다. 그리고 지하당조직의 방조하에 중국 연변지역으로 이주하여 1940년 만기 출옥한 림민호와 상봉하게 된다.

(3) 여성 리더로서의 정체성: 민주동맹 부녀부 부장에서 연변 첫 부련회 주임으로[101)]

김찬해는 한반도에서 태어났고 연변지역으로 이주하기 이전까지 줄곧 한반도에서 활동하였기에 그에게 있어서 중국은 너무나도 낯선 이국 타향이었다. 그가 믿을 수 있는 사람은 유일하게 남편 한 명뿐이었다. 그리고 남편 림민호도 1927년 10월 연변지역을 떠나 다시 돌아올 때에는 벌써 13년이란 세월이 흐른 뒤였다. 때문에 그들 부부는 항일유격대의 소분대가 드나들던 화룡현의 편벽한 산골인 춘화에서 농사를 지으면서 항일유격대와 만나기를 기다렸다. 그리고 1941년 7월, 막냇동생 김찬천이 김해에서 김찬해를 찾아왔고 그들 셋은 돈화로 이사하였다. 돈화에 가서도 세 식구는 한집에서 살면서 암암리에 반일선전을 하면서 반일투쟁을 진행하였다.

101) 『김찬해전』의 53-64쪽의 내용을 중심으로 재구성하였음.

1945년 8월 15일, 일본이 투항한 후 동방대학에서의 학습 경력으로 인해 러시아어에 능숙한 김찬해 부부는 돈화에서 소련 홍군의 통역, 연락원으로 일하면서 그들을 협조하여 일본군과 위만군 부대의 무장해제, 치안유지, 토비숙청 등 사업에 종사하였다.

해방 직후 돈화현에는 많은 토비들이 모여들었다. 당시 토비들의 행위에 위험을 느낀 김찬해 부부는 항일전쟁의 승리 성과를 보위하고 인민들의 생명과 재산을 보위하려면 무엇보다도 무장 대오가 있어야 한다고 인식하였다. 이에 1945년 9월 20일, 돈화 영화관에서 돈화현 민주동맹 성립을 선포하고 림민호가 위원장으로, 김찬해가 민주동맹 산하의 부녀부 부장으로 임명되었다. 민주동맹 부녀부 부장으로 당선된 김찬해는 광범한 여성을 동원하여 국민당 토비들과 투쟁하였다.

여성 리더로서 김찬해가 걷는 혁명과 부녀사업의 길은 평탄치 않았다. 1947년 "용정고급간부반사건"에 말려든 김찬해는 일제 시기 함흥 감옥에서 옥살이를 하고 출옥한 것이 문제가 되어, 즉 살아서 나오면 변절자라는 인식 때문에 그는 '변절자' 죄명으로 부녀부 주임직에서 해임당하고 공산당 조직에서 출당되었다. 그리고 한 고향 사람이 그가 조선 경상남도에 있을 때 지주집 딸이라고 신고하는 바람에 김찬해는 순식간에 여성 리더로부터 지주 딸, 변절자로 전락되고 말았다.

1949년 2월, 연변사범학교에서 사업 중이었던 김찬해는 연변지위 조직부로부터 당적을 회복하고 현 지위에서 부녀사업을 책임지고 하라는 지시를 받았으며 1949년 12월 연변지방사업위원회 부녀사업위원회 부서기로 임명되었다. 그리고 1952년 9월 3일, 연변조선족자치구 성립에 잇달아 9월 15일부터 20일까지 연변조선족자치구 제1차 부녀대표대회가 연길에서 거행되었으며 대회에서는 정식으로 연변조선족자치구 민주부련연합회를 성립하였다. 대회에서는 김찬해가 제1차 부녀연합회 집행위원으로 당선되었고 그 이후부터 그는 연변의 첫 부련회 주임으로 여성해방 활동을 적극적으로 전개해 나갔다.

(4) 여성해방의 선구자: 문명퇴치에서 여성해방으로[102)]

연변지역 조선족 여성들의 처지는 1930년 9월 20일, 중공만주성위 순시원 료여원이 동만길돈철도연선 각 현을 시찰한 후 작성한 「사업보고」에서도 잘 나타난다. 「사업보고」에 의하면, "연변 농촌 여성들은 정치, 경제 모든 면에서 봉건세력의 속박으로 인해 먹고 입는 것마저 남성들보다 그 처지가 비참하고, 시부모와 남편에게 매를 맞거나 등 학대를 받으면서도 남성들과 똑같은 노동 부담을 지니었다"(중공연변주위당사반연구실, 1999: 205).

당시 부녀회 주임으로 당선된 김찬해도 같은 여성으로서 여성들이 겪은 고통과 설움에 대해 너무나도 잘 이해하고 있었다. 그는 공산당의 부녀정책에 따라 문명퇴치, 남녀평등, 여성해방 등 활동들을 본격적으로 진행하였다.

우선, 김찬해는 남녀평등의 조건이 문화라고 지적하면서 문명퇴치에 정력을 기울였다. 그는 직접 혁명가요를 가르치면서

---

102) 『김찬해전』의 65-132쪽의 내용을 중심으로 재구성하였음.

부녀들의 열정을 불러일으키고 의식을 제고시켜 줬다. 결과 부녀들이 가마목에서 글을 읽는 열조가 일어났으며 곳곳에 야학교, 동학반(冬学班)이 생겼다. 그리고 문화 사업이 나라건설과 부녀해방사업의 근본임을 지적하면서 동학반을 농민학교로 건설하는 일을 적극 지지하였다.

다음으로, 문명퇴치와 함께 남녀평등과 부녀해방 사업도 김찬해 부녀사업의 중요한 부분이었다. 김찬해는 남존여비 사상, 시부모의 학대, 가 전담 등 여자에 대한 불평등한 현실을 예리하게 비판하였다. 즉 온 하루 가사노동에 시달리지만 남자들은 다리를 토시고 앉아서 담배를 피우면서 여자들이 바삐 보내는 것을 빤히 보기만 하는 것은 여자에 대한 불평등이라고 인식하였다. 김찬해는 당시 봉건사상의 영향하에 가정에서나 사회적으로나 억압받으면서 살아왔던 여성들을 대상으로 회의, 강연 등을 조직하여 부녀해방에 대해 선전하였다. 그와 동시에 예절 및 교양도 중시했다. 여성으로서 가정에서 시부모를 잘 모시고 남편을 잘 공대하고 아이를 잘 기르는 역할을 감당해야 한다고 강조하였다. 가정에서 여성은 학교와 마찬가지라고 하면서 훌륭한 여성이 있는 집은 훌륭한 학교에 다니는 것과 흡사하다고 선전하였다.

그다음으로, 김찬해는 조선족 부녀들도 소련 부녀들과 마찬가지로 당과 정부의 영도 밑에 고향건설에 이바지해야 함을 강조하였다. 이에 소련 부녀들을 따라 배우는 열조가 일어났으며 조선족 부녀들은 너도나도 사회주의 건설에 뛰어들었다. 당시 농업생산뿐만 아니라 공업건설에 참가하는 여성 노동자들도 해마다 증가되었다.

마지막으로 부녀해방의 필수조건으로 부녀아동사업도 대단히 중시하였다. 무엇보다도 해산할 때 의료위생과 보건이 큰 문제였다. 의료조건이 낙후하다 보니 집에서 해산하는 여성들이 많았는데, 그러한 여성들 중에는 난산을 하다가 죽는 경우도 꽤 있었다. 때문에 부련회에서는 조산사훈련반과 보모훈련반을 꾸려 조산사와 보육간부를 배양했으며 낡은 해산방법을 타파하고 새로운 해산방법을 선전했다. 그리고 임신부의 산전, 산후 보양에 대해서도 잘 요해하도록 하였다. 그 외에도 아이 돌봄도 부녀를 해방함에 있어 시급히 해결해야 할 문제였다. 생산 노동에 참여하고 사회적 진출을 실현하고자 해도 어린애를 돌볼 사람이 없는 것이 가장 큰 어려움이었다. 어떤 부녀들은 아이를 업고 논밭에 나가 김을 매기도 했는데 어린애를 업고 김을 매다 보니 생산 효율도 높지 못하고 또 어린애의 건강에도 해가 되었다. 어떤 때에는 논머리에 아이를 재워놓고 일을 하다가 미처 돌보지 못한 사이 어린애가 논두렁에 빠져 소동이 일어난다든지, 어린아이를 집에 두고 나갔다가 아이의 불장난 때문에 화재를 일으키는 등 일련의 문제들을 해결해야만이 여성들이 실제로 가사노동에서 해방되어 사회로 진출할 수 있는 것이다. 이러한 문제를 해결하기 위해 김찬해 영솔하에 부련회에서는 1948년 왕청현 룡암려에 처음으로 유치원을 세웠다. 그 이후부터 유치원을 보급하기 시작하였고 1951년에 이르러서는 전 연변에 농망기유치원이 235개로 발전하여 10,465명의 어린이들을 수용할 수 있게 되었다. 그리고 여성들의 사회진출이 증가됨에 따라 외지로 출장 가는 경우도 증가하게 되었다. 남보다 의식이 앞선 김찬해는 자녀교육을 중시하는 전제하에서 여성들이 사회에 진출하여 자신들의 능력을 더 잘 발휘하게 하기 위해서 보육원을 꾸리기로 했다. 그리하여 1952년 6월 연변보육원이 성립되었고 현재 연길 새싹국립유치원으로 발전하였다.

이와 같이 부녀사업을 해오던 김찬해는 1955년 1월에 연변사범학교 부교장으로 전근하라는 지시를 받았다. 5년 뒤인 1960년에는 연변조선족자치주 인민정부 민정처 부처장으로 임명되었다. 1963년에는 다시 연변조선족자치주 부녀연합회 주임으로 결정되었다. 그해 김찬해의 나이는 58세였다. 58세의 나이에도 김찬해는 끝없는 사업 열정으로 맡은바 사업에 힘을 기울였다. 1971년 11월 10일, 남편 림민호를 따라 66세 나이에 세상을 떠났다.

한마디로, 김찬해는 조선독립에 대한 불굴의 혁명의 의지로 여성 지하공작자로부터 반일투사로 되었으며, 1940년 연변지역으로 이주한 후 민주동맹 부녀부 부장에서 연변 첫 부녀연합회 주임으로 당선되어 여성 리더로서의 정체성을 수립했으며 여성해방의 선구자로서 문명퇴치, 남녀평등, 여성해방 등 활동들을 활발히 진행해 왔다.

2) 이재덕의 생애와 경력

이재덕[103]은 많은 동북항련 장병 중에서 비교적 특이한 사

103) 이재덕의 항일활동과 그 이후의 사업에 관한 양상들은 이재덕이 직접 구술하고 재집필한 『송산풍설정』을 중심으로 재구성하였다. 재판된 이 책은 이재덕이 기억의 오차나 망각된 사실들을 바로잡아 다시 구성한 것이기에 본 논문의

람이다. 그는 스스로 혁명사업에 뛰어들어 동북항일무장대로부터 동북항일유격대, 동북항일연군 등에 참여하여 14년간 항일투쟁을 진행하였으며, 중화인민공화국이 성립된 이후에는 사회주의 건설에 참여하였다.

이재덕은 1918년 2월 10일 조선 평안남도 개천군 답도리의 어느 한 빈곤 가정에서 태어났다. 아버지 이상희는 초기 조선의 혁명가였으며 한일합병 이후 1917년 김형직이 이끄는 반일투쟁 조직인 조선국민회에 비밀리에 가입하였다. 1920년 겨울, 적의 감시를 피해 이재덕 일가는 중국 동북의 안동(현재 단동)으로 이주하였으며, 1923년 봄, 이상희는 북한 평안북도로 임무 수행을 위해 이동하던 중 체포되었으며 그 이후로 아버지와 연락이 단절되었다. 1924년 가을 이재덕과 모친은 흑룡강성 탕원현 오동강변에 이사하여 복풍도전 회사를 위해 농사를 지었으며 당시 봉건지주와 반동군벌의 착취로 인해 여러모로 생활난을 겪었다. 이재덕의 생애와 경력은 그의 경력에 따라 모두 3개 시기로 나누어 살펴보고자 한다.

(1) 항일전쟁 시기[104)]

항일전쟁 시기 그의 활동은 모두 초기 혁명 활동, 탕원유격대 시기, 동북인민혁명군제6군 시기, 동북항일연군 시기 등 4개 부분으로 나누어 볼 수 있다.

먼저, 초기 혁명 활동을 살펴보도록 하자. 일제의 동북침략

목적에 따라 활용되는 데에는 큰 오차가 없을 것으로 생각된다.

104) 『송산풍설정』의 53-172쪽의 내용을 중심으로 재구성하였음.

이 심해짐에 따라 만주지역 조선인들은 학교를 설립함으로써 인민 대중의 민족 각성을 일깨우고 항일 구국을 선전하고자 했다.[105] 1927년 흑룡강성 탕원현 오동강변의 조선족 촌민들은 자금을 모아서 모범 소학교를 설립하였는데, 이재덕은 이 학교에 가서 교육을 받고 소년선봉대에 가입하였다.

1928년 가을, 오동강 기슭의 조선족 농민들은 복풍도전 회사의 조세 강제 징수를 반대하는 투쟁을 전개하였는데, 이 투쟁에서 이재덕은 크게 교육받고 단련을 받았다. 그 뒤로 이재덕은 아동단에 가입하여 보초를 서고, 표어를 붙이고, 전단을 배포하고, 항일 선전을 전개하는 등 혁명 활동을 진행하였다. 뛰어난 활약으로 이재덕은 1932년 봄에 공산주의청년단에 가입하였으며, 1933년 7월에 그는 또 단구위원회 위원에 선출되었고 마을 단단의 소조장을 겸임하였다.

1932년 중공만주성위원회 순시원 펑중윈이 탕원중심현위원회에 와서 사업을 전개하였는데 그 기간에 이재덕은 마르크스-레닌주의 사상을 깊이 이해하게 되었으며 혁명 활동을 위한 기반을 닦았다. 그 외에도 그는 혁명적인 가족의 영향을 받았다. 조선 초기 혁명가였던 아버지 이상희뿐 아니라 어머니 김순희

105) 19세기 말, 20세기 초 만주 지역에서 형성되기 시작한 조선인이민사회는 조선 국 내 민족 지사들의 대거 망명과 더불어 국권회복을 위한 민족독립운동의 요람으로 부상한다. 국권상실이라는 상황 속에서 여성교육은 국권회복을 위한 실력양성론의 맥락에서 강조되었다. 이 시기 여성교육의 발전은 첫째, 천주교, 기독교 등 해외 종교단체의 활동과 연동되었다는 점이다. 둘째, 1920년대에 접어들어 신문화계몽운동의 흥기와 더불어 마르크스-레닌주의가 만주 지역에서 전파됨에 따라 여성교육은 단순한 여성 계몽과 여권신장의 차원을 벗어나 남녀평등과 여성해방 사상의 고조 속에서 진행되기 시작했다는 점이다. 셋째, 조선인 항일 여전사들의 항일활동은 근대사상의 영향을 받았으며 그로 인해 의식 변화와 항일운동 참여는 상호 연관성을 가진다는 점이다(방미화, 2018).

도 도농민 야학에서 혁명 사상의 감도를 받은 후, 이재덕 또한 확고하게 혁명의 길로 나아갔다. 1929년, 어머니 김순희는 오동하의 제1차 공산당원이 되었고, 그 후 촌여성동우회 주석, 탕원현 여성위원, 여성협회를 맡았다. 어머니는 한차례 밀고로 인해 체포되었고 불행하게도 적들에 의해 희생되었다. 이재덕의 할머니도 항일전사를 위해 밥을 지어주고, 옷을 기워주고 보초를 서는 등 항일운동에 동참했다. 이러한 가족들의 혁명 정신이 이재덕의 혁명의지를 더욱 확고히 굳혔다.

다음으로, 탕원유격대 시기의 활동을 살펴보면, 가족이 모두 돌아가게 되자 이재덕은 더욱 혁명에만 전념하고자 혁명대오에 가담하게 된다. 하지만 나이가 어려서 고된 작전에 적응하지 못할 것을 우려하여 상급에서는 지방 근무로 전이시키려고 했으나 이재덕은 유격대에 남기를 단호히 요구했다. 유격대는 창설 초기에 탕왕 강골에서 활동을 광범위하게 전개하였다. 이 시기 이재덕은 유격대에서 선전 간사로서 군중에 대한 전민 항일 선전을 전개하였고, 사상정치사업을 진행하였다. 그리고 당시 유격대는 부대의 피복 문제를 해결하기 위해 임시 피복공장을 세웠는데, 이재덕은 피복공장에 남아 군복을 만드는 일에 전념했다. 탕원유격대 활동 기간 동안 이재덕은 자신의 사상적 각성을 높였을 뿐만 아니라 모든 면에서 더욱 침착하고 냉정하게 단련되었다.

그다음으로는 동북인민혁명군제6군 시기이다. 1934년 겨울부터 1935년까지 각 항일 유격대의 기초 위에서 차례로 동북인민혁명군1, 2, 3, 6군, 동북항일동맹군 제4군과 동북반일연합군 제5군이 성립되었고, 동북의 항일 유격전쟁은 새로운 단계에 들어섰다. 그리고 1936년 1월 탕원반일유격대는 동북인민혁명군 제6군으로 개편되었고, 동북인민혁명군제3군과 협력하여 수십 차례의 크고 작은 전투를 벌였다. 1936년 봄, 6군은 모아산 밀영에 새로운 피복공장과 후방을 세웠으며, 이재덕은 다시 새로운 임무에 투입되어 십여 명의 전우들과 힘을 합쳐 군복을 제조하고 간병인 역할을 진행했다. 1936년 7월 3일, 중국 공산당에 입당하여 확고한 혁명 전사가 되었다.

마지막으로 동북항일연군 시기이다. 1936년 2월 10일, 동북인민혁명군은 동북항일연군으로 개편되었다. 1937년 10월, 동북항일연군 제1위 군부터 제11군까지 연이어 설립되었고, 중국 동북지역의 항일전쟁은 또 하나의 새로운 단계에 들어섰다. 이 기간 동안 이재덕은 모아산 6군 피복공장에서 후방 근무에 종사해 왔다. 1937년 6월, 이재덕은 남편 여보합과 함께 부부가 되어 항일연군 3군에서 새로운 혁명의 삶을 시작하였다. 후방에서 이재덕은 부대의 양식을 장만하고 운반하는 일들을 했으며, 피복창에 돌아와서 군복을 제조하는 한편 선전사업을 진행했다. 1940년 이후, 동북항일연군은 소련으로 전이해 갔으며 이재덕이 소속되어 있는 4사 32퇀도 적들의 공격을 받고 실력을 보존하기 위해 소련으로 전이했다. 소독전쟁이 일어난 후, 소련은 주보중 등 정찰소대를 조직하여 동북에 가서 정찰활동을 진행하도록 했는데, 이재덕은 뛰어난 업무능력으로 임무를 잘 완성했으며, 1942년에는 소련으로도 가서 무선전, 군사전업들에 대해 공부하였다. 1945년 일본이 투항한 이후 중국에 돌아와서 계속하여 해방전쟁에 참여하였다.

(2) 해방전쟁 시기[106)]

동북근거지가 건설된 후, 전선을 지원하기 위해 많은 동북의 부녀들이 반봉건, 토지개혁 등 혁명에 참가하였는데, 이재덕도 이 시기에 동북근거지 건설에 참여했다.

1948년 3월, 이재덕은 길림성 부녀위원회위원 겸 연길 조선족 간부 학교조직과의 부과장직을 맡았으며 해방구에서 조선족 간부를 배양하는 일들을 하였다. 1948년 9월, 연길 화룡현 현위위원직격 부녀공작위원회 서기직을 맡아, 부녀들이 생산에 참여하고 전선을 지원하는 일들을 지도하였다. 1949년 1월, 이재덕은 화룡현 부녀주임과 길림성 부녀대표로 당선되었으며 여성 간부로서 적극적으로 활약하였다. 같은 해, 길림성 부녀대표로 당선되어 길림성 부녀대표단 단장과 함께 심양에서 개최하는 동북부녀대회에 참가하였다. 1949년 3월 부대 가족은 부대를 따라 남하하여 의창시에서 부녀련합회창립위원회에서 부녀들을 동원하여 생산노동에 참여시키고 전선을 지원하며 부녀간부를 배양하고 그들에게 남녀평등 사상을 심어주고 봉건제도와 낡은 혼인법을 반대하고 주인공 의식, 새로운 사회건설 등 이념들을 선전하였다.

106) 『송산풍설정』의 209-211쪽의 내용을 중심으로 재구성하였음.

(3) 사회주의 건설 시기[107)]

1949년 중국인민공화국이 수립되자 1950년 3월 이재덕은 베이징에 와서 비서청 비서처에서 기밀 비서를 담당하며 기밀문서와 정부 도장을 보관하는 일들을 했다. 1954년, 이재덕은 제1차 전국인민대표대회의 준비 작업에 참가하였고, 1955년 1월 상무위원회사무청에서 일했으며, 그 후 사무실 비서처(후에 비서국으로 개칭)에서 문서과 부과장으로 임명되었으며 비서처 당지무 조직위원으로 당선되었다.

1957년 전국인민대표대회의 선거사업을 위해 임시 북경서성구장교사무처에 조동되어 일하게 되었으며 선거가 끝난 뒤 기층조직에 파견되어 정풍사업을 진행했다. 1958년에 이재덕은 인민대표대회 상무위원회 기관 유치원으로 자리를 옮겼으며, 1963년에 인민대표대회 판공청 도서관으로 다시 옮겨 근무했다.

1969년, 호북사양 "57"간부학교에 파견되었으며 노동에 종사했다. 1973년에 북경으로 돌아왔고 1982년 퇴직한 후 이재덕은 동북항련 역사를 선전하고 항련 정신을 고양하는 일에 종사했다. 동북 항련 역사에 대한 사회 각계의 관심을 불러일으키기 위해 항일전쟁 기념행사에 참가하고, 항련 유적지 찾기 활동을 진행했으며, 항련 유물을 기증하는 등 방식을 통해 동북항련의 혁명 전통을 기술하여, 러시아 위국 전쟁 승리 기념장과 중국 공농홍군장을 여러 차례 수상하였다. 2019년 8월 22일, 이재덕은 오후 베이징에서 102세의 나이로 타계했다.

107) 『송산풍설정』의 221-224쪽의 내용을 중심으로 재구성하였음.

요컨대, 이재덕 일가는 혁명가족으로서 1920년 중국 단동으로 이주해 왔으며 이재덕은 스스로 혁명 사업에 뛰어들어 정규부대인 동북항일무장대, 동북항일유격대, 동북항일연군 등에 참여하여 14년간 항일투쟁을 진행한 항일여전사의 전범이다. 새 중국이 건설된 이래, 다른 항일여전사들과는 달리 국가 고위급 직위에서 일을 하였으며 퇴직 이후에는 동북항련 역사를 선전하고 항련 정신을 고양하는 일들에 몰두했다.

3. '젠더화 된 여성 주체'로서의 수행과 새로운 젠더 정체성 형성

이 장에서는 김찬해와 이재덕의 항일운동, 김찬해의 부녀사업, 이재덕의 사회주의 건설 사업 등을 중심으로, 기존의 젠더 규범과 다른 행위로 구성되는 수행적 젠더 정체성이 어떻게 "젠더화 된 여성 주체"를 통해 구체적으로 수행되는지, 그리고 그 과정에서 새로운 젠더 정체성은 어떻게 생성되는지에 대해 고찰하고자 한다.

1) '젠더화 된 여성 주체'로서의 수행

무엇보다도 '수행적 젠더 실천'이라는 의미에 대해 살펴볼 필요가 있을 것이다. 주디스 버틀러에 따르면, 젠더가 수행적이라고 할 때, "젠더는 선행하는 주체가 선택하여 행하는 수행이 아니다. 오히려 젠더는 표현됨으로써 그 결과 그것이 바로 그 주체를 구성한다는 의미에서, 젠더는 수행적이다". 즉 젠더 정체성은 젠더를 표현 혹은 수행하는 그 배후의 것이 아니라, 바로 그 표현과 결과로 인해 수행적으로 구성된다는 것이다. 때문에 젠더 수행성 개념은 남성 혹은 여성 개개인의 역할 수행과정에서 행위 주체의 의지와 능동성, 자율성, 진취성 등을 강조하며, 행위 주체가 선험적으로 존재하는 것이 아니라 매개로서 구성된다는 점에서 수행성 개념에서는 행위자성, 행위 주체성이 부각된다.

이러한 수행성의 관점에서 본다면, 사람들은 사회인으로서 가부장 문화에서 제시된 규범들을 당연히 지켜야 할 문화라고 인식하면서 그러한 규범을 내면화할 뿐만 아니라 무의식적으로 그것을 수행해 왔다. 항일활동에 참여해 왔고 또 여성해방 사업에 한평생을 바친 김찬해와 이재덕의 경우도 마찬가지이다. 그러나 김찬해와 이재덕의 경우 단순히 가부장제 규범에 복종하지 않는 미래지향적 여성 혁명가로서의 젠더 정체성을 형성하였다.

가부장 문화의 수행에서 가장 먼저 제기되는 문제가 바로 전쟁 속에서의 연애 및 결혼이다. 전쟁터에서는 하루빨리 전쟁이 결속되는 데 목적을 두고 적들과 싸움만 잘하면 될 것인데, 왜 연애하고 왜 부부관계를 맺는 것일까. 두말할 것 없이 청년남녀는 가정을 이루어 아이를 낳음으로써 혈통을 이어야 한다는 가부장 문화가 내면화되었고 또 그러한 문화를 전쟁 속에서도 당연한 듯이 자연스럽게 수행한 결과가 아닐까. 김찬해와 림민호는 자유연애를 통해 결혼을 하게 되며, 각자 조선에서 항일운동을 하다가 김찬해는 지하조직의 방조하에 포위권을 뚫고 중국에 와서 만기출옥 한 림민호와 만나게 되는데, 그 상봉이 짧지도 길지도 않은 8년 만이었다.

이재덕은 소속부대 영도들과 그를 자식처럼 돌봐주었던 배씨 언니의 설득하에 여보합과 결혼하게 된다. 당시 첫 약혼자 배경천을 금방 잃게 된 상황에서 이재덕은 전쟁과정에서 서로 떨어져서 항일하게 될 때가 많으며 소식이 단절되는 경우가 많기에 전쟁이 결속된 후 결혼을 다시 고려해 보고자 했지만, 배씨 언니는 "남자들은 매일 산속으로 들어가 적들과 싸우기에 여자가 혼자 몸이면 위험하다, 결혼하게 되면 서로 보살필 수 있으니 좋지 않으냐"라고 이재덕을 설득했다. 이재덕은 줄곧 비밀사업에 종사해 오던 여보합의 경력에 대해 점차 알게 되었으며 여보합도 이재덕의 불행한 가족사를 알고 그를 영원히 사랑해 주며 서로 함께 진보하자고 약속하였다.

하지만 무엇보다도 항일운동가로서의 그들에게는 혁명사업이 우선이었고 아래에서도 언급하겠지만 이재덕이 두 아이를 해산할 때 여보합은 가족으로서 그의 곁에 있지 못했다. 이와 같이 남성은 항상 항일을 위해 떠나는 자가 되고 항일운동과 함께 가부장 문화를 어김없이 수행하는 자는 어디까지나 여성인 것이다.

다음으로 항일운동가 아내들의 임신 및 해산문제이다. 자신의 목숨도 언제 어디서 날아갈지 모르는 전쟁 속에서 아이를 데리고 부대를 따라다닌다거나 공격을 당했을 때 피난을 간다거나 지하공작을 한다거나 할 경우 적들에게 금방 발각되거나 다른 사람들의 목숨마저 연루될 것을 잘 알고 있기에 김찬해는 한 살 반 되는 자식아이를 모스크바 고아원에 남겨두었으며 항일 운동가로서 혁명을 선택하여 모성애를 희생하고 혁명을 선택하여 떠났다.

이재덕[108] 또한 부대의 양식을 마련하기 위해 임신한 후에도 70, 80리 되는 길을 걸어야 했고 여보합이 곁에 있지 않았던 1938년 깊은 밀림 속에서 애를 해산하게 된다. 그해는 항일 유격구에 대한 일제의 공격이 가장 치열했던 한 해였고 동북항일연군이 투쟁 속에서 가장 손실을 많이 입은 한 해로서 항일 부대가 처한 환경도 따라서 열악하였다. 1938년 5월, 조직에서는 해산일에 가까운 이재덕 곁에 리태준 부부더러 남아서 보살피도록 했는데, 해산환경이 하도 열악하여 갓난애는 출생해서 젖도 없고 먹을 것이 하도 없어서 출생 5일 만에 세상을 떠나게 된다. 갓난애의 죽음을 슬퍼할 겨를도 없이 이재덕은 산후풍 때문에 전신이 부었고 죽음의 변두리에서 허우적거리다가 노우염나무껍질로 소염하고 부종이 사라진 후 신체가 점차 회복되면서 부대 따라 항일활동에 참여하게 된다. 중요한 것은 그가 해산하고 아이가 사망되기까지 남편은 곁에 없었을 뿐만 아니라, 오랫동안 남편 소식을 접하지 못했다는 것이다. 이재덕은 1940년 8월 9일, 두 번째 아이를 해산하게 되는데 그때도 역시 남편 여보합은 곁에 없었다. 두 번째 아들 또한 혁명을 위해 소련의 어느 한 유치원에 보내지게 되며 1941년 소련이 독일의 공격을 받으면서 유치원은 후방으로 전이해 가게 되는

108) 이재덕의 첫 번째 아들은 해산해서 5일 만에 돌아가고, 두 번째 아들은 소련의 어느 한 유치원에 다니다가 후방으로 전이해 가면서 연락이 단절되었고, 그 뒤로 딸 2명, 아들 3명을 낳았다.

데 그 이후로 아들과의 연락이 단절되며 끝내는 찾지 못하게 된다.

김찬해와 마찬가지로 아이를 소련에 보내는 이재덕의 마음은 너무나도 아팠으나 혁명을 위하여 일본 제국주의를 물리치기 위하여 이는 맞는 선택이며 그토록 많은 항일련군 전사들이 희생되었는데 자신이 이렇게 어린아이를 위해 눈물을 흘리는 것은 너무나도 연약한 행위라고 자책한다.

그다음으로, 부녀사업에서의 예절 및 교양 문제이다. 김찬해는 부녀사업을 진행하는 과정에서 기존의 가부장 문화에 저항함과 동시에 가부장 문화를 수행하였다. 다음과 같은 사실에서 그러한 수행성을 찾아볼 수 있다. 김찬해는 부녀 주임으로 당선된 이후 여성해방을 선전함과 동시에 예절 교양, 즉 여성은 가정에서 시부모를 잘 모시고 남편을 공대해야 하며 아이를 잘 키우는 역할을 강조하였다. 이로부터 시집살이라는 전통규범을 타파하고 여성으로서의 권리를 추구함을 강조하기보다는 가부장 문화에서 강조되는 예절 교양의 테두리에 갇혀 기존의 젠더 정체성을 수행하고 있었음을 알 수 있다.

요컨대, 김찬해와 이재덕은 혁명전사로서의 역할에 충실하면서도 기존의 가부장적 이데올로기를 자신들이 수행해야 할 당연한 역할로 간주했으며, 그것을 수행함으로 인해 가부장적 이데올로기 및 젠더 정체성은 그들 스스로에 의해 지속되었다.

2) 새로운 젠더 정체성 형성

(1) 성교차적 동일시의 젠더 정체성 형성

위에서 살펴보았듯이, 두 항일운동가의 아내가 혁명과 모성애 사이에서 헤매며 이별의 아픔을 감내하게 되는 과정은 가부장 문화를 수행함과 동시에 일제를 몰아내고 조국의 독립을 위한 사명감으로 '젠더화 된 여성 주체'로서의 새로운 탈출구를 찾아가는 과정이 아닌가 싶다.

그럼에도 불구하고, 그들은 '젠더화 된 여성 주체'로서 가부장 문화를 수행하기만 한 것이 아니라 성교차적 동일시의 새로운 젠더 정체성을 형성하였다. 김찬해는 기존 관념을 깨고 과감히 서당에 발을 들여놓음으로써 여성성/남성성의 이분법적 정체성에서 벗어나고자 했으며, 조선공산주의청년회, 고려공산청년회 등 조직에 가입함으로써 가정으로부터 사회로 진출하여 지하공작자, 부련회 여성간부 등 새로운 정체성을 형성하였다. 그 과정에서 김찬해는 여성임에도 불구하고 항일을 통해 남성과 똑같은 전사로서의 사회적 신분을 부여받았으며, 혁명적 강인함과 완강함을 충분히 보여줌으로써 여성 반일투사로서의 젠더 정체성을 생성했다.

이재덕 또한 1943년 8월 19일 세 번째로 여자아이를 낳았으며 1개월 이후 유치원에 아이를 보내고 낮에는 몇 리 넘어 되는 길을 걸어 유치원에 가서 아이에게 젖을 먹였고 규정한 시간 내에 부대로 돌아오기 위해서는 유치원부터 부대까지 달려서 오곤 했다. 게다가 이재덕은 자신의 모유가 다른 부대의 산모들에 비해 많았으므로 누구 아이든 배부르게 못 먹으면 자신의 젖을 먹이곤 했다. 이와 같이 이재덕은 자신의 몸을 부대산모 아이들에게 헌신했을 뿐만 아니라, 제명당한 당적을 회복하고[109] "당-어머니"의 품으로 돌아갈 것을 굳게 다짐하면서 몸을 바쳐 일했다.

이처럼 남성 전사와 다를 바 없는 그들의 민족해방, 독립의식 내지 사회주의 이데올로기의 내면화가 항일운동가의 모성애와 복합적으로 작용하여 성교차적 동일시의 해방의지를 생성시켰으며, 그러한 의지가 또한 항일운동기라는 조선의 특정한 역사적 상황에서 "생물학적 여성 주체"를 넘어서 성교차적 동일시를 보이는 젠더 양상을 구현하였으며, 그러한 젠더 정체성들이 싹을 틔워 그들의 향후 삶을 관통하여 시기마다 새로운 젠더 정체성을 재구성하도록 한 것이 아닌가 싶다.

(2) 사회적 활동가로서의 젠더 정체성 형성

해방 초기 연변지역의 경제 환경은 매우 열악하였다. 식량 부족으로 하루 세끼 못 먹는 경우가 다반사이고 옷을 지어 입을 천이 없어서 베천으로 짠 옷을 입고 다녔다. 너무나 가난한 나머지 형제들 나들이 할 때 바지 하나를 돌아가며 입는 경우도 있었다. 남자들은 고무신 대신 짚신을 신고 땔나무를 장만하러 다녔으며 여자들은 그것마저 없어 끌개 짚신을 끌고 다녔다.

조선족 여성들을 둘러싼 가부장적 문화와 가정 안팎에서 여성들의 희생만 요구받는 현실 때문에 그들은 더욱 고달픈 인생

---

109) 이재덕과 여보합의 당적 제명에 관한 사실에 대해서는 『송산풍설정』(이재덕, 2013)을 참조하기 바람.

을 살아갔다. 조선 시기부터 파급된 봉건유교사상 삼강오륜의 윤리 질서에서 여자는 남자가 바깥일을 담당하는 반면에 집안일을 도맡아 해야 하며, 또한 먹을 것을 장만하고 자식을 낳아 대를 잇고 종묘를 계승하며 남편에게 순종하고 시부모를 공경하는 것이 천직이었다. 조선족 여성들은 이와 같은 가부장적 문화를 몸소 수행하면서 살아갔다. 그들은 집안일만 해가지고는 도저히 생계를 유지하기 힘든 상황에서 남자와 함께 농사짓는 등 바깥일을 해야 할 뿐만 아니라, 모든 집안일로 간주되는 일들, 예하면, 베실로 천을 짜서 식구들의 의복을 장만해야 하고 식량이 부족한 상황에서 풀뿌리와 나무껍질로 조리해서라도 어떻게든 가족구성원들의 하루 세끼를 해결해야 하며, 어린 자식을 키우는 일도 전담해야 했다. 무엇보다도 시어머니 밑에서 겪는 시집살이는 더욱 혹독하였다. 며느리들은 시집에서 밥 짓고 빨래하고 가축을 기르고 남새도 가꾸는 등 모든 가사를 전담해야 했다.

그럼에도 불구하고 식량은 항상 부족했으므로 시부모 밥상을 차려드리고 남편과 시집 친척들 챙기고 난 뒤 자신한테 차려지는 것이란 누룽지 등밖에 없었다. 이와 같이 가사노동을 전담하고 먹을 것이 없는 건 그렇다 치더라도 해산한 여성들이 산후 조리도 하지 못한 채 이튿날 시부모의 밥상을 갖추는 일마저 당연한 것으로 받아들여졌다. 한마디로 조선족 여성들은 바로 가사노동에 종사하는 온갖 노동과 가사를 전담하면서도 가정적, 사회적 지위는 열등하였다. 오랫동안 지켜오던 사회규범은 이미 그들의 실행과 실천 속에서 그들 자신의 피와 살이

되어 숨 쉬고 있었으며, 그들은 쉽게 깨드릴 수 없는 견고한 풍속 속에서 스스로의 고달픈 삶에 의문을 제기할 여유와 불만을 잠재한 채 자신에게 차려진 삶을 숙명적으로 살아갔다.

연변조선족부련회 첫 주임인 김찬해는 부녀사업의 선두자로서, 이러한 불평등한 사회적 현실을 비판하면서 남녀평등을 주장한다. 그는 "새 사회에서는 남자나 여자나 다 평등하므로 여자들은 남자들의 압박을 받지 말고 자기 스스로 자신들의 권익을 수호해야 하며 집에만 있지 말고 사회에 진출하여 앞으로 부녀들도 남자와 마찬가지로 농업과 공업노동에 종사할 수 있을 뿐만 아니라 공정사, 의사도 될 수 있다"고 하였다. 김찬해가 말하는 '압박'이란 '여자들이 남자에게 눌리어 살지 않는다는 뜻'이었다.

이와 같이 가사노동에만 시달리게 한 기존의 성역할 이데올로기를 해체함으로써 사회 노동을 통해 남녀평등을 실현하고자 했으며, '젠더화 된 여성 주체'로서 기존 정체성을 수행하면서도 그것을 해체하고 새로운 탈출구를 찾아가고자 했다. 예하면, 1960년대에 김찬해의 올케 박승조는 초등학교 교사이자 세 아이의 어머니였다. 남편 역시 공무원으로서 정부사업에 종사하다 보니 집에 있는 시간이 많지 않고 늘 농촌으로 하향하였기에 애들이 아빠를 손님으로 대하듯 집에 있는 시간이 많지 않아 양육은 거의 박승조가 전담하였다. 그들이 양육 방면에서 어려움에 직면한 것을 목격하고 김찬해는 박승조를 찾아서 "사업을 그만두고 집에서 아이들을 잘 키우는 것이 어떻겠는가", "개인은 절대 사업에 영향을 주지 말아야 되지 않는가"라고 말한다. 이에 박승조는 자신은 홀아버지의 손에서 힘들게 자라다 보니 학교에 가고 싶어도 바라만 봐야 했고 어려운 생활 땜에 아동공으로 하루 12시간씩 고된 일을 해왔었고 지금은 어려운 과정을 거쳐 인민교사가 되었고 학교에서도 중점교사로 배양하고 있을 때 자신의 교육사업을 포기하는 건 차마 못 하겠다고 하면서 김찬해가 지지해 주기를 바랐다. 이에 김찬해는 전적으로 그의 사업과 양육을 도와 나섰다.

이러한 김찬해의 인식으로부터 김찬해에게 있어서 가정은 사이고 사업은 공으로서 가정보다 사업이 우위였음을 알 수 있다. 시대적 변화 속에서 가부장제는 '젠더화 된 여성 주체'들에 의해 지속과 해체를 동반해 왔으나, 그 과정에서 했으며 점차 새로운 사회적 정체성과 젠더 정체성을 형성하였다. 무조건 가정으로 회귀한 것이 아니라 전업주부로서의 젠더 정체성을 해체하고 가정과 사업 간의 모순을 해결해 가면서 여성 직장인으로서의 사회적 정체성을 형성해 나갔던 것이다.

이재덕 또한 마찬가지이다. 그는 남자와 똑같이 혁명에 참여하여 소년선봉대, 공청단, 부녀회원, 전사 등 사회 조직 구성원으로서의 신분을 부여받았으며, 유격대 혹은 혁명군에서 남성들과 똑같이 싸우면서 혁명전사로서의 역할에 충실했다. 이와 같이 항일활동과 사회주의 건설 참여 등을 통해 봉건사상으로부터 해방하고, 가정주부로부터 탈출했으며, 중화인민공화국이 성립한 후 당 간부로서의 사회적 정체성을 형성하였고 항일련군의 정신을 다양한 방식으로 고양하면서 항련 정신을 널리 알리는 자가 되었다.

한마디로, 김찬해와 이재덕은 '젠더화 된 여성 주체'로서 가부장문화를 수행함과 동시에 여성 전사, 여성 간부, 여성 활동가로서의 새로운 젠더 정체성을 형성하였다.

4. 맺으며

지금까지 항일에 참여해 왔고 또 사회주의 건설에 참여하여 지도자로서 활약해 온 김찬해와 이재덕의 생애에 대해 고찰하였다. 고찰을 통하여 그들이 '젠더화 된 여성 주체'로서 가부장문화를 수행해 옴과 동시에 새로운 정체성을 형성해 왔음을 밝혔다.

나아가 김찬해와 이재덕은 항일전사 되기, 여성 사업가 되기, 항일련군 정신 전도자 되기를 통해 "되기"로서의 잠재의식을 표현했으며 그러한 되기를 '목적'으로 성교차적 동일시의 젠더 양상을 구현함과 동시에 미래지향적인 항상 변화 가능한 존재로 구성되고 있었음을 발견했다.

따라서 항일에 참여했던 여성 내지 여성 사업에 종사해 왔던 여성들을 어떠한 고정된 정체성의 소유자로 볼 것이 아니라 한 시대 속의 이질적인 요소들과 연결 접속함으로써, 가부장제 규범에 의해 하나의 방향으로 흘러가면서도 그러한 코드에서 벗어나려는 시도에 의해 항상 변화 가능한 정체성의 재구성을 추동하는 존재로 보아야 한다는 것이 본 연구의 결론이다.

요컨대, 항일여성에 대한 연구 나아가 여성 연구는 기존의 젠더 개념이 지니는 이분법적 분류체계의 한계에서 벗어나 외부로부터 그 어떤 목적이나 의미 같은 것을 부여하지 않고 여성 자체가 한 시대의 이질적 요소들과 나름대로 연관되어 영향을 받고 탈주 혹은 도주를 통해 차이를 형성하고 구성 혹은 생성되는 정체성의 양상들을 분석해야 한다.

끝으로, 여성사에 대한 연구는 항상 새로운 문제의식에서 새로운 사료를 발굴해야겠지만, 여성에 대한 문자기록이 절대적으로 부족한 상황에서 자료발굴이 쉽지 않음을 감안하면서, 앞으로 여성의 편지나 일기, 자서전, 구술사 자료가 더욱 풍부히 발굴되어 해석적 자료로 많이 활용됨으로써 보다 심층적인 연구들이 진행될 수 있기를 바라면서 글을 마치고자 한다.

제3장

건국 이후 조선족 여성의 여성해방 여정

Ⅰ. 연변주부련회 활동 양상 및 문제점

1. 들어가며

중화부녀련합회는 중국공산당 영도하에 있는 중국 각 민족 각계 부녀들로 연합된 부녀해방을 주요 목적으로 하는 군중조직이다. 부련회는 중국에서 규모가 가장 크고 영향력이 가장 큰 부녀조직으로서 설립된 이래 부녀이익을 보호하고 남녀평등을 실현하는 면에서 중요한 작용을 발휘해 왔다고 할 수 있다.

지금까지 부련회에 대한 연구 성과를 살펴보면, 시기별로 볼 때 1990년대 이전에는 대부분 부녀운동의 일부분으로 다루어졌으며 부녀회에 대한 분석도 부녀운동에 대한 연구에 포함되었다.[110] 1990년대 이후 정치학 내지 사회학 등 분야에서의 연

110) 全国妇联办公厅, 1991,『中国全国妇女联合会四十年』, 北京: 中国妇女出版社; 全国妇女联合会, 1989,『中国妇女运动史』, 北京: 春秋出版社; 林苏, 1990,『妇女运动简史』, 广州: 广东高等教育出 版社; 刘巨才, 1989,『中国近代妇女运动史』, 北京: 中国妇女出版社; 藏健・董乃强,『近百年中国妇女 论著总目提要』, 北方妇女儿童出版社, 1996.

구가 점차 증가되다가,[111] 2000년 이후부터 다양한 내용과 시각을 중심으로 본격적인 연구가 진행되기 시작했다. 우선 연구 내용으로부터 볼 때 주로 조직의 기능 변화와 건설, 사회관리에의 참여, 부녀권리에 대한 보호 등에 집중되어 있다.[112] 연구 시기와 대상으로부터 보면, 현대 부녀회의 활동 양상에 대한 연구가 많은 비중을 차지하는 데 반해 부녀회의 역사에 관한 연구는 적은 편이며 소수민족지역의 부련회에 대한 연구는 더더욱 적은 상황이다. 1959년부터 2019년 학술지 논문 165편 중 소수민족지역 부련회에 관련된 논문은 88편에 지나지 않으며, 특히 연변조선족자치주부련회(이하 연변주부련회)에 대한 연구는 거의 공백이라고 할 수 있다.

111) 揭爱花, 2012,『国家, 组织与妇女: 中国妇女解放实践的运行机制研究』, 上海: 学林出版社; 张翠娥, 2014,『社会转型中的农村妇女组织』, 中国社会科学出版社; 耿化敏, 2016,『中国共产党妇女工作史(1949-1978)』, 社会科学文献出版社.

112) 王 薇, 2009,「转型期妇联职能转变问题研究: 以济宁市妇联推进女性就业为例」, 北京交通大学硕士学位论文; 吴 彦, 2012,「妇联组织参与社会管理工作的研究」, 内蒙古大学 硕士学位论文; 余雪青, 2008,「浙江省妇联基层组织建设研究」, 山东师范大学 硕士学位论文; 俞 丽, 2009,「转型期妇联组织维护妇女权益问题研究: 以常州市妇联为例」, 上海交通大学硕士学位论文; 赵 明, 2009,「定位与功能: 转型期中国妇联组织角色研究」, 武汉大学博士学位论文; 黄璐茜, 2016,「妇联组织在妇女维权中的困境与出路: 以N市妇联为例」, 南昌大学硕士学位论文; 何玲, 2007,「论妇联组织在新农村建设中的突出作用」,『广西大学学报』29, 广西大学; 何玲, 2012,「新农村建设中农村妇女发展道路探析: 以妇联组织在农村妇女组织化发展中的独特作用为例」,『山东女子学院学报』4, 山东女子学院; 丁娟, 2008,「妇联干部对妇联组织的认知与评价: 关于妇联组织能力建设状况的调查研究」,『中华女子学院学报』20(1), 中华女子学院; 耿化敏, 2006,「文革时期妇联组织演变的历史考察」,『当代中国史研究』13(5), 当代中国研究所; 耿化敏, 2007,「文革时期妇联组织危机与成因初探」,『党史研究与教学』5, 中共福建省委党校与福建省中共党史学会; 马晨曦, 2011,「论建国初期上海市民主联合会在社会治理中的作用」,『渤海大学学报』6, 渤海大学学报杂志社; 范铁中, 2017,「新时期上海市妇联组织参与社会治理的困境与对策研究」,『湖北社会科学学报』10, 湖北省社会科学联合会; 施 明, 2017,「妇联小额担保财政贴息贷款系统」, 江西财经大学硕士学位论文; 褚鸽, 2019,「新中国成立后延边地区妇女联合会研究」, 延边大学中国少数民族史硕士学位论文; 刘家铭, 2017,「长沙市妇联妇女就业管理系统的设计与实现」, 电子科技大学硕士学位论文.

기존 연구의 시각이나 관점으로부터 봤을 때, 중국의 여성해방운동이 역사적 주체로서의 여성을 탄생시켰다는 관점과 여성해방이 사회주의 건설의 도구로 작동되면서 여성들로 하여금 이중 부담을 짊어지고 노동에 참여하도록 함으로써, 사회주의 건설자로서의 자호감을 여성해방과 동등하게 인식했다는 관점 등 여성해방을 실현했는지를 둘러싸고 두 가지 관점으로 나뉜다. 그리고 연구 시각에 있어서도 주로 정치학이나 사회학 분야에서 국가건설 과정에서의 부련회의 작용을 규명하고자 한 정치적 색채가 다분한 연구가 많은 편이며 여성주의 시각으로부터 여성해방에 초점을 두고 부련회 활동을 분석한 연구는 그다지 많지 않다.

이에 본 논문에서는 연변주당안국에 소장되어 있는 1952년부터 1994년까지의 연변주부련회의 당안자료를 활용하여 중화인민공화국이 창건된 이후 각 시기 연변부련회의 활동 양상에 대해 살펴보고, 여성주의 시각으로부터 연변주부련회의 한계에 대해 분석하고자 한다. 1995년 북경에서 소집된 비정부논단에서 부련회조직을 "중국에서 규모가 가장 큰 비정부조직"으로 규정한 이래 부련회 성격에 대해 현재까지도 의견이 분분하기에 본 논문에서는 연구 시기를 "관방"조직으로 활동하던 1952년부터 1994년까지로 한정하였다. 연변주부련회 당안자료는 연변주 각 현시의 부녀활동에 대해 주제별로 구분하여 종합적으로 정리한 자료로서, 여성들의 사회활동 양상을 국가, 정부 차원 및 지역적 측면에서 살펴볼 수 있다는 점에서 자료의 활용 가치가 크다. 연변주부련회가 정부 대리조직으로서 부녀사업에서 존재하는 문제들을 일부 반영하지 않는 폐단이 있을 수도 있겠으나, 각 시기의 여성 활동을 종합적으로 정리한 자료가 없는 상황에서 연변주부련회 당안자료는 여전히 연구 자료로서의 활용가치를 지니고 있다고 본다.

2. 연변주부련회의 활동 양상

연변조선족자치주부녀연합회는 1952년 9월 15일에 성립되었으며 1950년 11월에 성립된 길림성민주부녀연합회연변지방사업위원회가 부련회의 전 조직이다. 중화인민공화국이 성립된 후 연변지역 각급 부녀회는 길림성부녀연합회에서 하달한 중앙정부의 사업 정신과 지시에 따라 연변주 범위 내에서 각 방면의 부녀사업을 전반적으로 진행하였으며 연변조선족자치주부련회 부녀사업은 주로 노동생산 참여, 문명퇴치, 부녀간부 양성, 사회활동 참여, 부녀권리 보장 및 탁아복리 등으로 나누어 볼 수 있다.

1) 생산노동에 적극적으로 동원

중화인민공화국이 성립된 후 생산을 신속하게 회복하고 발전시키며 경제를 번영시키는 것은 건국 초기 국가가 시급히 해결해야 할 임무인 동시에 여성 대중의 중요한 임무로 대두하게 되었다. 개혁개방 전에 연변지역 경제건설의 중점은 전통 농업생산에 있었고 많은 여성들이 부녀회의 동원하에 농업협동화

운동에 적극적으로 참여했다.

1949년 1월, 중국공산당 길림성위원회는 중국공산당 중앙 동북국의 정신에 따라 '생산을 발전시키고 전쟁을 전폭적으로 지지하라'는 호소를 보냈다. 길림성 당, 정, 군, 민들은 생산을 그 당시의 가장 큰 중심 임무와 장기적인 중심 업무로 삼고 특히 농업을 위주로 공업 및 부업을 보조로 하는 발전 방침을 제기했다. 생산력 발전에 적응하기 위해 연변 각급 민주 부녀 연맹 조직은 각급 당 조직의 지도 아래 현지 당 위원회, 정부에 협조하여 생산합작 관계를 신속하게 조정하였으며 노동생산을 맹목적으로 강조하여 여성의 건강에 해를 끼쳤던 지난 경험을 섭취한 기초 위에서 여성들의 노동과정에서의 특수 상황을 고려하여, 농업생산에서 발생하는 새로운 문제를 해결하였다. 또한 사상적으로 여성들에게 "노동은 영광이다"라는 관념을 전파했으며 이를 위해 여성노동모범을 많이 선정하여 표창함으로써 부녀들의 생산노동을 격려하였다. 예전에 여성들이 단독적으로 할 수 없던 일들을 남자들에게 맡겼고 또 기술 면에서 번거롭고 복잡한 일들도 남성들에게 맡김으로써 남녀가 함께 공동으로 일하는 양상을 재현하였다.

합작화운동에 있어서의 남녀 분업은 여성들의 노동 적극성을 크게 향상시켰고 연변 지역의 많은 여성들 생산호조운동에 참가함에 따라 노동 생산팀에서 없어서는 안 될 역량이 되었다. 1952년에 연변주 농촌 여성의 노동 출근율은 93%에 달했고 11,570명의 여성들은 종자전, 시험전, 다수확전 558경을 붙였다. 또한 연변주에서는 여성문화, 과학기술반 568개를 개설

했는데 당시 학습반에 참여한 여성들은 무려 12,830명에 달했으며, 그중 4,959명이 논묘상 관리원, 간수원(看水员), 황연기술자, 기타 농업기술자 업무를 담당했다.[113] 1953년에 연변주에서는 새로운 경작방법을 보급시켰는데 연변 각급 부녀회에서는 또 전력으로 여성들을 조직하여 각종 농업생산에 참가하도록 동원했다. 전 연변 여성의 90%가량이 봄갈이, 김매기, 추수 등 각 계절노동에 적극적으로 참여한 것으로 추정하고 있으며 그 가운데 생산에 참여한 인수의 70.8%를 차지하는 72,865명의 여성들이 호조합작운동에 참여하였다. 예하면, 훈춘현 금봉남 호조조에는 남성 노동력 5명, 여성 노동력 13명으로 구성되었고 모두 11경 수전을 책임지고 생산하였다, 여성들은 정확한 경작방법으로 경작이나 모내기를 하였기에 그 전해에 비해 생산율을 90% 높였다. 생산에 참여한 총 인수 220명 중 여성이 176명을 차지하는데 이는 여성들이 생산팀에서 중요한 자리를 차지했음을 말해 준다.[114]

합작화운동이 발전함에 따라 사회주의 건설에 대한 전주 여성들의 각오는 전례 없이 향상되었다. 1955년, 연변 지역 102,800명의 여성 노동력 중에서 농업생산 협동조합에 참가한 여성은 53,248명으로 여성 노동력의 50% 이상을 차지했으며, 많은 여성들이 협동화운동에서 생산에 참가했을 뿐만 아니라 지도자 역할을 행사했으며, 따라서 당시 전 연변주에는 여성 생산주임

113) 연변주당안관, 「연변조선족자치주부녀연합회 당안자료: 각종 업무보고」, 제4호 목록 제1호 문건, 1952.

114) 연변주당안관, 「연변조선족자치주부녀연합회 당안자료: 부녀들이 호조합작운동에 참여할 것을 동원하고 조직할 데 관한 몇 가지 문제」, 제4호 목록 제1호 문건, 1953.

402명, 여성 생산대장 733명, 여성 관리위원 2,198명이 산출되었다.[115] 이러한 간부직을 통하여 그들의 가정에서의 지위는 일정 정도 향상되었고 사회적 지위도 전에 비해 향상하는 양상을 보이게 되었다.

1957년 농업합작화는 절정에 이르렀고 여성들은 적극적으로 생산에 참여하였다. 전주 16만 명 좌우의 농촌 여성들 가운데 98%를 차지하는 여성들이 노동력을 구비하였다. 그들은 자신이 직접 농업합작화운동에 참여했을 뿐만 아니라, 친구들을 동원하고 노인을 설득하고 남편을 동원해 입사시켰다. 예하면, 화룡현 홍기촌 고급합작사 제4대 여성 가운데서 13명이 여성이 남편을 동원하여 입사시켰고, 18명 여성들이 노인들을 동원하여 입사시켰다. 이러한 그들의 행위에서 노동에 대한 긍정과 자부심 등 인식들을 보아낼 수 있다. 여성들의 관념 변화와 적극적인 생산 참여로 여성들의 생산율이 부단히 증가되었다. 예하면, 거름주기의 40%는 여성들이 완성했고 전체 수전 43,921경의 50%를 모내기하였으며 식수조림 운동에서 매 청장년 여성은 평균 10그루 이상의 나무를 심었으며 '38'림,[116] '여성'림이라는 이름이 붙은 삼림이 나타날 정도로 활착률이 75% 이상을 보장하였다.[117] 이와 같은 생산관계의 변화로 인해 전반 사회적 풍조에 변화가 생겼고 가족관계에도 변화가 생겼으며 여성들 사이에 "노동이 바로 영광"이라는 관념이 보편적으로 수

115) 연변주당안관, 「연변조선족자치주부녀연합회 당안자료: 생산자구사업에서 중간보고」, 제6호 목록 제1호 문건, 1955.

116) 각급 부녀회가 부녀들을 조직하여 건설한 수림을 말한다.

117) 연변주당안관, 「연변조선족자치주부녀연합회 당안자료: 주부련회의 제2차 집행위원회학대회의 사업보고」, 제8호 목록 제1호 문건, 1957.

립되었고 그러한 관념은 또한 집단주의 사상을 강화하는 데 일조하였다.

1958년에 시작된 대약진운동은 농업의 집단화를 더욱 높은 수준으로 끌어올렸다. 연변 지역의 각 민족 여성들은 인민 공사의 각종 노동에 투입되었고 공업제련에 있어서도 연변지역 여성들은 비범한 의지를 발휘했다. 그러나 일방적으로 노동지표를 강조하였기에 대약진운동은 실패로 끝났고 그 과정에서 많은 여성들도 여러 방면으로 손해를 보게 되었다. 1973년에 부련회는 중국공산당 길림성위원회의 "당의 농촌경제정책을 실시한 데 관한 문제에 관한 규정" 정신에 따라 '식량을 중심으로 전면적으로 발전하자'는 방침을 철저히 관철시켰다. 연변 각급 부녀회는 많은 농촌 여성들을 조직하여 농경지 기본건설, 수리건설, 식수조림 등 각종 생산 활동에 참가하였다. 한계라면 당시 여성들의 생산 적극성을 동원하여 농업생산의 발전을 추진했지만 '좌'적 사상의 영향하에 여성의 부업생산을 소홀히 했으며 여성의 신체 건강을 홀시했다는 점이다.

당의 11기 3중 전회 이후 전당 업무의 중점을 사회주의 현대화 건설로 옮기는 것은 전국 각 민족 인민의 근본적인 이익과 공동 소망과 관련되고 각 민족 여성들이 철저히 해방되는 길이라는 사상이 널리 선전되었다. "반쪽 하늘"로서의 여성들의 역할이 어떻게 발휘되는가에 따라서 현대화 건설의 성패가 나뉜다는 것이다. 1981년 이후 연변주 내 각지의 농촌에서는 보편적으로 여러 형식의 생산책임제를 실시했는데 각급 부녀회는 생산책임제의 필요성을 적극적으로 홍보하여 많은 여성들로 하여금 새로운 정세에 잘 적응하도록 했으며 사상적 각오를 높이도록 동원하였다. 이와 같이 남녀 동일노동, 동일임금 정책을 지속적으로 실현하여 여성의 생산 적극성을 한층 더 동원하고자 했으며 많은 농촌에서 집단생산과 가정 부업에서 모두 풍작을 이루도록 했다. 통계에 따르면, 전주 농촌 가정의 1인당 국민소득은 160위안 정도에 달했고 매 사원들의 가정 부업 소득은 100위안에 달했다.[118] 뿐만 아니라, 생산책임제가 실시됨에 따라 많은 여성들은 노동에 참여하는 과정에서 기술자로 승급하였다. 예하면, 모내기를 잘하는 사람, 돼지를 잘 키우는 사람, 닭을 잘 키우는 사람들이 많이 생겨났고 각종 전문농가, 중점 가구에서 여성들이 특기를 발휘했다. 이와 같이 각급 부녀회는 생산에 전력했을 뿐만 아니라, 여성의 노동보호에도 주의를 기울였다. 훈춘현 마천자 공사 마천자 대대 부녀회는 여성복지 공장을 설립하여 1년에 5,000여 위안의 이윤을 창출하였으며 이윤은 모두 여성 및 어린이의 복지사업에 사용되었다.[119] 산업체의 여공 위원회는 여직원들의 노동보호시설을 해결하기 위해 노력했을 뿐만 아니라, 여성 질병 검사와 치료 방면에서도 관련 복지가 눈에 띄게 개선되었다. 노동 효율을 확보하는 동시에 여성의 건강보호를 보장해 주는 복지 차원에서의 조치들도 부단히 개선되었다.

이와 같이 여성들은 농업생산에 적극 참여하였을 뿐만 아니

118) 연변주당안관, 「연변조선족자치주부녀연합회 당안자료: 주부련회 제5차 대표대회보고」, 제35권호 제21호 목록 제1호 문건, 1979.

119) 연변주당안관, 「연변조선족자치주부녀연합회 당안자료: 주부련회 제5차 대표대회보고」, 제35권호 제21호 목록 제1호 문건, 1979.

라, 공업생산에서도 적극성을 보였다. 1948년, 연변주 각급 부녀회는 중국 공산당 중앙 동북국의 도시 여성 업무에 대해 '여성을 각종 수공업, 각종 공업과 가정 부업 생산에 참가시켜 여성 업무의 중점이 되도록 해야 한다'는 기본 방침에 따라 많은 여성들을 동원하여 생산에 투입하도록 했다.[120] 여성 대중들은 가정에서 나와 노동에 참여할 수 있음을 해방이라고 간주하고 노동생산에서 매우 큰 적극성을 보였으며, 제품의 품질에 중시를 돌림과 동시에 생산기술을 혁신하여 제품 생산량을 증가시키는 데 전력했다. 연변에 설치된 국영광산으로는 현대화제지공장 2개, 삼공국(森工局) 2개, 재목공장 2개, 구리연광산 1개, 발전소 1개, 아마원료공장 1개, 식량유가공 공장 6개 등이 있고, 지방공업에는 고무, 니트, 농기구, 제지, 석탄, 도자기, 벽돌, 가구 등 십여 개의 업종들이 포함되며 108개의 수공업 생산합작사도 있다. 1949년에 여직원은 불과 902명(상업 등 부서 포함)에 지나지 않았으나, 1956년에는 6,479명으로 증가되었으며 그중 683명이 선진 생산자와 선진 종사자로 선정되었다. 그 가운데서 차간주임으로 발탁된 여직원이 15명, 경리 9명, 기업주임 7명, 노조위원 418명이 된다.[121]

이처럼 공농업에서뿐만 아니라 제3차 산업에 있어서도 여성들의 적극적인 참여를 동원하였다. 1984년, 중앙 지도자는 연변의 3차 산업, 특히 가정 서비스업이 발전해야 한다는 건의를 제기했고 주 위원회 지도자는 연변주 부녀회에 이 분야의 업무

120) 길림성지방지편찬회, 1999, 『길림성지』13, 길림인민출판사, 175쪽.

121) 연변주당안관, 「연변조선족자치주부녀연합회 당안자료: 주부련회 제2차 집행확 대회 사업보고: 1956년 부녀사업보고」, 제8호 목록 제1호 문건, 1957.

도 잘 진행할 것을 지시했다. 연변 각급 부녀 연맹은 연변주 제3산업 상황을 조사한 후 제3산업 발전계획을 세웠으며, 산업을 부단히 확대한 결과 여성 위주의 제3산업 점포가 14,630개로 증가되었고 종사자 수는 19,771명에 달했으며, 그중 부녀회가 설립한 3차 산업이 637개, 종사자 수는 1,081명에 달했다. 이러한 제3산업의 발달로 인해 도시의 미취업 청년, 퇴직 직원과 한가한 노동력들이 직장을 얻었을 뿐만 아니라 각 현시의 농촌 여성들이 도시에 가서 제3산업에 종사함으로써 도시에서의 삶을 시작할 수 있게 되었다. 여성들은 나이, 학력, 경력에 상관없이 사회에 발을 붙일 수가 있게 되었고 경제적 자유를 어느 정도 실현하게 되었으며 사회적 지위도 높아지게 되었다. 통계에 따르면, 1992년까지 조선족 여성의 취업률은 75.76%를 차지함으로써 취업률이 상대적으로 높으며, 또한 전국의 80%의 여성이 농촌 노동력인 데 반해 연변 조선족 여성인 경우 향진에 취업한 여성들이 56.73%를 차지하여 전국적으로 높은 수치를 차지했다. 뿐만 아니라 연변 조선족 여성들의 80%가 농업, 공업 등 중노동, 저지능 노동에 종사하였다.[122)]

중화인민공화국이 성립되기 이전 연변지역 조선족 여성들은 가부장적 문화의 영향하에 시집가서 남편에 의지하여 살아가는 것을 당연하다고 인식했고 남존여비 사상이 뿌리 깊이 박혔으며 열등감 속에서 불평등한 대우를 받으며 살아왔다. 이러한 인식을 변화시키기 위해 연변주 각급 부련회는 "노동은 수치스

122) 림금숙, 1993, 「개혁개방과 더불어 나타나고 있는 여성취업문제: 중국 조선족 여성을 중심으로」, 『여성학논집』10, 이화여자대학교 한국여성연구원, 247-255쪽; 림금숙, 1994, 「연변 여성취업의 현황」, 『여성연구』1, 연변대학출판사, 98-116쪽.

러운 일이 아니라 영광스러운 일이다"라는 사상을 끊임없이 홍보하였으며 여성들로 하여금 인식을 바꾸고 적극적으로 생산노동에 참여하도록 동원하였다. 뿐만 아니라 여성들에게 농업합작화는 농민들이 빈곤에서 벗어나 공동으로 부를 창조하는 유일한 길이라는 것을 인식시키고자 했다.

2) 문맹퇴치

여성들이 글자를 모르는 것은 여성들의 발전을 가로막는 가장 큰 걸림돌이다. 연변 각급 부녀회는 많은 여성들을 야학, 식자반 등 다양한 형식의 학습반에 참석하도록 동원하여 문화, 기술을 배우고 여성들이 취업하고 사회로 진출하는 조건을 마련해 주었다. 연변 지역에서의 문맹 퇴치사업은 식자 방면, 기술습득 방면 두 방면으로 나뉘어 진행되었다.

우선, 해방 초기에 연변지역의 대부분 여성들이 문맹 상태였기 때문에 문맹퇴치 업무의 초급단계 임무는 바로 식자 수량을 기준으로 여성들의 식자문제를 해결하는 것이었다. 해방 후 중국 공산당 중앙 동북국의 정신에 따르면 동학(冬学)대학은 청년을 위주로 우선 먼저 농회, 노조, 부녀회, 자위대 간부와 지식인을 입학시켜 시사 정치 공부를 위주로 하고 문화교육을 보조적으로 진행하였다. 학습 시간은 30-60일, 수업 시간은 아침, 점심, 저녁으로 나뉘어 매일 2-6시간씩이며, 농촌 여성들은 대부분 야간반에 참가하였다. 1947년부터 연변주 부녀회는 주 내 각지에 보편적으로 야간학교를 설립하여 문맹퇴치교육을 실시하였다. 처음에는 관념이 잘 바뀌지 않고 집안일과 아이를 돌봐야 한다는 등 여러 가지 이유로 야간 학교에 다니는 여성이 많지 않았다. 하지만 시간이 지남에 따라 여성들은 문화가 없는 사회적 생활의 어려움과 고통을 겪게 되었으며 연변주 각급 부녀회의 홍보 교육 아래 문화 지식을 배우려는 여성들이 늘어났다.

연변주 각급 부녀회의 최초 문맹퇴치의 중점 대상은 16-30세 사이의 여성으로 그들을 야학에 동원하여 공부하게 하였으며, 30세 이상 또는 집에 아이가 많은 여성들은 여가 시간에 신문 구독팀에 참가하여 신문을 읽게 하였다. 그리하여 1952년 3월까지 연변주 내 각 민족 청년 문맹 비율이 25% 감소하였다. 연변 지역 농촌 부녀들의 학습 열정이 특히 컸는데 하나의 예로 왕청현 제3구 계관촌 부녀들이 문화학습 참가 상황에 대해 살펴보면, 왕청현 제3구 계관촌에서는 1952년 9월 전 현에서 이 마을을 문맹퇴치 시범사업촌으로 결정했다는 소식을 듣고 부녀들은 이를 좋은 기회라고 생각하고 적극 문화학습에 참여하였다. 당시 전둔 245가구의 여성 회원 287명 가운데 문맹 110명, 반문맹 30여 명이 있었는데 속성문화학습반에 참가한 여성은 113명으로, 가사노동을 하는 도중 짬짬이 휴식 시간을 이용하여 공부하는 높은 적극성을 보여주었다. 그들은 50여 일간의 공부를 통해 평균 800여 자를 읽었으며, 적어도 300-400자는 무조건 습득할 수 있게 되었다. 이러한 분위기 속에서 공부에 대한 이야기를 곳곳에서 들을 수 있었다. 당시 서로 만났을 때 주로 하는 인사가 바로 "공부는 어떻게 됐어, 오늘 배운 지식은 다 기억했어?" 등으로 바뀌었으며,[123] 저녁 6시 방송국에서 수업공지를 하면 여성들은 필기장을 들고 신속히 학교로 달려갔다.

이러한 연변주 각급 부녀회의 초급 문맹퇴치 노력을 통해 교육 사업이 왕성하게 발전하기 시작했고 문화수준이 높은 여성들이 학교 교사로 되어 물질적인 보수를 받게 되었을 뿐만 아니라 사회적 지위도 얻게 되었다. 1956년 전주 초등학교 860명의 교직원 중 여교원이 1/3을 차지하게 되었고, 수용된 학생 105,000여 명 중 여학생이 절반가량인 것으로 집계되었으며 그해부터 초등학교 의무교육제도가 보급되기 시작하였다. 중국어 전공학교, 위생기술학교, 농업학교에서도 여학생이 1/3을 차지했고, 이러한 학교에서 교원사업에 종사한 여성들이 모두 191명에 달하였다. 당시 연변대학교에는 여학생이 1/10을 차지했으며, 380여 명의 교원 가운데 26명이 여성 교원이었다.

다음으로, 여성들에게 기술을 전수해 주었다. 연변주부련회는 1957년에 문맹퇴치업무 계획에 따라 세 차례의 문맹퇴치 사업회의를 열었고 서로 다른 시각에서 문맹퇴치 사업을 진행할 데 대해 토의했으며, 여성들의 학습과정에서 직면한 어려움을 해결하고 경험을 정리함으로써 학습방법을 모색하고 전면적인 문맹퇴치 사업을 추진했다. 1957년 사업보고에 따르면, 문맹에서 벗어난 여성은 전체 여성의 60%를 차지했고 그들은 신문, 잡지, 편지 등을 볼 수 있는 수준에 도달하였다. 하지만 이러한 식자수준에 머물지 않고 "생산기술을 배우고 국가대사를 이해

123) 연변주당안관, 「연변조선족자치주부녀연합회 당안자료: 1952년 부녀아동복지 복리사업총결과 각항 전문사업총결」, 제3호 목록 제1호 문건, 1952.

하려면 문화를 배워야 한다"는 인식하에 연변주부련회에서는 기술을 전수해 주는 사업을 적극 추진했다. 1960년 3월 25일부터 30일까지 길림성 부녀회, 중국 공산당 길림성위원회 홍보부 등 단위는 연변조선족자치주 연합회에서 농민여가 교육현장 회의를 열었는데 연변주 위원회, 연길현 위원회는 회의에서 여가교육업무 경험을 소개했으며, 연길현 부녀회 주임은 '부녀회 역할을 발휘하여 여가교육을 대대적으로 전개하자'는 제목으로 발언했다. 연변조선족자치주는 문맹 퇴치에서 고등학교, 중학교, 고등학교, 대학까지 완전한 여가교육체계를 형성하였으며 여성들을 조직하여 여가 시간에 정치, 문화, 기술을 공부하도록 했다.

개혁개방 이후 부녀사업에는 새로운 기상이 돌았다. 1983년 9월 중국여성 제5차 대표대회에서는 여성의 소질 향상을 새로운 시기 여성해방운동의 중요한 임무로 삼았다.[124] 개혁개방 이후 경제가 신속히 발전하는 대변혁 속에서 연변 여성들은 일정한 수준의 문화적 기반을 갖추게 되었으며 그에 더하여 매 사람마다 모두 하나의 기술을 익혀야 한다는 시대적 요구가 제기되는 사회적 배경 속에서 전주 각급 부녀회는 지역에 따라 적당한 조치를 취하고 여러 가지 유형의 여성과학기술학원을 개최하여 여성에게 벼, 인삼, 조개, 도라지, 야채, 담배재배, 관리기술 등 배움의 기회를 주었다. 황연재배, 시비(施肥), 관리기술을 가르쳐주었을 뿐만 아니라, 양돈, 양계, 양어, 양봉, 편직 등 기술을 가르쳐주었다. 1985년 전주 각급 부녀회에서 개

124) 길림성지방지편찬회, 1999, 『길림성지』13, 길림인민출판사, 247쪽.

최한 각종 기술학습반은 1,388회였고 교육 인원은 153,927명이었다.[125] 1986년부터 1987년까지 여성학교를 119개 설립했고 각종 기술학원학습반 총 143기를 개최했고, 3,969명의 여성을 학생으로 받아들였으며 여성들은 학습반에 참가하여 검은콩재배, 비닐하우스, 육묘재단 등 실용적인 기술을 습득했다. 15만 명의 여성들은 나름대로 한 가지 이상의 생산기술을 습득하였으며 이는 전체 농촌 여성 노동력의 39%를 차지하는 수치이다.[126] 학습반의 학습과 많은 여성 간부들의 선전교육을 통해 많은 여성들의 과학기술수준과 경영관리수준이 뚜렷하게 향상되었다.

이와 같이 기술수준이 향상되는 동시에 연변 여성들이 문화지식을 배우는 의욕은 줄어들지 않았다. 전주 10만 명의 여성들이 '연변독서진흥활동'에 참가했고 1년에 신문 106만 부를 구독하여 전체 여성 수를 초과했다. 예를 들어 화룡현 부녀회에서는 진흥중화독서활동을 실시했고 문화교실 165개를 지었으며 문화활동 226회를 조직했고 80%의 여성들이 각종 신문과 잡지를 구독했다.[127]1990년 상반기에만 각급 부녀회에서는 문화학원 869회를 개최했고 학원에 참가한 사람은 21,703명에 달했으며, 과학기술 양성반을 2,692번 운영하였고 총 141,482명이 참가하였다.[128] 뿐만 아니라 연변주 내 일반 고등교육과

125) 연변주당안관, 「연변조선족자치주부녀연합회 당안자료: 사업총결」, 제35권 제27 목록 제7호 문건, 1985.

126) 연변주당안관, 「연변조선족자치주부녀연합회 당안자료: 연변주부련회 상반년 사업총결」, 제35권 제29 목록 제32호 문건, 1987.

127) 연변주당안관, 「연변조선족자치주부녀연합회 당안자료: 연변주부련회 상반년 사업총결」, 제35권 제29 목록 제32호 문건, 1987.

중등교육이 해마다 발전하면서 여성 인재의 성장에 길을 열어 주었고 여학생의 비율이 계속 증가했으며 많은 여성 전문 인재들이 연변주의 각 전선에서 중요한 역할을 발휘함으로써 각자의 직무에서 재능을 발휘하여 중임을 짊어졌다. 특히 일부 여성을 중심으로 하는 업종에서의 역할이 두드러졌다. 예하면, 전주 여교사는 전체 교사팀의 41.3%를 차지했고 여의사는 전체 의료진의 59.3%를 차지했으며 각각 전국 여교사 및 여의사 비율보다 높았다.[129] 그들은 양적으로 질적으로 각 업계의 주요 역량이 되었으며 실제 업적으로 연변 경제의 발전과 각종 사업의 발전을 추진했다.

요컨대, 연변지역 각급 부녀회가 진행한 문맹퇴치사업은 연변 각 민족 여성들에게 있어 아주 큰 의미를 가진다. 초급단계의 문맹퇴치사업은 식자에 중점을 두고 많은 여성들로 하여금 문화수준을 향상시켜 각종 정보를 독립적으로 수집하는 능력을 갖추도록 했으며 일정한 문화지식을 습득함으로써 여성들로 하여금 문자 관련 분야, 예하면 타자원, 교사 등 직장에서 재능을 발휘할 수 있는 기반을 마련해 주었다. 나아가 기술전수 단계에서 여성들은 문자를 습득한 기초 위에서 하나 이상의 기술을 습득할 수 있는 계기를 마련해 주어 기술을 활용하여 더욱 효율적으로 생산을 진행하는 데 편의를 제공해 주었을 뿐만 아니라, 교사, 의사, 아나운서 등 여성들의 우세를 발휘할

128) 연변주당안관, 「연변조선족자치주부녀연합회 당안자료: 연변주부련회 상반년 사업총결」, 제35권 제32 목록 제20호 문건, 1990.

129) 연변주당안관, 「연변조선족자치주부녀연합회 당안자료: 연변부녀문화소질상황에 대한 조사보고」, 제35권 제32 문건 23호, 1990.

수 있는 분야에 취직하여 경제적 자유를 실현하도록 함과 동시에 사회적 지위를 높이는 데 유리한 물질적 조건을 마련해 주었다.

3) 여성 간부 배양

부녀회가 여성 간부를 양성하는 업무는 크게 두 가지 형식으로 나눌 수 있다. 하나는 단기 교육을 위주로 하는 것이고 다른 하나는 상급 교육을 위주로 하급 교육을 중심으로 하는 교육방식이다. 1949년 10월 24일에 중국공산당 길림성위원회는 지시를 내려 각급 당 위원회에 여성을 의사일정에 올리고 여성 간부를 발탁하여 훈련시키라고 요구했으며, 능력 있고 조건이 있는 여성 간부를 동급 당 위원회 혹은 각급 여성 사업 부서에 흡수시키고 현, 구 위원회의 일부 중요한 회의에 참가시켜야 한다고 제기했다. 연변주 부녀회의 여성 간부 양성사업도 이러한 당과 상급 부녀회의 지도 아래 전개되었다. 1950년부터 연변주부련회는 여성 간부 단기 훈련반을 조직하기 시작했는데 교육의 내용은 시사, 사상 및 업무상의 학습이었다. 당시 여성 간부들 사이에 소극적인 정서가 나타났는데 그 원인은 여성 사업이 복잡하고 성과가 뚜렷하게 드러나지 않으며 대우도 적다는 것이었다. 이에 연변주부련회에서는 사상 면에서 여성 간부들에게 여성 사업의 중요성을 피력했고 또 여성 사업의 중요성과 역사적 의미를 인식시키기 위해 노력했다. 당시 연변 각 지역의 여성 간부 양성사업이 금방 시작되었기에 그 과정에서 나타난 문제는 주 내에서 서로 토론하고 서로 경험을 교류하는 방식으로 해결하였다.

여성 간부의 배양 중의 하나의 형식이 바로 단기교육이다. 연변주부련회에서는 여성 간부 대오건설을 목적으로 1950년에 12차례 단기 양성반을 꾸렸으며 대표를 선거하여 경험을 교류하는 장을 만들었다.[130] 그리하여 1955년 연변주 부녀회 부서에 취직한 간부는 83명에 달했으며, 3년 동안 각종 훈련을 받은 사람은 49명(당교, 전국 부녀간부교, 성 부녀간부학교에서 공부한 사람)을 차지한다. 그 외에도 홍보원 7,000명, 농촌합작사 여주임 402명, 생산대장 733명, 여자관리위원 2,198명에 달하여 여성 간부가 전례 없이 증가되었다. 조선족 여성 간부 비율도 따라서 증가하였는데, 1962년 연변주 내 여성 간부 134명 중 조선족 여성 간부가 52%를 차지했으며 당원 및 단원이 70명을 차지했다.[131] 연변주부련회의 단기교육 계획은 날로 성숙해졌으며 1962년에 이르러서는 단기학습반에서 15일 동안에 길림성 간부학교에서 25일간 학습해야 할 내용을 모두 전수해줬으며 수업 시간 배정에 있어서는 정치사상 과목 1/3, 업무과목 2/3를 차지했다. 당시 여성 간부 가운데는 가부장적 문화의 속박에서 벗어나지 못하고 여성 사업에 대해 소극적인 태도를 취하는 사례가 존재했다. 이에 부녀회에서는 그들이 직면한 실제 어려움에 대해 파악하고 "당과 정부가 우리에게 맡긴 임무는 우리에 대한 신임에서부터 나온 것"임을 강조했다.

---

130) 연변주당안관, 「연변조선족자치주부녀연합회 당안자료: 1951년 생산사업보고와 각항사업보고」, 제2호 목록 제1호 문건, 1951.

131) 연변주당안관, 「연변조선족자치주부녀연합회 당안자료: 부녀를 동원하여 농업합작사운동에 참여시킬 계획」, 제6호 목록 제1호 문건, 1955.

1969년 이후 정풍운동 이후 여성 사업은 정상적인 궤도에 들어가게 되었다. 연변주부련회는 계속하여 주, 현급 공사 3급 전임간부 배치에 전력을 다했다. 매 공사에서는 부녀위원회를 설립하여 전임 주임 1명, 겸직 부주임 1-2명, 부녀회 위원 몇 명 정도 임명했다. 그리하여 총 3급 전임간부 147명, 당원 123명, 단원 24명을 양성했다. 당시 여성 간부들의 인식에 대해 조사한 결과 주임 직무를 사직하고 일자리를 옮기려고 하는 여성들이 15.8%를 차지함을 발견했다.[132] 일부 젊은 여성들은 여성 사업에 대한 신념이 없고 중장년 여성들은 가사부담이 너무 커서 여성 사업까지 하기에는 정력이 부족하다고 생각했으며, 노년 간부는 늙어서 힘이 부치고 문화수준이 맞기에 여성 업무의 새로운 형세에 뒤떨어진다고 생각했다. 이러한 여성들의 여성 사업에 대한 인식을 전환하고자 부녀회에서는 경험교류 회의를 부단히 개최하여 학습소감과 사업경험을 교류하면서 장점을 취하고 단점을 보완하면서 여성 사업의 발전을 도모하였다.

'문화대혁명' 시기에 여러 가지 문제로 인해 여성 간부 사업이 어려움에 직면했고 여성 간부를 선발하는 업무도 일시적 충격을 받아 각급 여성 간부 수가 많이 감소되었다. 이러한 상황에서도 연변주 각급 위원회는 여성 간부의 양성을 중시했으며 특히 소수민족 간부의 양성에 중점을 두고 양성한 결과 1972년부터 1973년까지 전주에서는 조선족 여성 간부 총 1,300여 명을 선발했으며 그중 공사 이상의 여성간부 중 조선족 여성

---

132) 연변주당안관, 「연변조선족자치주부녀연합회 당안자료: 1951년 생산공작보고와 각항사업보고」, 제35권 제14호 목록 제1호 문건, 1972.

간부가 60%를 차지했고 대부분 현, 사, 대 지도부에 조선족 간부를 배치하여 젊은 층에서부터 노년층까지 여성 간부가 모두 배치되도록 했다.[133]

다른 한 가지 형식으로는 상급이 하급을 교육하는 형식이다. 1978년 전국 제4차 대표대회 이후 주부련회가 공사 부녀주임을, 현부련회가 대대 부녀회주임을 공사부련회가 공사 부녀대표 및 소조장을 교육하는 형식을 취하였으며, 이와 같은 형식으로 1982년에 모두 256,633명 간부를 학습시켰다.[134] 연변주 각급 부녀회는 노인 혹은 젊은 여성 간부들의 모범 사적을 널리 알리는 방법으로 전체 여성 간부들을 교육하고자 했으며 또 여성운동의 역사와 이론을 학습하도록 함으로써 혁명의 전통을 계승하고 발양시키기에 노력했다. 교육의 한 가지 내용으로 여성 및 아동의 권익 보호에 관련된 법률지식이다. 연변주 부녀회는 학습반을 연속 개최하여 헌법, 형법, 소송법, 민법, 민사소송법, 혼인법 등 여성과 어린이를 보호하는 법률들을 배우도록 했으며 회의를 개최하는 방식으로 공사 이상의 여성 간부 145명을 배양하고, 각급 부녀회에서는 또 여성 선전위원 14,840명을 양성했으며, 공회 부문에서는 1,800명 여성 간부를 배양함으로써 여성 사업의 방침과 임무를 명확히 하고 법률관념을 향상시켰으며 법에 따라 일을 처리하는 자각성을 강화하였다. 80년대에 들어 간부들의 '혁명화, 청년화, 지식화, 전문화'의 요구에 따라 전주 각급 부녀회에서는 여성 간부의 연령구조와 문화구

133) 길림성지방지편찬회, 1999, 『길림성지』13, 길림인민출판사, 404쪽.

134) 연변주당안관, 「연변조선족자치주부녀연합회 당안자료: 연변주부련회 제5차 대표대회결의」, 제35권호 제21호 목록 제1 문건, 1979.

조를 조절하였으며 여성 사업은 또 다른 활기를 띠게 되었다. 특히 1985년에는 기층조직정돈제도가 형성되어 기층의 어느 부문에 여성 간부가 부족하면 그 부문에 간부를 선발해서 보내는 방식으로 기층조직건설에 최선을 다했다.[135] 1990년 전주 현급 이상의 부녀회에서는 21차례 향급 이상 부녀회 간부 양성반을 개최했으며 안도, 용정, 연길 3개 시 및 현에서 골간 여성 간부 716명을 양성했고 1994년에는 996차례 학습반을 개최했으며 무려 50,587명이 참가함으로써 여성 간부팀의 부단한 성장을 보여줬다.

요컨대, 여성 간부 양성은 부녀회 사업의 중요한 일환이다. 특히 여성 사업에 대한 여성들의 인식전환이 가장 중요한 시점에서 부녀회는 여성 간부들의 사업은 당의 중임을 떠메는 일과 같으며 여성해방에 있어 여성 간부는 중요한 담당자 혹은 개척자로서의 위치에 있음을 항상 피력하였다.

4) 사회활동 참여

중화인민공화국이 성립된 후 연변 각급 부녀회의 동원, 조직하에 많은 연변 여성들이 각종 사회활동에 참여했다. 시기별로 보면, 1950년대에 연변 여성들은 항미원조에 참가했고 또 부녀회선거대회에 참여했으며, 70년대에는 '38'홍기수 경기에 참여했고 80년대에는 '5강4미' 활동에 참여했다.

먼저, 연변 여성들의 항미원조 참여를 살펴보면, 연변 여성

---

135) 연변주당안관, 「연변조선족자치주부녀연합회 당안자료: 상반년사업보고」, 제35권 제59호 목록 제59 문건, 1994.

들은 주로 재봉대, 세탁대 등 후방에서 전선을 위해 봉사했다. 예하면 연길시 여성들이 후방에서 전선을 위해 봉사한 건수가 3만여 건이고,[136] 화룡현에서 전선에 참군한 여성이 193명에 달했으며 14,036명 되는 여성들이 6,483만 위안(구 인민폐)을 기부했다. 뿐만 아니라 당시 애국주의선전교육을 받은 여성들은 무려 105,442명으로서 전체 여성의 약 80%를 차지하며 여성선전위원은 1,899명을 차지했다. 그리고 5대 평화공약 체결 및 일본무장대 개편을 반대하는 운동에 154,278명 서명했다.[137] 예하면 왕청현 전체 여성들 중 서명 활동에 참여한 여성이 83%를 차지하고, 5.1대 시위에 참여한 여성은 122,072명이나 되며, 연길시 서안, 해론총 여성 319명 중 3명을 제외한 모든 여성들이 5.1시위에 참여했다. 당시 연변에서 공소 활동에 참여한 여성은 29,482명이며 그중 고소를 한 여성이 18,670명에 달했다. 또한 실제적인 행동에서도 여성들은 애국 열정을 보여주었다. 예하면, 군복을 씻는 세탁대에 참여한 여성이 2,316명으로서 그들은 도합 73,920벌의 옷들을 씻었으며 재봉대에 참여한 여성은 2,043명으로서 도합 14,258벌의 옷들을 꿰맸다. 부녀들은 주동적으로 많은 위문품을 보냈을 뿐만 아니라 부상병들에게 위문편지를 보냈으며 당시 보낸 위문편지만 해도 24,520편이 된다.[138] 또한 각급 부련회는 군중들을 동원하여 열군 속 가

136) 연변조선족자치주지방지편찬위원회 편, 1996, 『연변조선족자치주지』상, 중화서국, 415쪽.

137) 화룡현지방지편찬위원회, 1992, 『화룡현지』, 길림문사출판사, 227쪽.

138) 연변주당안관, 「연변조선족자치주부녀연합회 당안자료: 선전총화보고」, 제2호 목록 제1호 문건, 1951.

족[139]에게 도움을 주도록 했다. 도문철로분국 부녀회는 무료로 항미원조 가속들을 요청하여 무료로 영화를 관람하게 하고 또 그들에게 목욕을 시켜주고 위문품을 보내는 등 방식으로 열군속 가족을 위문했다. 이러한 위문행위는 전선에 나간 전사들에게 커다란 고무가 되었고 그들의 전투의지를 굳혀주는 데 적극적인 역할을 했다.[140]

50년대 중반에 이르러 연변 여성들은 부녀대회 선거에 참여했다. 항미원조 후방에 참여했던 열정과 고무 속에서 많은 여성들이 사회활동에 참여하고자 하는 적극성이 날로 높아졌으며 여성들은 부녀회선거대회에 주동적으로 참여하여 자신의 선거권과 피선거권을 행사하기에 이르렀다. 1953년 부련회선거대회에서는 여성들이 가장 많이 선거에 참석할 수 있는 비율을 쟁취함으로써 광범위한 부녀들로 하여금 적극적으로 선거에 참여하도록 했다. 당시 선거 상황에 관한 통계에 따르면, 왕청현 중평촌 여성 유권자의 99%가 선거에 참가했고 일부 마을 여성은 100% 선거에 참여했다. 당시 여성들의 선거투표는 전례 없던 장면을 연출했다. 예하면, 연길현 경성촌의 안씨 노인은 선거투표에 참여하면서 "혁명 열사들이 피땀으로 바꾸어온 것이다, 누가 주인이 되는지를 직접 눈으로 보고 싶다"면서 힘차게 발언했고 또 70대 포씨 할머니는 선거투표에서 반대표를 던졌다. 그는 "나는 그녀가 대표로 되는 것에 동의하지 않는다. 그녀가 모두를 위해 일하는 것이 적극적이지 않기 때문이다. 나는 상

139) 열군속이란 열사의 가족 및 군인의 가족을 말한다.

140) 길림성지방지편찬회, 1999, 『길림성지』13, 길림인민출판사, 144쪽.

전(이름)대표가 당선되는 것에 동의한다"고 하였다. 또 왕청현 대칸자마을의 주금옥은 병으로 인해 도문병원에 입원했지만 마을에서 선거대회를 개최한다는 소식을 듣고 급히 선거에 참여하였다. 이렇게 여성들은 선거에 적극적이었으며 선거투표에 참여하는 것을 영광스러운 일로 간주하였다. 경성촌의 최명숙 대표는 이순옥 대표에게 "대표가 되는 것이 얼마나 영광스러운 일인가, 아이들을 잘 교육시켜서라도 대표가 되도록 하겠다"라고 말했다. 통계에 따르면 연변 5현 60개 마을에서 인민대표에 당선된 여성은 124명으로서 전체 대표의 23%를 차지했다.[141)]

70년대에 연변지역의 여성들은 '38'홍기경기에 참여했으며 많은 여성들의 적극성을 자극하기 위해 연변주부련회는 '38'홍기수[142)]를 표창하고 단체 활동을 전개하여 모범을 표창하는 것으로서 여성의 '반쪽 하늘'의 중요한 역할을 보여주며 여성의 노동영광의식을 강화했다. 70년대 말에 전국부녀회에서는 만 명의 '38'홍기수를 표창했으며 연변주부련회에서도 '38'홍기수, '38'홍기 집단이 되기 위한 경쟁 활동을 광범위하게 전개함으로써 다양한 형식을 이용하여 많은 여성들에게 '38'홍기수를 선전하였다. 홍기경기의 의미는 여러 가지 조치를 취해 많은 여성들을 경기 활동에 동원하고 생산을 중심으로 농사를 지을 때 계절이나 서로 다른 직종의 기준으로 경기 평가를 실시하여 매 사람마다 홍기수가 되어 사회주의 네 가지 건설에

141) 연변주당안관, 「연변조선족자치주부녀연합회 당안자료: 선전총화보고」, 제4호 목록 제1호 문건, 1953.

142) "3.8"홍기수란 중화인민공화국 부녀회가 "3.8" 제부녀절에 우수노동모범여성에 대해 수여한 영예칭호를 말한다. 각 시기 국가 건설에 걸출한 공헌을 한 여성 모범에 대해 수여하는 최고의 영예이다.

이바지하는 국면을 형성하였다. 연길현 부련회, 훈춘현 마천자 합작사 52대 부녀대표대회에서는 '38'홍기수 경기를 진행함으로써 여성들의 적극성을 동원하여 생산발전을 촉진하고자 했으며 부녀들의 영예감과 사업 열정을 불러일으켰다. 매 기층마다 '38'홍기수(집단)를 선정하는 기초 위에서 전주에서는 농업은행 영업처 회계원 현희숙 등 23명의 전국 '홍기수'와 2개의 전국 '38'홍기수 집단을 선정하였다.[143)]

80년대에 연변 여성들은 잇달아 '5강4미' 활동에 참여했다. 1981년 2월 25일, 전국 총 노조, 공산주의청년단 중앙, 전국부녀회 등 9개 대중 단체가 연합하여 전 국민에게 '5강'(문명, 예절, 위생, 질서, 도덕)과 '4미'(마음미, 언어미, 행위미, 환경미)를 제안했다. 연길현 조양천사회구역은 워낙 더러운 구역이었는데, '5강4미' 활동을 전개하는 과정에서 부녀회는 340명의 부녀들을 동원하여 4차례 되는 위생복구전을 벌여 330여 차 되는 쓰레기를 처리하였고 4,000미터 되는 배수구를 수리하였으며 6개의 돼지우리를 개조하고 모든 화장실 변기에 뚜껑을 덮는 작업을 함으로써 구역의 위생환경을 변화시켰다.[144)]

5) 여성 권리 보장

여성의 신체건강을 보장하는 일은 바로 출산업무와 질병예방치료를 잘하는 것이다. 심리 건강은 주로 혼인 및 양육에 있

---

143) 연변주당안관, 「연변조선족자치주부녀연합회 당안자료: 4개현대화부녀회사업보고」, 제35권 제21 목록 제1호 문건, 1979.

144) 연변주당안관, 「연변조선족자치주부녀연합회 당안자료: 부녀사업30년」, 제35권 제24 목록 제6호 문건, 1982.

어서의 권익을 보장해 줌으로써 심신이 건강하게 생활하도록 돕는 것이다.

우선, 부녀회의 시급한 업무는 여성들의 출산문제를 개선하는 것이다. 중화인민공화국이 성립된 당시 자연조건과 의료수준의 영향으로 말미암아 여성복지가 지지부진한 상태였다. 특히 출산 방면에서 많은 농촌에서 미신 색채가 다분한 비과학적인 방법으로 출산을 진행했기에 산모들의 사망률이 높았고 또 신생아의 발병률과 사망률이 높았다. 1951년 전 연변에는 모두 30명의 조산사와 교육을 받은 산파 7명이 있었으나 연길에만 90% 집중되어 있어 기타 지역의 출산문제는 여전히 어려움에 처해 있었다.[145] 이러한 상황에서 연변주부련회에서는 부녀대회, "38"국제부녀절, 각종 크고 작은 회의에서 출산문제의 중요성을 알리고 개선하기에 노력했다. 결과 연변주에 보건소 34개, 출산처 9곳을 설치하고 조산사 163명을 새로 양성했다.[146] 1953년에는 전 지역에 208개의 보건소와 1,949개의 출산처가 설립되었고 2,825명의 조산원에게 새로운 기술을 전수하고 또 1,500명의 조산원 양성반을 개설함으로써 신생아의 사망률을 낮추고 여성 질병을 줄였다.[147] 1955년에는 새로운 방법으로 출산한 출생아 비율이 전체 출생아의 84%를 차지함으로써 전에 비해 크게 제고되었다. 예하면, 훈춘현에는 원래 19개 출산

145) 연변주당안관, 「연변조선족자치주부녀연합회 당안자료: 1951년 부녀아동복지사업보고」, 제2호 목록 제1호 문건, 1951.

146) 연변주당안관, 「연변조선족자치주부녀연합회 당안자료: 1951년 부녀아동복지사업보고」, 제2호 목록 제1호 문건, 1951.

147) 연변주당안관, 「연변조선족자치주부녀연합회 당안자료: 1953년 복지사업기획」, 제4호 목록 제1호 문건, 1953.

소가 있었는데 네 차례에 걸쳐 96명의 조산원을 배양함으로써 64개의 출산소를 설립했다.

다음으로, 부녀회에서는 여성 질병 발병률을 감소시키기 위한 일련의 조치 및 활동을 조직했다. 예하면 모 합작사에서는 18명의 부녀를 동원하여 1,242개의 호미대를 만들어 팖으로써 497,200위안(구 인민폐)의 수익을 냈으며, 그중 234,000위안으로 30미터의 거즈와 9개월어치의 생리대를 사서 노동에 종사하는 여성들에게 나누어주었다. 이에 여사원들의 건강문제뿐만 아니라 그들의 노동 열정도 크게 불러일으켰다. 박순옥은 "과거에는 어지러운 것을 쓸 수밖에 없었는데 지금은 공산당의 영도가 있어서 이와 같은 새 생활을 누릴 수 있다"고 말했다.[148] 1956년 전주에는 54개 보건소와 538개의 출산소가 설립됐으며 여성 및 아동 보건사업에 종사하는 산파, 보건원, 접생원이 모두 3,200여명에 달했다.[149] 1962년 전주에는 각 유형의 위생기구 2,284개, 향진과 광산에는 설비가 구비된 비교적 온정한 병원이 설립되었으며 농촌에는 병원, 대대에는 위생소, 소대에는 위생원, 보건원, 접생원을 안배함으로써 의료보건망을 형성하였다.[150]

그다음으로, 혼인법 관철과 실시는 부녀회의 중요한 사업 중의 하나이다. 기존의 혼인법은 여성 발전의 큰 걸림돌로서 새

148) 연변주당안관, 「연변조선족자치주부녀연합회 당안자료: 신생아출산사업보고」, 제6호 목록 제1호 문건, 1955.

149) 연변주당안관, 「연변조선족자치주부녀연합회 당안자료: 농망조직의 탁아사업에 대한 몇 가지 의견」, 제7호 목록 제1호 문건, 1956.

150) 연변주당안관, 「연변조선족자치주부녀연합회 당안자료: 3년간 부녀사업보고」, 제7호 목록 제1호 문건, 1962.

혼인법의 반포는 여성들로 하여금 매매혼인과 가정폭력 등 가정폭력의 봉건적인 인습에서 벗어나 스스로의 권리를 행사할 수 있는 조건을 제공해 주었다. 연변의 혼인법관철운동위원회에서 1955년 3월 각 지역의 혼인법 관철 상황을 통계한 결과 비교적 잘 실시된 촌이 33%에 달하며 실시 상황이 불균형하다는 것을 발견했다.151) 연변주부련회에서는 각종 업무에서 새로운 혼인법을 관철시키고 여성들이 가정에서 학대와 박해를 받는 현상을 점차적으로 줄이며 남녀가 서로 존중하는 새로운 혼인관계를 수립하여 조화로운 가정 분위기를 조성하는 데 중시를 돌려야 한다고 강조하였다. 70년대에 이르러서 정부에서는 공산주의 세계관을 수립하여 혼인문제를 정확하게 처리하고 평등, 자주, 서로 사랑하는 새로운 혼인관계를 수립하며 조혼을 반대하는 사상을 선전하였다. 80년대 초에 연변주부련회에서 연길시와 화룡현의 혼인 상황을 조사한 결과, 합법적인 혼인이 대부분을 차지했고, 무작위로 조사한 기혼여성 5,614명 중 조혼이 0.04%를 차지하고 동거 여성 비율이 0.01%를 차지했다.152)

마지막으로, 부녀회에서는 여성권익 보호에 중시를 돌렸다. 1982년 "여성 및 어린이의 합법적 권익을 보호하고 어린이, 소년의 건강한 성장을 촉진하며 사회주의 물질문명과 정신문명을 건설하는 데 중요한 역할을 충분히 발휘하자"는 지시하에 연변주 각급 부녀회는 여성과 어린이의 합법적 권익을 침해하

151) 연변주당안관, 「연변조선족자치주부녀연합회 당안자료: 부녀사업보고」, 제5호 목록 제1호 문건, 1954.

152) 연변주당안관, 「연변조선족자치주부녀연합회 당안자료: 부녀사업보고」, 제35권 제23호 목록 제14호 문건, 1981.

는 행위들을 처분하는 것을 중요한 권익보호의 한 수단으로 삼았다. 1983년 도문시, 화룡현, 돈화현, 왕청현 통계에 따르면 당시 인민들이 고소한 사건이 512건, 그중 해결된 안건이 314건이고 접수한 신고 건 197건 중 157건을 해결해 주었다.[153] 1985년에는 신고 수가 증가되어 무려 519건을 접수하였으며 그중 91%를 해결해 주었다.[154]

6) 탁아복리 사업 추진

연변주의 유치원 건립 사업은 중화인민공화국 창건 이후 크게 발전되었다. 농망기의 단기 탁아소에서 공사화 시기의 반년 탁아소와 연간 탁아소, 그리고 각종 형식의 탁아복리를 완비함으로써 탁아소 건설을 강화하는 방향으로 나아갔다.

먼저, 농망기[155] 단기탁아소가 증가되었다. 건국 초기에 전주 왕청현 두 개 구역에만 환경이 그다지 좋지 않은 탁아소 두 개가 있었다. 1950년에 들어 연변에는 모두 79개 농망기 유치원, 3개 호조에서 아이들을 봐주는 그룹을 설립했는데, 모두 2,950여 명의 어린이들을 수용할 수 있었다.[156] 1951년 농번기 유치원은 235개로 발전하여 어린이 10,453명을 수용했으며, 농망기

153) 연변주당안관, 「연변조선족자치주부녀연합회 당안자료: 부녀아동권익보호좌담회」, 제35권 제25호 목록 제4호 문건, 1983.

154) 연변주당안관, 「연변조선족자치주부녀연합회 당안자료: 부녀사업보고」, 제35권 제27호 제7호 문건, 1985.

155) 농사기를 농망기(农忙期), 농영기(农荣期), 정상시기(挺常时期)로 나누며 농망기는 또 세 개 단계로 나눈다. 제1단계는 3월 15일부터 5월 15일까지이고 제2단계는 7월 1일부터 8월 1일까지이고 제3단계는 9월 15일부터 10월 15일까지이다.

156) 연변주당안관, 「연변조선족자치주부녀연합회 당안자료: 부녀아동복지사업보고」, 제2호 목록 제1호 문건, 1951.

아이들을 봐주는 소조 144팀에 모두 265명의 아동을 수용했으며, 교육원 347명, 보육원(대부분 노인) 491명이 있었다.

탁아소 사업이 발전함에 따라 유아들의 건강, 여성들의 노동참여, 보육교육 수준 등이 동시에 제고되었다. 1956년 기관, 공장, 기업 등에 어린이집, 수유실, 유치원 등 기구를 보편적으로 설치했으며 농촌에는 2,370개 유치원, 농망기 어린이집 1,140개, 농망기 탁아호조소조 1,167개를 설치하였다.[157] 따라서 여러 해 동안 애국위생운동을 실시하여 천연두 등 중환자 수를 감소시켰으며, 백일해, 디프테리아, 홍역 등 소아 전염병의 발병률과 사망률이 모두 감소되었다. 전주의 유치원은 5,959개로 증가되었고 취학 전 아동 36,418명을 수용하였으며 107개 유치원의 환경을 정비하였고 820개 탁아호조소조에서 어린이 3,440명을 수용하였다. 그리하여 28,729명의 아이들의 어머니들이 부담없이 노동에 참여할 수 있었다.[158] 훈춘현 밀강사의 어느 한 어머니는 아이를 탁아소에 보낸 후 안심하고 생산에 참여할 수 있게 되었고, 또 소득이 늘어남에 따라 가정이 화목해졌고 단체노동 차수가 많아지면서 서로 국가대사를 토론할 시간이 많아졌으며 아이와 여성의 건강을 지키고 어머니들의 교양수준을 제고시킬 수 있고 또 아이를 탁아소에 보냄으로써 단체 생활에 빨리 적응하도록 하는 등 유리한 점들이 있다고 했다. 그러나 여성 간부들의 업무가 전면적이지 않고 보육원들의 임금이 제때

157) 연변주당안관, 「연변조선족자치주부녀연합회 당안자료: 농망조직 탁아사업에 관한 몇 가지 의견」, 제7호 목록 제1호 문건, 1956.

158) 연변주당안관, 「연변조선족자치주부녀연합회 당안자료: 1957년 탁아조직 보고」, 제8호 목록 제1호 문건, 1957.

에 지급되지 않고 또 여성 간부들에 대한 혁신이 잘 이루어지지 않은데다가 자체로 부업을 하는 여성들이 증가됨에 따라 전주의 유치원은 33%로 줄었고 탁아소도 55% 줄었다.[159]

다음으로, 장기 탁아소가 건립되었다. 대약진과 인민공사화 운동이 전개됨에 따라 반탁[160]에서 전탁[161]으로 탁아소 형식이 변화되었으며 전주 농망기 유치원 989개 가운데서 전탁 유치원으로 전환된 것이 547개로서 2만여 명의 아동들을 수용하였으며 전체 아동 수의 91%를 차지한다.[162] 탁아소의 전면 확대는 아이의 교육 및 여성들의 노동 참여에도 큰 영향을 미쳤다. 학전 교육을 위해 교육 브리핑을 개최하고 교양서들을 번역함과 동시에 민족 전통에 맞는 이야기들을 번역하여 어린이 교육에 활용했으며 위생관련 잡지들도 보육원에 보내어 새로운 교육방법과 위생상식들을 보급하도록 했다. 그리고 유치원에 장난감들이 부족한 문제를 해결하고자 부련회 및 위생 등 부문에서 장난감 500개, 책자 200여 권을 증정했다.[163]

그다음으로, 보육의 질을 향상시키는 작업이다. 탁아조직이 보급된 이후에 부녀회에서는 각 시, 현의 보육조직의 경험과 전형적인 사례들을 교류하고 배우도록 하여 좋은 사례를 보급하였으며 개척 정신이 있고 신체가 건강하며 어느 정도의 문화

159) 연변주당안관, 「연변조선족자치주부녀연합회 당안자료: 농망조직 탁아사업에 관한 몇 가지 의견」, 제7호 목록 제1호 문건, 1956.

160) 반탁이란 낮에만 아이를 보는 탁아소를 말한다.

161) 전탁이란 하루 24시간 맡아주는 탁아소를 말한다.

162) 연변주당안관, 「연변조선족자치주부녀연합회 당안자료: 3년간 부녀사업보고」, 제7호 목록 제1호 문건, 1962.

163) 연변주당안관, 「연변조선족자치주부녀연합회 당안자료: 부녀사업계획과 각항 사업보고」, 제9호 목록 제1호 문건, 1958.

수준과 특장이 있고 어린이를 사랑하는 청장년과 노년 여성을 보교인원으로 선발했다. 또한 90년대에 연변주의 어린이, 청소년 사업은 각급 부녀회 간부들의 적극적인 노력으로 인해 점점 상급 부문과 사회적 중시를 받게 되었다. '민족의 소질은 어린이에 대한 교육부터 착수하며 한 세대의 신인을 육성하는 것'을 지도사상으로 삼아 사회 각 분야의 힘을 충분히 동원하여 전주 범위에서 '모든 것은 아이를 위해 모든 아이를 위해'라는 열풍을 형성했다.

3. 연변주부련회하의 여성 사업과 한계

연변주부련회의 일련의 여성 사업을 통해 얻은 여성 발전은 크게 개혁개방 이전과 개혁개방 이후로 나누어 볼 수 있다. 개혁개방 이전에는 기존의 가부장 문화를 타파하고 여성의 해방을 추구하며 남녀평등을 실현함에 있어서 중요한 작용을 했고, 개혁개방 이후에는 여성의 각종 권익을 추구하고 여성 발전을 도모하는 데 적극적 역할을 했다.

1) 개혁개방 이전: 여성해방, 남녀평등 추구

우선, 여성의 경제적 독립 및 가정에서의 경제적 지위를 확보하는 데 선행조건을 제공해 주었다. 여성들의 생산노동에 참여하는 열정이 높아지면서 양육과 생산노동 간의 모순을 해결하는 일이 가장 큰 문제로 대두하였다. 여성이 양육을 전적으로 담당해야 하는 시대, 어떤 부녀들은 아이를 업고 김을 매기도 하고 논머리에 아이를 재워놓고 일을 하다가 미처 돌보지 못하여 애가 논도랑에 빠지기도 하고 어린애를 집에 두고 나가서 소동을 일으키는 일들이 발생하여 어린이 돌보기는 여성해방의 큰 걸림돌이었다. 이에 부련회는 각 현시에 유치원을 설립하였는데 이는 가정에 갇힌 여성들이 경제적 소득을 얻을 여력과 시간이 없고 따라서 사회적 지위도 없이 남성의 노동으로 얻은 생활수단에 의존해 생활하며 경제적 독립 및 남녀평등을 이룰 수 없었던 국면을 타파하고 여성의 경제적 독립을 실현하는 발걸음을 내디디도록 했다. 훈춘현 밀강사 신씨는 “작년에는 애를 돌봐야 하기 때문에 단체노동에 참여할 수 없어 1.5배의 생산효과밖에 내지 못하여 매일 남편의 눈치를 보면서 밥을 먹었으나, 올해에 아이를 탁아소에 보내니 상황이 달라졌다. 생산에 참여하여 벼를 꽂는 일에서만 20여 배의 생산효과를 내어 밥도 눈치를 보지 않고 먹고 부부간에도 화목해졌다”고 하였다. 왕청현 왕청공사 사원 박선옥도 아이를 탁아소에 보낸 뒤 1년 동안 760배의 생산효과를 내어 7명의 식량을 해결했다고 했다.[164] 이와 같이 탁아소 및 유치원이 설립되면서 여성들은 보다 자유롭게 생산노동에 참여함으로써 경제적 독립의 조건을 마련하였다.

다음으로, 여성들이 학습반에 참가하여 문맹에서 벗어나고 가정과 사회에서 독립적인 지위를 실현하는 데 유익한 환경을

164) 연변주당안관, 「연변조선족자치주부녀연합회 당안자료: 탁아조직보고」, 제8호 목록 제1호 문건, 1957.

제공해 주었다. 문맹퇴치를 추진하는 동안 가부장제의 규범의 지배하에 많은 시부모와 남편들은 여성들이 학습반에 참가하여 글자를 익히는 데 대해 달갑게 받아들이지 않았다. 왕청현 계관촌의 부녀위원인 원계진과 그의 남편은 함께 학습에 참여했는데, 남편은 원계진이 점심 12시부터 2시까지 학습에 참여하는 것을 달갑게 받아들이지 않았다.[165] 이러한 상황에 직면하여 부련회에서는 그러한 가정을 돌아다니면서 여성들의 학습에 대한 중요성을 인식시킴으로써 부부가 함께 공부하는 분위기를 조성하였다. 또한 야간학습에 참여하는 부녀들에 대한 시부모 및 남편들의 반대는 더욱 심하였다. 이유는 아이를 돌보고 가사에 지장을 끼친다는 것이다. 부련회에서는 이러한 저해사상이 존재함을 인식하고 부녀대회를 열어 여성들이 안심하고 학습할 수 있도록 하고 구체적인 관계는 부련회에서 처리할 것이라고 약속함으로써 부녀들의 불안한 심리를 안정시켰다. 그리고 부련회에서는 시어머니들을 대상으로 회의를 소집하여 여성들이 왜 공부를 해야 하는지에 대해 인식시켰으며 회의가 끝난 후 시어머니들은 며느리의 공책을 사주기도 하면서 안심하고 공부하고 진보하도록 지지했다. 이와 같이 부련회에서는 앞장서서 가정일은 전적으로 여자가 담당해야 한다는 가부장제의 규범과 가치들을 타파함으로써 여성들이 공부를 통해 사회로 진출할 수 있는 조건을 마련해 주었다.

마지막으로, 부녀들이 독립적인 인격을 형성하는 데 사상적

165) 연변주당안관, 「연변조선족자치주부녀연합회 당안자료: 1952년 부녀아동복지사업보고와 각항 전문사업총결」, 제3호 목록 제1호 문건, 1952.

기반을 제공해 주었다. 새로운 혼인법이 반포된 후, 연변지역 각급 부련회에서는 유관 부서를 적극적으로 동원하고 민주적이고 화목하며 남녀평등하고 시부모를 공경하고 며느리를 사랑하는 신형의 가정과 모범부부를 표창하였으며 혼인법을 위반하는 사례들을 처리함으로써 간부와 군중들에게 혼인법을 선전하였다. 2년 동안의 혼인법의 관철을 통해 연변 각 지역의 혼인상황은 크게 개변되었다. 매매혼인, 민며느리혼인 등 혼인법에 위반되는 현상들이 사라졌으며 남녀 결혼이 전적으로 부모가 도맡아하던 현상들이 사라졌다. 흥룡촌에서 131호 가구에 대해 민주평의를 진행한 결과 민주적이고 화목한 가정으로 지목되는 가구가 24호, 기타 가구에서는 일정한 정도에서 개선을 가져왔다. 일부 군중들은 "예전에 일을 그르치면 모두 여자를 탓했고 일이 순조롭지 않으면 여자를 때리는 것이 정상이었다"라고 했고 흥룡촌 박 모 씨도 새 혼인법이 실시되기 이전에 자신이 부정당한 남녀관계를 저지르고도 아내가 권유하면 접수하기는커녕 오히려 아내를 욕하고 때리고 했다. 이러한 가정들은 비록 화목하고 민주적인 가정으로 선정되지는 못했으나 부련회의 교육과 선전하에 아내를 욕하고 때리는 습관을 고치게 되었다.166)

2) 개혁개방 이후: 경제사회적 지위 확보, 여성 발전 추진

우선, 연변주부련회의 일련의 여성 사업을 통해 여성들의 경

166) 연변주당안관, 「연변조선족자치주부녀연합회 당안자료: 연변주 제2차 부녀대표대회보고와 부녀사업계획 및 각항 사업상황보고」, 제6호 목록 제1호 문건, 1955.

제적 지위가 향상되었다. 1978년 11기 3중 전회 이후 경제건설을 중심으로 네 가지 원칙을 지키며 개혁개방 노선을 견지할 것을 제기했다. 부련회는 이러한 시대적 배경하에 농촌 여성들을 적극적으로 조직하여 과학농업활동과 가정 부업을 경영하도록 했으며 특히 여성들로 하여금 문화, 과학, 기술을 습득하여 생산과정에서 벼재배관리원, 황연기술원 및 기타 각종 기술로 생산에 종사함으로써 골간작용을 하도록 했으며 따라서 "남자는 장군, 여자는 병사"의 기존관념과 현상을 변화시켰다.[167] 또한 실제 상황으로부터 출발하여 생산의 폭을 넓히고 생산 수요와 여성들의 특기에 따라 벽돌공장, 목이버섯공장, 술공장, 식품공장 등 공장에서 다양한 경영에 종사하도록 인도했다. 뿐만 아니라, 도시에서 부련회는 생활서비스업에 중점을 두고 미취업 여성 청년들의 직업을 해결해 줌으로써, 여성의 노동력을 해방시키고 가사노동의 사회화, 현대화를 추진했다. 여성의 경제적 독립은 가정 및 사회적 지위를 확보하는 받침돌이다. 개혁개방 이후 부련회는 시대와 발걸음을 맞추어 연변 여성들이 빈곤에서 벗어나 경제적 독립을 실현하고 여성으로서의 지위를 향상시키는 데 중요한 작용을 하였다.

다음으로, 여성들의 복리를 가강하여 가사노동에 대한 부담을 줄이고자 했다. 특히 생활에서의 서비스업을 발전시킴으로써 가사노동의 사회화, 현대화를 실현하는 데 일조하였다. 유관부서에 협조하여 공공식당과 음식서비스업을 개업함으로써

167) 연변주당안관, 「연변조선족자치주부녀연합회 당안자료: 안도현 상반년 사업보고」, 제22호 문건 제9호 목록, 1980.

노동 시간 외에 집으로 돌아가 밥을 짓고 설거지를 하는 시간을 줄여 가사부담을 줄임으로써 여성들의 사회노동 시간을 보장하고자 했다. 몇 년 동안 각 분야에서 수많은 여성노동모범, 여성 생산 기술자, "38"홍기단체와 "38"홍기수가 산출되었고 많은 여성들이 선진모범으로 선정되었고, 1988년, 경제체제 개혁을 맞이하면서 전주 각 부문에서 중층 이상 지도자와 임원이 총 8,700여 명을 차지했다. 선진 사례로 길림성의 '우수 여성기업가 되기' 활동에서 엄희숙은 성급우수여성기업가로 평가되었고, 우란, 송영엽 등 10명은 주급 우수여성공장장, 여성 매니저로 평가되었다.[168]

마지막으로, 여성들의 독립적인 인격체로 자리매김하는 데 중요한 역할을 담당했다. 1980년대 중국여성 제5차 전국대표대회에서 부녀회는 처음으로 자존, 자애, 자중, 자신의 '네 가지 자립'정신을 제기함으로써 여성들로 하여금 한 사회의 독립적 인격체로 되도록 하는 데 중요한 작용을 하였다. 통계에 의하면 80년대 문화, 교육, 의료, 위생 등 방면에서 여성은 전체 직원의 42%를 차지함으로써 사회적 지위를 획득했으며 정치적 지위도 상승세를 보였다.[169] 1981년 여성 간부가 점차 증가되어 간부 총수의 37%를 차지했으며 주, 현(시)의 인민대표대회 상무위원회 부주임, 부현장, 여국장 및 기업체에 많은 간부들이 산출되었다.

---

168) 연변주당안관, 「연변조선족자치주부녀연합회 당안자료: 연변주부련회1998년 행정회의기록」, 제35권 제30호 목록 제4호 문건, 1998.

169) 연변주당안관, 「연변조선족자치주부녀연합회 당안자료: 부녀사업30년」, 제35권 제24호 목록 제6호 문건, 1982.

3) 연변주부녀연합회하의 여성 발전과 문제점

1955년, 전국적으로 부녀해방에 대한 토론을 진행하였으며, 토론에서는 “부녀해방은 사회해방의 일부분으로서 사회제도와 분리시켜 논할 수 없으며”, 인민민주제도는 이미 남녀평등을 보장했고, 헌법에서도 여성은 정치, 경제, 문화 등 방면에서 남자와 똑같은 권리를 향유한다고 명시하였으므로 부녀들은 이미 해방을 실현했다는 관점을 제기했다.[170]

이러한 이념 속에서 1955년 대약진운동이 고봉으로 다다를 때, 농업사생산 규모가 점차 확대되고 경영 부문이 증가되면서 노동력이 엄중하게 부족한 현상이 나타났다. 이와 같은 상황에서 반드시 노동력 문제를 해결해야 했으며 마오쩌둥은 “중국 부녀는 위대한 인력자원으로서 반드시 이 자원을 발굴하여 위대한 사회주의 건설을 위해 분투하도록 해야 한다”고 했다.[171]

따라서 1955년 여성해방에 관한 토론에서 제기했던 “여성은 이미 해방되었다”던 관점이 급격히 변화되면서 부녀해방은 사회해방에서 분리되어, 단순히 가사노동에만 종사하는 여성은 낙후하고 해방되지 못한 표현으로서 “여성들이 직접 생산노동에 참여하지 않는 한 남성과 현실적으로 차이가 있으며, 오직 집단노동과 집체생활에 참여해야만이 남자와 함께 시대의 앞장에 설 수 있으며… 오직 남자와 마찬가지로 사회노동에 참여해야만이 경제상에서 진정한 평등적 지위를 실현할 수 있

---

170) 「家庭妇女应当如何更好地为社会主义建设服务」, 1955, 『新中国妇女』10, 新华书店, 18쪽.

171) 中共中央办公厅, 1956, 『中国农村的社会主义高潮(中)』, 北京人民出版社, 675쪽.

다"[172]고 하였다. 부녀들이 사회노동에 참여하는 것은 부녀의 철저한 해방을 실현하고 남녀평등을 실현하는 길임을 피력하고자 했으며, 일부 중앙영도들은 부녀가 생산노동에 참여하는 것과 공산주의사회를 연결시킴으로써 생산노동에 참여하는 것을 하나의 이념으로 승화시켜 부녀들이 경제건설에 투입하는 데 충분한 이론적 근거를 제공하고자 했다. 1955년 연변주부련회 보고에서는 "일부 부녀들이 생산노동에 참여하는 이유를 잘 모르며 생산노동이 여성해방의 유일한 길이라는 것을 인식하지 못하고 있으며 힘든 노동을 피하면서 적극적으로 노동에 참여하지 않으려 하고 자신에 대해 자비감이 있으며 자신감이 부족한 모호한 사상을 가지고 있음"을 문제 삼으면서 향후 개선해야 할 점이라고 지적하였다.[173] 이로부터 연변주 각 지역 부련회는 여성들이 생산노동에 참여하는 길이야말로 여성해방이라고 믿어 의심치 않으면서 여성들의 생산노동 참여를 적극적으로 동원하였다.

하지만 일부 학자들이 제기하듯이 "당시 부녀가 가정을 나가서 노동에 종사한다는 것은 "부녀노동력의 해방"으로 볼 수 있는 반면에, 여성들의 "사회인", "국민"으로서 남성과 마찬가지로 민족, 계급해방, 국가를 위해 이행해야 할 임무가 강조되었고 따라서 여성들은 그에 상응한 권리와 평등은 결국 획득하지 못했다.[174] 특히 부녀들은 가정을 나가 생산노동에 참여한

---

172) 马文瑞, 1958, 「进一步地解放妇女劳动力」, 『新华半月刊』16, 新华半月刊社, 58쪽.

173) 연변주당안관, 「연변조선족자치주부녀연합회 당안자료: 부녀들이 농업합작화 운동에 참여할 데 관한 기획에 대하여」, 제6호 목록 제1호 문건, 1955.

174) 金一虹, 2006, 「"铁姑娘"再思考: 中国文化大革命期间的社会性别与劳动」, 『社会学研究』1, 中国社会科学院社会学研究所; 高小贤, 2005, 「"银花赛": 20世纪50年

반면, 가사노동은 전혀 줄어들지 않았고 생산노동과 가사노동의 이중 속박에 얽매이게 되었다.

이러한 이중 속박 속에서 우선, 여성들의 신체는 혹사되었다. 국가는 여성해방과 사회주의 건설을 매치시켜 "괴로움을 참고 열심히 일하자" 등 구호를 외쳤으며 질병에 걸렸어도 사업을 견지하는 것을 표창함으로써 남성을 표준으로 하는 사회 성별 동질화를 형성하였으며, "부녀들은 무슨 일이든지 모두 할 수 있고 무슨 일이든지 모두 잘할 수 있다"는 구호를 "남자가 하는 일들은 여성들도 할 수 있으며, 여성들은 남성들이 못하는 일도 할 수 있다"는 구호로 변형하였다.175) 또한, 전국 부련회에서는 "네 시기에서의 보호"(월경기, 임신기, 산후, 포유기), "삼조삼불조"(월경기 건조한 일로 조정, 임신기 가벼운 일로 조정, 포유기 가까운 곳으로 조정) 등 부녀보호제도를 제정하였는데 일부 보수적인 영도들은 "부녀는 남자에 비해 일정한 생리적 특점이 있는 것만은 사실이다. 이러한 점을 무시하는 것은 안 되며, 생산과 생활에서 보살펴주는 것은 완전히 필요한 것이다. 하지만 너무 그러한 특점을 확대하는 것은 그릇된 것이다"라고 주장하였다.176) 이처럼 부녀에 대한 노동보호 등 권리보장이 없는 상황에서 여성들은 생리적으로 남성보다 더 많은 고통을 겪게 되었다. 1953년 연변주부련회는 『부녀생산

代农村妇女的性别分工」, 『社会学研究』4, 中国社会科学院社会学研究所; 约翰・伊特韦尔, 1992, 『新帕尔格雷夫经济学大辞典』2, 经济科学出版社.

175) 张志永, 2010, 「错位的解放: 大跃进时期华北农村妇女参加生产运动评述」, 『江西社会科学』4, 江西省社会科学院, 152쪽.

176) 陈正人, 1958, 「进一步发挥妇女在社会主义建设中的伟大作用」, 『新华半月刊』23, 新华半月刊社, 28쪽.

자구보고』에서 "부녀들이 생산노동에 참여하는 과정에 생산임무를 완성해야 함을 강조하는 반면, 여성들의 건강에 중시를 돌리지 않았기에 과도한 노동으로 인해 여성들의 건강에 큰 영향을 미치게 되었다"고 지적하였다.[177)]

다음으로, 부녀들의 가사부담과 심리적 압력이 가중되었다. 1955년 연변주부련회 보고에서는 생산노동과 가사노동의 유기적 결합을 제기하면서, 한 가정에서 노동 참여, 가사노동, 육아 등을 잘 분담해야 하며 생산노동에 지친 일부 부녀들은 집에 돌아와서 밥을 하지 않는 이유로 건강에 해를 끼치는 경우가 있다고 했으며, 가사노동을 합리적으로 배치하지 못했을 경우 생산노동에 영향을 끼치므로 생산노동과 가사노동의 관계를 잘 처리해야 함을 지적했다.[178)] 가사노동은 전적으로 여성들이 전담해야 하는 것으로 가사노동 또한 생산노동에 해를 끼쳐서는 안 되었다. 결국 여성들은 사회활동에 적극적으로 참여하는 반면, 가사노동에서는 해방되지 못했으며 조선족 여성들의 이중 부담은 60년대를 거쳐 현재까지도 지속되고 있다고 해도 과언이 아닐 것이다. 민족대학, 출판사, 번역국, 방송국 등 단위들의 40-60대 조선족 여성들을 보면 90% 이상이 신체가 허약하다.[179)] 조선족 여성들은 50년대부터 사회 각 영역에서 활약하면서 사회적 지위를 확보하고 있으나 가사에 할애하는 시

177) 연변당안관, 「연변조선족자치주부녀연합회 당안자료: 부녀생산자구보고」, 제6호 목록 제1호 문건, 1955.

178) 연변당안관, 「연변조선족자치주부녀연합회 당안자료: 부녀생산자구보고」, 제6호 목록 제1호 문건, 1955.

179) 오상순, 1994, 「가치의식의 심각한 변화, 변화되고 있는 여성들의 삶」, 『여성연구』2, 흑룡강조선민족출판사, 120쪽.

간이 상당한 비율을 차지함으로써 이중 부담 속에서 심신이 피로한 삶을 지속해 갔다.

또한 인민공사화운동에서는 "집단생활화"를 추진했으며 공용식당, 탁아소, 경로원, 부유보건원 등을 건립함으로써 가사노동사회화를 실현하려고 하였다. 그 목적이 바로 부녀들의 노동력 해방이었다. 하지만 그러한 건설은 당시의 생산, 물질, 문화 수준을 훨씬 초월하였기에 사람들의 생활에 오히려 불편함을 주었다. 예하면, 유치원과 탁아소의 간호원들은 유아 교양방법이나 아동교육에 관한 지식이 없었기에 아이들은 위장염, 피부병 등으로 인해 사망하는 경우도 있었다.

이와 같이 사회성별 동질화는 동전의 양면과도 같다. 앞서 언급했듯이, 부녀들은 노동을 통해 경제적으로 일정 부분 독립했고 따라서 가정 및 사회적 지위가 제고되었으며 농업생산에서 중요한 역할을 담당함으로써 그들로 하여금 집체 생산노동을 통해 가부장제 규범과 인식에 변화를 가져오도록 했으며 생산과정에서 새로운 사회관계를 건립하도록 했다.

하지만 아이러니하게도 이와 같은 부녀들의 노동력 해방에 의한 긍정적 작용만 높이 평가되고 사회주의 건설 속에서 하위 영역으로 하락된 여성해방은 마르크스 여성해방에 대한 왜곡된 인식, 매체 선전, 여성들의 심리적 구조 등에 의해 복잡한 양상으로 흘러갔다.

마르크스는 부녀해방은 독립적인 운동이 아니라 무산계급 혁명운동과 결합되어야만 승리할 수 있고 부녀들이 압박받는 경제적 근원은 바로 사회생산을 탈리했기 때문이라고 인식한다. 그는 "부녀들이 가정의 사적 노동에 국한된다면 여성의 해방, 남녀평등은 불가능하다. 여성들의 해방은 대량으로 규모가 큰 범위 내에서 생산에 참여하고 가사노동에 적은 시간을 할애할 때만이 가능한 것이다"라고 하였다.[180] 하지만 이러한 사회주의 건설 시기의 사상은 교조적으로 변형되어 부녀해방과 혁명운동을 긴밀히 연결시킴으로써 "부녀이익과 집단이익, 국가이익은 일치하다, 오직 적극적으로 노동에 참여하여야만이 사회주의 건설에서 실제적인 공헌을 하는 것이며 자신의 경제적 지위와 사회적 지위를 높이는 경로를 넓힐 수 있다"고 주장하였다.[181] 이와 같이 여성해방을 사회주의 건설 사업의 목적으로 동원하였으며 여성해방의 많은 함의들을 노동 참여라는 구체적 행위로 축소시킴으로써 여성해방이 여성들의 권리추구에서부터 사회주의 건설 의무로 전환되었다.

따라서 매체선전을 통해 노동모범을 표창하고 그들에게 명예를 수여하는 수단으로 진보적이고 강인하며 능력 있는 부녀들의 새로운 형상을 수립했고 대중들은 서서히 그러한 형상이야말로 진정으로 해방된 여성들의 형상으로 인식했다. 부녀들은 또한 공산주의 사회가 곧 도래할 것이라는 아름다운 동경으로 자신들의 피로함과 고통을 위로했다. 이러한 여성들의 형상을 『신화반월잡지』에서는 "과거 그들은 가정에만 국한되어서 시야가 좁고 마음이 좁았으나 지금은 국가 대사를 관심하고 적극적으로 국가건설에 참여하며 사회주의 사상 각오가 현저히

180) 马克思等, 1958, 『马克思、恩格斯、列宁论共产主义社会』, 人民出版社, 209쪽.

181) 妇女们, 1959, 「鼓足冲天干劲作出更大贡献」, 『新华半月刊』6, 新华半月刊社, 39쪽.

높아졌다. 당이 지시한 대로 달리는 이러한 현실로부터 여성들은 철저한 해방의 새로운 단계로 진입했다"고 했다.[182]

따라서 장기간 남존여비 사상의 속박 및 가사부담에서 벗어나 사회로 나가기를 바라왔던 여성들은 사회노동에 참여함으로써 사회로 진출하려던 목적을 달성했고 그 과정에서 스스로 남성을 기준으로 하는 해방의식을 형성하였다. 그들은 체질적으로 그리고 문화적으로나 기술적으로 남성들과 겨룸하는 것이 진정한 여성해방이라고 인식했으며 장기간 남성의 속박을 받아오던 데로부터 남성들의 존중을 받음으로써 더없는 긍지감을 가졌으며 동시에 매체의 선전과 매치되어 노동이야말로 철저한 여성해방이라는 인식을 가지게 되었다.

이상과 같이 생산노동과 여성해방이 국가권력 및 배치와 매치되면서 사회주의 건설 시기의 여성 형상을 만들어냈으며, 그러한 여성 형상이 각 영역에서 주도적인 역할을 하면서 여성해방에 내포된 함의를 덮어버렸다.

연변 조선족 여성도 이러한 남성을 기준으로 하는 사회성별 동질화 속에서 "남녀평등"은 "남녀동등"이라는 인식을 가지고 항상 강인하고 견강한 의지로 생산노동에 종사했고 여성 간부들은 남성과 동등하게 사업하려고 더욱 노력했으며, 사회적 역할과 가정 내 가사노동을 모두 수행해야 한다는 이중 부담을 천직으로 받아들인 채 가정생활을 유지해 왔다.[183]그리고 개혁

182) 「高举毛泽东思想的旗帜,进一步发动妇女,为实现1960年继续跃进而奋斗」, 1960, 『新华半月刊』5, 新华半月刊社, 31쪽.

183) 이선미, 「중국 조선족 여성의 가정생활실태분석」, 『전남대학교 세계한상문화연구단 국제학술회의』, 전남대학교 세계한상문화연구단, 2004, 415-438쪽.

개방 이후 농촌에서 살던 조선족 여성들은 어느 민족보다 먼저 사회경쟁 속에 뛰어들어 시장에 난전을 벌이고 조선족 전통음식인 김치 등 반찬을 팔았으며 음식점을 운영하였으며 재봉기술, 파마, 미용 업종 및 북한과 러시아 무역에도 종사하였다.[184] 통계에 따르면, 1991년 연길시 택시 658대 가운데 절반 이상을 운전하였고,[185] 2002년 연길시 서시장 매대의 70%를 점유하였으며,[186] 그 후 여성 기업가로 성장한 사례들이 많다. 한마디로, 50년대, 60년대 사회를 경험해 온 여성들은 가정보다도 사업을 개인보다도 집단을 더 중히 여기면서 가정을 돌볼 사이도 없이, 아이를 거둘 사이도 없이, 몸단장할 사이도 없이, 사업에 몰두하고 농촌건설에 나섰으며, 그들은 중국의 해방과 더불어 사회주의 건설을 위한 헌신적 사명의식과 강한 사회의식을 지니고 "젠더화 된 여성 주체"로서 사회의 각 영역에서 활약하면서 자기의 인생 가치와 사회 가치를 실현하려고 하였다.[187]

다시 돌아와서 연변주부련회의 여성 사업의 한계에 대해 말하자면, 앞에서 이미 분석했듯이, 연변주부련회 역시 국가의 경제건설을 목적으로 부녀 노동력 해방을 "여성해방"으로 동등시하는 논리를 그대로 수용하면서 여성들을 생산노동에 동원시켰다. 문명퇴치, 부유보건, 여성 간부 배양, 탁아복리 등을 통해 여성을 가정에서 사회로 진출하도록 했으나, 각 시기 부

184) 오상순, 「개혁개방과 중국 조선족 여성들의 의식변화」, 『민족과 문화』9, 한양대학교 민족학연구소, 2000, 81-117쪽.

185) 정신철, 1999, 『중국 조선족 사회의 변천과 전망』, 요녕민족출판사.

186) 강순화, 2005, 『중국 조선족 문화와 여성문제 연구』, 한국학술정보.

187) 오상순, 1994, 「중국의 여성해방문제와 조선족여성들의 가치관 변화」, 『여성연구』1, 연변대학출판사, 36-48쪽.

녀회 여성 사업의 문제점들을 검토함에 있어 여성들의 나태함, 사상 각오 부재, 나약함 등이 "여성해방"의 걸림돌이 되고 있음을 비판하면서 사회에서 남성과 똑같이 사업을 잘하는 것을 "여성해방"으로 간주해 왔다.

4. 맺으며

지금까지 1952-1994년까지의 연변주부련회 당안자료를 중심으로 연변주부련회의 활동 양상에 대해 고찰했으며, 고찰을 통해 여성 사업이 지니는 한계에 대해 살펴보고자 했다. 연구의 결과를 제시하면 다음과 같다.

첫째, 연변주부련회는 국가의 호소에 따라 여성들을 생산노동에 동원하였으며, 문맹퇴치, 간부배양, 권익보장, 탁아복리 등을 여성 사업의 중점으로 삼고 활동을 전개하였다. 부녀들은 노동을 통해 일정한 정도에서 경제적 독립을 실현했으며 따라서 가정 및 사회적 지위가 제고되었으며 농업생산에서 중요한 역할을 담당함으로써 그들로 하여금 집체 생산노동을 통해 가부장제 규범과 인식에 변화를 가져오도록 했으며 생산과정에서 새로운 사회관계를 건립함으로써 사회진출의 첫걸음을 내디디도록 했다.

둘째, 연변주부련회는 국가 부녀사업을 대리 이행하는 사회단체로서 "여성해방"에 대한 깊은 고민이 없이 경제건설을 목적으로 부녀 노동력 해방을 "여성해방"으로 동등시하는 국가의 논리를 그대로 수용하였으며, 여성들은 국가가 주도하는 젠더 동질화 속에서 가사노동과 사회노동 의무를 동시에 짊어지게 됨으로 인해 과잉노동으로 신체가 혹사되었고 이중 속박 속에서 심리적 부담이 가중되었다.

셋째, 여성해방은 마르크스 여성해방에 대한 왜곡된 인식, 매체 선전, 여성들의 심리적 구조 등에 의해 복잡한 양상으로 흘러갔다. 여성해방의 많은 함의들은 사회주의 건설 과정에서 노동 참여라는 구체적 행위로 축소되었고, 매체 선전을 통해 진보적이고 강인하며 능력 있는 부녀들의 형상이야말로 진정으로 해방된 여성들의 형상이라는 인식이 수립되었으며 여성들은 그러한 형상을 수립함으로써 남성들의 존중을 받을 수 있음을 더없는 긍지라고 여기면서 노동이야말로 철저한 여성해방이라는 인식을 가지게 되었다.

연구결과를 통해 알 수 있듯이, 매 시대마다 "여성해방"은 국가 행위와 분리시켜 논할 수 없다. 때문에 국가 장치가 다양한 제도들과 상호작용하는 과정에서 "여성해방"이라는 구성물이 어떻게 배치되는지를 잘 파악해야 함과 동시에 젠더 및 "남녀평등"의 함의에 대한 인식들을 심층적으로 분석해야 하며 "젠더화 된 여성 주체"들이 "억압"이라고 인식하는 것들, 그러한 "억압"에 대한 대응들, 나아가 다양한 관계 속에서 여성들의 행위가 새롭게 생성하는 정체성들을 파악함으로써 복잡한 관계의 장 속에서 "여성해방"이라는 구성물을 해체하여 분석해야 한다.

그리고 무엇보다도 그 과정에서 여성들은 국가의 여성해방 정책에 대응함과 동시에 수많은 모순들을 자체의 의지로서 해결해 나가면서 기존의 질서에서 벗어나 새로운 정체성을 형성해 나가는 주체들이다. 따라서 그러한 과정들을 밝혀내는 작업이 중요하며 또한 향후 조선족 여성 연구의 커다란 과제라고 생각한다. 왜냐하면, 기존 질서나 규범을 해체하는 주체들은 언제까지나 탈주 혹은 도주를 통해 새로운 정체성들을 생성하고자 하는 의지의 소유자들이기 때문이다.

Ⅱ. 개혁개방 이후 조선족 여성의 배우자관

1. 들어가며

1993년 11월 19일 연변대학에 '여성문제 연구센터'(이후 '여성연구소'로 개칭)가 설립되면서 조선족 학자 특히 여성 학자들을 중심으로 한 연구진이 형성되었다. 주로 중국 현대사회에서의 여성문제, 즉 급변하는 사회변혁 속에서 조선족 여성들의 의식이 어떻게 변화되었는지, 사회적 지위와 가정에서의 역할은 어떻게 변화되었는지, 이혼이 증가하는 원인은 무엇인지 등 문제들을 둘러싸고 많은 연구를 진행하였다. 그중 중요한 주제 중의 하나가 바로 조선족 여성들의 혼인관의 변화이다.

1978년 개혁개방 이후 시장경제로의 편입은 중국 조선족 여성들의 경제생활뿐만 아니라 가치관 형성에도 영향을 주어 그들의 혼인·가족가치관은 새로운 변화를 맞이하게 된다. 무엇보다도 혼인관에 큰 변화가 생기는데, 혼인을 가문의 결합으로 인식하면서 부모, 친지의 의견을 존중하던 전통적인 중매혼인에서 탈피하여 사랑을 첫자리에 놓는 자유연애로 변화되며 결혼 여부도 당사자의 의견에 따라 결정된다.

뿐만 아니라, 결혼 여부에 대해서도 결혼은 무조건 해야 하는 것이 아닌 선택이라고 생각하는 여성들이 점점 증가했으며, 이로부터 조선족 여성들의 혼인관은 중매결혼에서 연애결혼으로 변화되고 또 "결혼은 선택"이라는 혼인관으로 변화되었음을 알 수 있다. 이와 같이 결혼에 있어 전통 관념에서 벗어나 자유를 갈망하고 자아 가치를 실현하고자 하는 여성들이 증가한 반면, 필자는 리복순(1999)의 연구에서 "남성은 직업은 갖고 여성은 가사를 돌보는 것이 바람직하다"고 생각하는 여성들이 58.4%를 차지한다는 결과가 나타난 것을 발견했으며, 이로부터 조선족 여성들이 각자 자신의 직업을 가지고 사회적 활동에 참여하면서도 전통적인 성별분업 지향으로 '역행'했음을 알게 되었다. 구체적으로 말하자면, 자본주의 사회에 비해 사회주의 국가였던 중국 사회에서 여성들의 사회적 지위나 경제적 활동 및 사회적 참여는 상대적으로 더욱 개방적이었고 또 사회주의 건설 시기 여성 노동력은 여성해방의 이념으로 국가의 사회주의 건설에 동원되었으므로 조선족 여성들은 경제활동을 통해 경제적 독립을 실현하고 사회적 지위를 실현하였다. 하지만 개혁개방 이후 오히려 그들의 혼인관 내지 가족관은 "남자는 주로 바깥일을 하고 여자는 주로 안살림을 한다"는 전통적인 규범으로 역행하는 경향을 보이게 된 것이다.

그렇다면, 왜 조선족 여성들은 혼인에 대한 자유를 갈망하면서 기존의 성역할을 유지하고자 했는가. 이를 그들의 배우자에 대한 선택 변화를 통해 살펴볼 수 있을까.

조선족 여성 혼인관에 관한 전반적인 연구가 미흡하고 1990년대 조선족 여성들의 배우자 선택 사항에 대한 관련 자료들이 부족한 상황에서 필자가 찾은 연구 자료가 바로 『연변여성』의 「오작교」라는 중매 알선 코너다. 『연변여성』은 중국 조선문 잡지 가운데서 첫 여성지일 뿐만 아니라 유일한 여성잡지로서 창간 초기부터 각광을 받아왔고 현재까지도 그러한 잡지 성격과 지위를 유지하고 있는 잡지이기에, 여성 연구에 적절한 자료를 제공할 수 있다는 판단에서 이 자료를 연구대상으로 선정하였다. 1985년 개설된 「오작교」란은 중매혼인이 절반 이상을 차지하고 또 중매업체가 없었던 시대적 상황 속에서 남녀를 이어주는 중매 역할을 함에 있어서 하나의 장을 제공해 주었을 것으로 생각된다. 물론 실제로 훨씬 더 많은 중매혼인이 부모, 친척, 친구, 지인 등을 통해 성사되었겠지만, 「오작교」에는 당사자들이 희망하는 배우자의 자질과 조건을 구체적으로 적어서 보냈으므로, 수적으로는 얼마 되지 않지만 장기간에 걸쳐 여성 스스로 밝힌 배우자관의 변화를 보여준다는 점에서 연구 자료로서 활용 가치가 있다고 판단된다. 설문조사 결과를 계량적으로 분석한 것을 보완하는 또 다른 자료가 된다고 하겠다.

그리고 본 연구에서는 질적분석과 양적분석을 동시에 진행할 수 있는 텍스트 마이닝 분석방법을 선택할 것이다. 텍스트 마이닝은 텍스트가 가지는 의미를 분석하는 것을 말한다. 즉, 텍스트에서 나타난 주요 개념과 다른 개념들과의 관계를 계량적, 시각적으로 파악하고, 텍스트가 전달하고자 하는 행간의 의미를 질적으로 파악할 수 있다. 이런 의미에서 네트워크 텍스트 분석(Network Text Analysis)이라고도 한다.

본 연구에서는 우선 먼저 개혁개방 이후 연령별 조선족 여성들의 배우자 선택관 양상에 대해 살펴보고, 나아가 조선족 여성들의 전통적인 성별분업 지향의 원인을 중국 사회와 연변 조선족 사회의 역사적 변화 속에서 살펴보고자 한다.

2. 『연변여성』과 「오작교」의 성격과 연구방법

1) 자료의 성격: 『연변여성』과 「오작교」

『연변여성』 및 「오작교」의 내용과 성격에 대해 고찰하기에 앞서 중국 조선문 잡지의 실태에 대해 살펴보도록 하자. <표 1> 및 중국 조선족 잡지의 기본 상황에 대한 설명은 이봉우(2009)의 논문을 참조하였다.

<표 1> 중국 조선문 잡지 기본 상황

시기구분	연도	잡지명	내용
사회주의 건설 (1949-1966)	1951	『연변문예』	문학작품, 실화, 수기
	1957	『장백산』	
	1959	『송화강』	
	1951	『소학교육』	초등학교 교육
	1953	『연변위생』	위생
	1953	『연변일보통신』	소식
	1957	『학습과연구』	대중교육
	1958	『대중과학』	대중과학
	1958	『어문학습참고재료』	조선어문 자료
	1956	『지부생활』	국내, 국제문제, 현실역사문제

시기구분	연도	잡지명	내용
	1950	『소년아동』	청소년 교육
	1955	『연변청년』	청소년 교육
문화혁명기 (1966-1976)	1958	『붉은기』	정치 시사
	1967	『신길림』	정치 시사
개혁개방 이후 (1977-현재)	1977	『도라지』	문학작품, 실화, 수기
	1980	『문학과 예술』	
	1980	『세계문학』	
	1980	『아리랑』	
	1981	『진달래』	
	1981	『시냇물』	
	1983	『북두성』	
	1985	『세계아동문학』	
	1982	『연변음악』	음악이론과 평론, 국내외음악가와 명작소개
	1985	『중국조선족교육』	조선족 교육
	1987	『중국조선어문』	조선어문 관련
	1980	『청년생활』	청소년 문화 관련
	1981	『은하수』	
	1984	『꽃동산』	
	1982	『새마을』	농촌의 간부들과 농민들을 주요 대상으로 하는 농촌총서
	1983	『연변여성』	여성 관련
	1998	『연변문학』	문학작품, 실화, 수기
	1997	『중학생』	청소년 문화 관련
	1996	『아동세계』	
	1997	『법률과 생활』	법률 지식 관련
	2000	『노인세계』	노인생활 관련
	2002	『경제생활』	경제지식 관련

사회주의 건설 시기 중 1949-1959년은 조선문 잡지의 번영 발전기라고 할 수 있고 그 후 7년은 저조기이다. 번영 발전기에는 현재 『연변문학』의 전신인 『연변문예』 등 문예지, 전문지, 청소년 종합지, 『지부생활』 등 대표적 정치지도성 잡지 등

이 출판되었으며, 그 외 연변에만 하더라도 주로 문학작품을 실는 비정기적인 지역 간행물들이 발간되었다. 저조기(1960-1966)에는 위의 많은 전문지들은 폐간되거나 혹은 내부간행물로 전환되었고 1961년 5월에는 『지부생활』, 『학습』, 『연변청년보』, 『연변문학』을 통합해서 정치문예종합성 잡지 『연변』이 연길에서 창간되었으며, 1962년 3월에 창간된 『동북민병』은 심양군구 정치부에 발행하는 동명 잡지의 기사를 번역하거나 『연변』 일부 기사를 게재하는 준군사 종합지이다.

문화대혁명 시기에 정기적으로 공개 간행된 조선문 잡지는 『붉은기』, 『신길림』 등 두 가지 정치성 번역지들뿐이었다. 개혁개방 이후에는 문화혁명기에 발행되던 문예지들이 복간됐을 뿐만 아니라 『아리랑』, 『진달래』, 『시냇물』, 『북두성』 등 문예지들이 새로 창간되었으며 교육, 언어, 과학, 의학, 신문, 방송 등 각 분야가 급속히 발전하면서 전문지들이 복간되거나 창간되었다.[188] 새로운 시기를 맞아 첫 여성잡지 『연변여성』이 창간되었으며, 조선문 잡지에서 첫 여성지일 뿐만 아니라 유일한 여성지로서 창간 초기부터 각광을 받아왔고 현재까지도 유일한 조선문 여성잡지로서의 지위를 확보하고 있다. 1990년대 중

---

188) 문화대혁명 시기에 정간됐다가 복간된 문예지는 『연변문예』, 『군중예술』(1979년에 『해란강』으로 개명), 『장백산』(1987년 『예술세계』로 개명), 『송화강』(1981년) 등이다. 『연변문예』는 『아리랑』(1957-), 『연변문학』(1959-)으로 이어지다가 1961년 5월 『연변』(1961.5.-1966.9.)으로 통폐합되었으나 1966년 9월 문화혁명 때 폐간되었다. 1974년 4월, 『연변문예』의 복간 개념으로 『천지』로 창간되어 1997년까지 간행되었다. 1998년 『연변문학』(442호)으로 제호가 바뀐 뒤, 2019년 7월(7백호) 이후까지 연변작가협회 기관지로 계속 간행되고 있다(김성수, 2021: 12). 『연변교육』은 1979년 7월에 복간되었다가 1985년 8월부터 『중국조선족교육』으로 발간, 『대중과학』은 1979년 10월에 복간, 『연변위생』은 1982년 6월에 『연변의학』으로 개제, 복간됐다(이봉우, 2009: 333-334쪽).

반에 접어들면서 새로 출간된 잡지가 줄어들었으며 1990년대 후반에 새로 출간된 잡지가 『중학생』, 『아동세계』, 『법률과 생활』 등 세 가지이고, 2000년대에는 『노인세계』, 『경제생활』 등 두 잡지만 새로 출간되었다.

이러한 잡지들 중에서 『중국조선어문』, 『동북후비군』, 『지부생활』 등 잡지는 정부에서 모든 비용을 지불한다. 정부에서 부분적으로 비용을 대고 나머지 비용은 자부담하는 잡지로는 『연변여성』, 『문학과 예술』, 『대중과학』, 『연변문학』, 『예술세계』, 『도라지』, 『장백산』 등이 있으며, 출판사 자체 비용으로 운영하는 잡지로는 『청년생활』 하나 정도가 있다. 그 외, 단독 잡지사가 없고 출판사들에서 간행물 번호를 갖고 출판하는 잡지로는 연변인민출판사에서 출판하는 『중학생』, 『소년아동』, 『아동과학』, 『소학생작문선』, 『법률과 생활』, 『별나라』, 『노년세계』, 연변교육출판사에서 출판하는 『아동세계』, 『중학생작문선』, 『중국조선족교육』, 흑룡강 조선민족출판사에서 출간하는 『꽃동산』 등이 있다. 이러한 잡지들은 더욱 많은 수익을 올리기 위해서는 광고지면을 확장하고 글의 지면을 축소할 수도 있는 잡지 형식상 비교적 영활한 특성을 가지고 있다. 새로 출간된 잡지뿐만 아니라, 기존의 잡지들도 상황이 어려워져 현재 많은 잡지들은 2,000부 이하로 발간하기에 이르렀다.

이상과 같은 중국 조선족 잡지 출간의 전반적인 상황 속에서 『연변여성』을 살펴보도록 하자. 『연변여성』은 1983년에 창간되었으며 중국 조선족 여성의 대표 월간지로서 중국에서 유일하게 조선문으로 된 총서 형식의 여성잡지이다. 『연변여성』은 연변주부련회에서 주관하는 기관 잡지로서 그 출간은 시대적인 흐름 및 변동과 갈라놓을 수 없다. 1949년 새 중국이 창건된 이후 "여성은 반쪽 하늘"이라는 이념 속에서 여성들은 생산노동 및 사회 각 분야에서 남성들과 똑같이 사회적 역할을 수행해 왔으며 그 과정에서 여성들은 자연스럽게 사회에 진출함으로써 경제적 독립 및 사회적 가치를 실현하게 되었다. 1949년부터 1980년대 초까지 중국의 여성잡지들은 각급 부녀회에 속했고 정치선전물로서의 역할을 많이 행사했으며, 대표적인 여성잡지인 『중국부녀』는 내용상 국가의 수요에 부응하여 부녀들을 국가 정치와 경제 건설에 참여하도록 동원하고 여성노동모범이라는 영광스러운 형상들을 부각시키는 데 그 목적을 두었다.[189] 이 시기 연변에는 단독으로 발행하는 관련 여성잡지가 아직 출간되지 않았다. 그리고 1980년대 초반부터 1990년대 초기까지의 잡지들의 내용을 보면 주로 혼인, 가정에 관한 내용이 주를 이루었는데, 『연변여성』도 바로 중국의 전반적인 시대적 변화와 맥을 같이하면서 출간된 잡지라고 할 수 있다. 『연변여성』은 월간지로서 현재 매월 4,000부를 출판하며, 비용은 한 책에 8원이다. 서점에서 판매되기도 하고, 단체나 정부 기관 및 사업단위에서 직접 출판사에 연락하여 단체구매를 하기도 한다. 대부분 경우 편집부에서 우편비용을 부담하고 고객에게 우편으로 보내준다.

1983년 창간호에는 1978년 개혁개방 이후 여성들이 사상이

---

189) 류승기, 2005, 「사회변형과 여성잡지의 변천: 당대 중국 여성잡지 연구」, 북경사범대학 박사학위논문.

개방되고 이혼율이 증가하며 여성들의 인식이 다양하게 분화되고 있는 상황에 비추어, 「혁명의 붉은 꽃」, 「연애・혼인・가정」, 「법률과 도덕」, 「부부사이」, 「화목한 가정」, 「자녀교양」, 「산아제한과 우생」, 「주부수첩」, 「생활상식」, 「가정병원」, 「처녀들의 길동무」, 「생활고문」 등 20여 개 코너를 두었으며, 초기의 첫 번째 코너는 여성혁명가의 사적들이었다. 그리고 코너의 명칭은 약간씩 변동이 있긴 했으나, 여성의 혼인, 가정, 부부생활, 자녀교양, 여성예절 및 상식 등은 시종 잡지의 중요한 코너들이었다. 1985년도부터는 원래 64쪽이었던 지면을 85쪽으로 늘리고 잡지의 비용을 35전으로 정했다. 지면의 크기는 A4만 한 크기로 100쪽이 안 되는 일반 잡지의 두께라고 보면 되겠다.

1990년부터 코너의 종류가 절반으로 줄었으며 소설, 수필 등 문학작품의 비중이 증가했고, 사회문제, 인간관계 등 코너가 새로 설치되었다. 이러한 변화는 시장경제의 급속한 물결 속에서 전통사회에 존재하지 않았던 사회문제들이 생겨나기 시작하고 또 인간들의 관계가 갈수록 복잡해지고 소원해지는 사회적 환경과 맞물리는 것이라고 생각한다.

그리고 2000년대부터는 코너 종류가 전반적으로 변화하게 된다. 「이달의 화제」, 「혼인풍경선」, 「살며 생각하며」, 「사회일각」, 「무지개인생」,[190] 「대천세계」,[191] 「경종」, 「경제정보」, 「생활백과」, 「살아가는 이야기 응모」, 「인생교실」, 「소설」 등으로 재편되며, 여성들을 삶의 주체로 부각시켜 그들의 삶에 대한 이야

190) 가정 및 사회적 삶에서의 희로애락을 다루는 코너다.

191) 조선족 사회 나아가 중국 내지 세계에서 일어난 다양한 사건들을 다루는 코너다.

기나 현대사회에 걸맞은 차림새, 현대식 사랑에 관한 내용들이 많이 실리며 경제 정보에 관한 내용도 추가되었다. 이러한 잡지 내용의 변화 역시 개혁개방 이전의 고정관념에서 점차 벗어나 새로운 인식이 형성되고 있음을 보여주며, 다양한 인식들의 혼재 속에서 시대적 흐름에 발맞추어 나아간 표현이라고 할 수 있다.

2010년에 들어서 잡지 구성은 큰 변화를 보인다. 「행복비타민」, 「열점화제」, 「사회일각」, 「세상만사」, 「관찰과 사색」, 「생활의 뜨락」, 「인생ABC」, 「흘러간 세월」, 「혼인풍경선」[192] 등 고정코너로 재편된다. 이러한 고정 코너를 제외하고 매기마다 투고원고 내지 편집장의 선택에 의해 고정된 주제가 없이 「독서의 향기」, 「그대와 나누는 비밀」, 「내가 살던 고향」 등의 제목으로 된 다양한 주제의 글들이 실리게 된다. 2010년대를 살펴보면, 사회적 사실이나 문제 및 성찰에 대한 내용들이 많은 지면을 할애하고 '혼인'에 관한 내용은 가장 마지막 코너에 배치된다. 2000년대 여성을 삶의 주체, 사회적 구성원으로 부각시켜 그들의 삶에 대한 내용들이 많은 부분을 차지하던 데로부터 주체는 점점 축소되고 문제만 부각되는 양상을 보이고 있다.

『연변여성』의 표지에서부터도 잡지의 성격 변화들을 보아낼 수 있다.[193] 1983년 출간 당시부터 1984년까지는 한복 차림의 조선족 여성이나 아이 평복 차림, 환갑사진 등을 표지 사진으로 실었다.

192) 연애, 혼인, 가정생활에 대한 수기, 실화 및 이야기 등을 적은 난이다.

193) 이 글에 실린 『연변여성』의 표지는 모두 필자가 촬영한 것이다.

<그림 1> 『연변여성』 표지(1983년 3월호, 1984년 1월호, 1984년 4월호)

그러던 것이 1985년 4월호에는 조선족 여성이 아닌 현대식 차림을 한 한국 여성의 사진들이 등장하게 되며, 5월호에는 서양식 혼례복 차림을 한 조선족 여성 사진이 표지에 박히게 되고, 6월호에는 양복을 입은 조선족 여성 사진이 표지에 활용된다. 그리고 표지 뒷면에는 "맵시고운 봄가을 옷차림"이라는 제목으로 현대식 복장을 한 여성들이 등장한다. 이러한 변화 역시 소비사회로의 진입을 말해 주며 그 이후 각종 광고들이 앞표지 뒷면, 뒤표지에 나타나게 된다. 물론 매호마다 모두 현대적 특징을 띤 사진들이 활용되는 것은 아니지만 표지에 나타난 사진의 변화를 통해 어느 정도 잡지 성격 변화의 흐름을 파악할 수 있다. 그 이후로 한복을 입은 여성과 현대복장을 한 여성이 번갈아 표지에 등장하게 되며 1987년 3월호에는 나체로 된 여성의 동상 사진이 등장하게 되는데, 여기서도 잡지 편집부의 인식의 질적 변화를 읽어낼 수 있다고 생각한다.

<그림 2> 『연변여성』 표지(1985년 4월호, 1987년 3월호, 1990년 5월호)

1990년 4월까지는 광고모델로 여러 명의 사진을 함께 제시한 경우를 제외하고 대부분 한 명의 여성을 모델로 표지를 구성하던 것이, 1990년 5월에는 "연변복리실업공사의 여성들"이라는 제목으로 4명의 여성을 표지에 소개하였다. 이러한 변화로부터 표지사진을 선정함에 있어 단독여성을 모델로 하던 데로부터 사회적 영향이나 지위를 고려함으로써 잡지의 지명도를 높이고자 하는 의도를 파악할 수 있다. 1997년 7월부터는 표지에 부부 혹은 자녀 등 가족 단위로 등장하는 경우가 많아졌다. 2004년도까지 큰 변화를 보이지 않다가 2005년도에 와서 영화배우 성룡의 사진을 표지로 사용하게 된다. 이는 『연변여성』이 조선족이라는 민족적 울타리를 벗어나 세계화 흐름과 발걸음을 같이하고자 했다는 것을 표명한다. 이와 같은 사진들은 간혹 등장했고, 전반적으로 보면 그래도 조선족 여성 사진들로 표지를 구성하는 경우가 많았다.

<그림 3>『연변여성』 표지(1997년 4월호, 7월호, 2005년 12월호)

종합하면,『연변여성』은 1978년 개혁개방 이후 시대적 변화에 발맞추어 생겨난 시대적 산물로서 각 시기마다 사회와 여성들의 수요에 걸맞은 코너들로 그 내용들을 구성해 왔다. 그 가운데「오작교」란도 세계화, 국제화와 맥을 같이하면서 혼인매체가 부재하고 이혼율이 증가하는 사회적 상황에 부응하여 생겨난 코너라고 보는 것이 적합할 것이다.

<그림 4>는 1986년 1월에 투고된「오작교」란의 내용이다. 모두 6명의 투고자 내용으로 구성되었고 내용들을 종합 정리하면 다음과 같다. 투고자는 본인의 성별, 연령, 학력, 이혼 여부, 외모, 자녀, 건강, 소질, 직업, 학력 등을 제시한다. 배우자에 대해서는 일반적으로 배우자 소질, 자녀, 외모, 건강, 나이, 직업 등에 대한 요구사항을 포함한다. 이 글을 읽고 사귈 의향이 있는 사람들이 해당 주소로 편지를 보내든지 직접 찾아가든지 아니면 지인이나 친척을 통해 찾아갈 수 있도록 자기 주소를「오작교」에 적어 보냈다.

△ 제가 소개하는 처녀는 중등전문학교를 졸업하고 흑룡강성 어느 한 학교에서 교편을 잡고있습니다. 29주세된 처녀는 진취심이 강하여 기어코 공부를 하자다보니 종신대사가 늦어졌습니다. 인물은 수수하고 키가 1.56m이며 신체가 건강합니다. 처녀는 29~33세되는 총각으로서 중등전문학교이상의 학력을 가진 군관이나 교원, 기술인원가운데서 배우자를 찾으려 합니다. 사업을 착실하게 하고 부지런하며 처사에 막힘이 없고 정파다운 총각이라면 만이든 다른 지방이든 가리지 않고 고려해보려 합니다. 의향이 있는분은 黑龙江省五常县长山乡和平村洪部屯 张桂华앞으로 련계해주십시오.

△ 저는 올해 25세인데 연변의 어느 집에서 로동자로 일하다가 1984년부터 단위에 적을 두고 집에서 기름개구리를 기르는 총각입니다. 우리 집은 기름개구리를 기르는 전업호입니다. 초중문화정도에 인물이 수수하고 키는 1.72m이며 신체가 건강합니다. 마음이 곱고 온순한 축이지만 무슨 일을 시작하면 꼭 하고야마는 성미입니다. 집에는 부모와 동생들이 있는데 제가 맏이입니다.

저는 보통키에 인물이 수수하고 초중문화정도를 갖춘 21살좌우의 처녀를 배우자로 맞고싶습니다. 마음씨 곱고 시부모를 모실만큼 착실한 처녀라면 직업이 없어도 고려해보겠습니다. 의향이 있는분은 和龙县八家子林业局腰团林场 金东日앞으로 련계해주십시오. 과분한 요구인것 같지만 사진까지 함께 보내준다면 더욱 고맙겠습니다

△ 우리 현 어느 향소재지에는 올해 36주세된 로처녀가 있습니다. 키는 1.60m이고 인물이 괜찮고 마음씨가 착합니다. 고중을 졸업하고 대대에 내려가 농업로동을 하던중 22살부터 심한 관절염에 걸려 앓다보니 종신대사가 늦어졌습니다. 병을 치료한후 재단기술을 자습하여 지금은 개체복장점을 경영하는데 수입도 괜찮습니다. 지금은 친정어머니와 같이 있는데 가정기물도 다 갖췄습니다.

처녀는 자기가 나이 많으므로 40살좌우의 남성으로서 몸이 튼튼하고 마음씨 곱고 똑똑하기만 하면 장가를 갔던 사람이나 아이가 있는 사람이나 운이 경한 불구거나 문화정도같은것을 크게 따지지 않고 함께 정답게 살아가려 합니다. 농촌호구거나 고정된 수입이 없는 사람이라도 안해를 사랑해주고 안해가 하는 일을 뒤시중해줄만한 사람이면 고려해보겠답니다. 의향이 있는분은 화룡현 부련회사무실에 련계해주십시오.

△ 저는 올해 28세인데 키는 1.65m이고 인물은 수수하고 신체는 건강합니다. 연변지구의 한 철도에서 기술로동자로 일하는데 한달의 기본로임은 59원이나 여러가지 부수입으로 한 110원가량 받습니다. 집에는 부모가 계시고 남동생 둘, 녀동생 하나 있습니다. 동생들은 모두 일하고있습니다. 맏이인 저는 보통키에 인물이 수수하고 신체가 건강하며 부모를 모실만한 수양이 있는 국영단위의 처녀를 배우자로 맞고싶습니다. 의향이 있는분은 吉林省龙井县朝鲜族民俗博物馆 崔峰和앞으로 련계해주십시오.

△ 저는 어느 시 교외에 있는 농민총각입니다. 나이는 26주세이고 인물이 수수하고 키는 1.71m이며 신체가 건강합니다. 고중을 졸업하고 몇년간 생산대의 출납사업을 했으며 미장공, 목공, 전공기술도 있습니다. 일찍 개체식당을 꾸렸다가 지금은 목기공장영업을 합니다. 누님들이 다 출가하다보니 집에는 어머니와 단 둘이 살고있습니다. 저는 초중문화정도에 인물이 괜찮고 키가 1.58m되며 어머니를 잘 모실만큼 마음씨 고운 농촌처녀를 배우자로 맞고싶습니다. 의향이 있는분은 安图县永庆乡勇进村一队에 있는 저의 친구 黄继峰앞으로 련계해주십시오. 사진까지 함께 보내주신다면 더욱 고맙겠습니다.

△ 저는 올해 30주세되는 산골 로총각입니다. 초중문화정도에 인물이 수수하고 키는 1.63m입니다. 남들은 저를 마음씨 곱고 부지런하다고들 합니다. 두 형님과 누님이 가정을 이루다보니 집에는 부모와 남동생이 있습니다. 《문화대혁명》시기에 둘째형님이 억울한 루명을 쓰게 되여 여러해 감옥살이를 했는데 제가 형님을 기다리려 했으므로 약혼녀는 다른데로 가야 했습니다. 전 이미 살림집도 다 마련해놓았습니다. 배우자에 대한 저의 요구는 키가 1.57m좌우이고 인물이 괜찮고 말수가 적고 농촌일도 꺼리지 않는 처녀로서 부지런하고 가정살림을 알뜰하게 할수 있으면 됩니다. 의향이 있는분은 龙井县开山屯镇菜社六队 金春元앞으로 련계해주십시오.

알립니다: 지금까지 《오작교》전문란을 리용하시는분들가운데 자기의 주소, 성명을 밝히기 저어하여 편집부에서 련계해줄것을 요구하는분들이 있었습니다. 지금 우리 잡지사의 편집인원이 적은 형편에서 눈꽃처럼 날아드는 꽃편지를 미처 당사자에게 전해드리기 어려운 곤난에 부딪쳤습니다. 하여 우리 편집부에서는 더 련계해드리지 않기로 결정지었으므로 이제부터 《오작교》를 리용하시는분들은 친척이나 친구가운데서 련계인을 찾아 적어보내기 바랍니다.

<그림 4> 1986년 1월호 「오작교」란

이와 같이 혼인을 목적으로 또 「오작교」를 통해 대상자를 찾고자 사람들은 남녀를 불문하고 「오작교」에 본인 정보과 주소

를 보낸다. 그리고 당사자들은 자신에게 연락을 취하는 의향 있는 자들을 기다리거나 또는 「오작교」에 실린 정보를 보고 마음에 드는 대상자에게 편지를 쓰거나 직접 찾아가는 방식으로 연락을 취한다. <그림 4>의 맨 아래 오른쪽 편집부의 알림 부분에서 보듯이, 자신의 신분을 밝히기를 꺼려하는 투고자들에 대해서는 초기에 편집부에서 서로를 연계해 주었으나, 편집부 인원이 적고 또 투고자가 점점 늘어나자 편집부에서는 연계인이 될 친척이나 친구의 주소를 적어 보내도록 요구하였다.

1986년 「오작교」 내용을 보면, 당시 투고자들은 본인 상황과 배우자 요구에 대해 구체적으로 서술하여 「오작교」란에 투고하였음을 알 수 있다(<그림 4>). 그러나 「오작교」가 설치된 마지막 해인 2011년의 「오작교」 내용을 보면 대단히 간략하다(<그림 5>). 본인에 대해서는 연령, 키, 혼인 여부, 직장, 소질에 대해서 간략히 제시했고, 배우자에 대한 요구도 역시 나이, 키, 학력, 소질, 직장, 지역 등에 대해서 간략하게 제기했으며, 핸드폰으로 직접 연락을 취하도록 연락처와 통화 시간을 상세히 적어 보냈다.

오작교

연길시 주급사업단위에서 근무하고있는 녀성

녀: 49세. 키: 1.60메터. 미혼. 대학학력. 연길시 주급사업단위에 근무. 단정하고 밝은 성격. 종합소질이 비교적 우수한 녀성.

요구: 49-55세. 키: 1.65메터 이상. 대학학력. 건강하고 성숙된 책임성이 강한 우수한 남성. 재직 공무원 또는 국가사업단위의 남성을 고려함(지방을 가리지 않음).

전화: (0086) 15043332106 (저녁7-9시 련락 가능)

<그림 5> 2011년 1월호 「오작교」란

「오작교」는 2011년 6월까지 운영되다가 그 이후에는 없어지게 된다. 1992년 한중수교 이후 한중 국제결혼이 증가하게 되는데, 국제결혼 중매는 혼인소개소에서 많이 이루어지며 또 친척, 친구, 지인, 중매인에 의해 이루어지기도 한다. 당시 국제결혼 중매를 대상으로 하는 혼인소개소가 많이 생기게 되는데, 일부 소개소는 허가도 받지 않고 국제결혼 소개 업무를 대대적으로 진행했다. 예를 들어 연길시 북산혼인 소개소는 혼인소개 허가증이 없는 상황에서 국제결혼 중매를 진행했고, 한국독자기업인 한국동북교역회사 연변주재사무소와 중한합자명의를 띤 한중상사에서도 자신들의 실무와는 관계없는 국제결혼소개 실무를 진행했으며, 한국동북교역회사 연변주재사무소에서는 중국의 결혼 증서를 얻어 사사로이 새긴 공인으로 가짜 결혼증서를 만들어 한국의 청혼자들에게 고가로 파는 등 방식으로 국제결혼 중매 교역을 진행하였다(이승매, 1994: 209).[194] 2000년대 이후에는 인터넷 혼인중매 등 다양한 매체가 생겨나게 되었다.

2) 연구방법: 텍스트 마이닝

본 연구는 관련 데이터를 '수집-정제-분석-결과' 해석하는 4단계로 구분해 진행했으며, 이를 도식화하면 아래와 같다.

---

194) 이승매, 1994, 「연변조선족여성들의 섭외혼인문제에 관하여」, 『여성연구』1, 연변대학출판사, 209쪽.

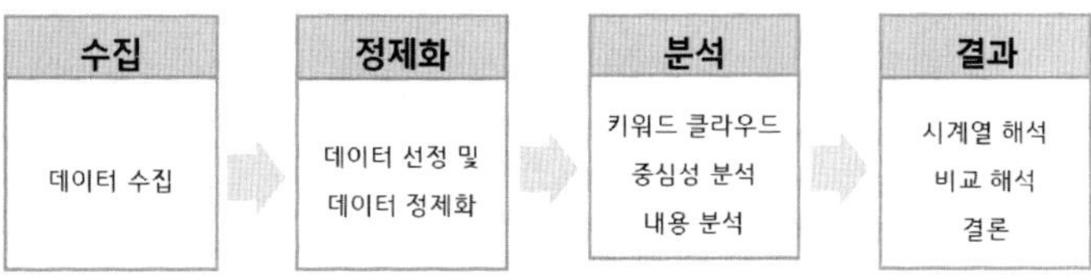

<그림 6> 연구 진행 단계

본 연구는 『연변여성』 잡지의 「오작교」란에 1985년에서 2011년까지 총 989명이 보낸 자료 가운데, 308명의 여성이 보낸 자료를 대상으로 한 것이다. <그림 4>와 <그림 5>에서 보듯이, 자료는 크게 본인 소개와 원하는 배우자상에 대한 정보로 구분된다. 본인 소개는 연령, 생년월일, 학력, 이혼 여부, 외모, 자녀, 건강, 소질, 직업으로 구분되어 있다. 원하는 배우자상은 학력, 소질, 자녀, 외모, 건강, 나이, 직업으로 구분되어 있다.

특히 배우자상 관련 데이터는 308명의 여성이 자신들의 배우자를 찾기 위한 진솔한 내용들을 담고 있다. 이와 같이 본인의 절실한 필요에 의해 생산된 데이터는 매우 귀중한데, 그 이유는 데이터가 많아서가 아니라 그들의 솔직한 생각을 파악할 수 있기 때문이다. 이를 통해 조사 대상 샘플링과 조사 질문에 따른 왜곡된 결론이 발생하기 쉬운 통계 분석의 한계를 보완할 수 있다.

본 연구는 308명의 여성이 보낸 자료를 이미지 파일로 수집하였다. 자료는 엑셀을 활용해 본인 소개와 배우자 정보로 구분하여 속성별 정보 테이블을 생성하였다. 특히 텍스트 분석의 자연어 처리를 고려하여 배우자 선택에 대해 자유롭게 기술한 내용을 핵심적인 키워드나 구문으로 텍스트화하는 정제 작업을 진행했다. 텍스트 마이닝은 비정형 데이터라 불리는 텍스트 형태를 자연어 처리 과정을 거쳐 비정형 데이터에서 특정 키워드나 문맥을 바탕으로 의미 있는 정보를 추출하는 분석기법이다.

본 연구는 텍스트 내 어떤 키워드가 동시 출현을 많이 했고, 그러한 키워드 간에 형성한 의미구조는 무엇인지를 파악하는 것이다. 즉 텍스트의 의미를 해석하는 데 그 목적이 있으므로 '연결정도 중심성(Degree Centrality)'을 살펴보았다. 중심성은[195] 네트워크에서 가장 중요한 노드를 파악하는 것으로 그 가운데 연결정도 중심성은 많은 링크 수를 가지는 노드(키워드)를 파악하는 것이다. 또한 키워드 연결망 분석의 다양한 알고리즘 가운데 키워드 간 형성된 직접적인 관계에 기반한 'Inner Product'를 활용했다. 이는 두 키워드가 논문에 나타난 횟수를 0 이상의 정수로 나타나는 방법이다.[196] 본 연구는 이상의 분석을 진행하기 위해 넷마이너(NetMiner) 프로그램을 사용했다.[197]

본 연구는 이들 여성의 개인속성(학력, 연령)에 따라 그들이 어떠한 배우자관(소질)을 가지고 있는지 분석한다. 연도별 분포도는 아래와 같다.

195) 중심성은 말 그대로 전체 연결망에서 중앙에 위치한 정도를 말하는 것으로, 한 노드에서 다른 노드와 얼마나 많이 연결되었는지 '연결 수'를 측정하는 연결정도 중심성, 다른 노드와의 '인접성'을 측정하는 인접 중심성, 한 노드가 다른 노드들 '사이에' 위치하는 정도를 측정하는 사이 중심성, 연결된 노드의 중요성에 가중치를 두는 위세 중심성 등이 있다(김용학 외, 2016).

196) 보다 상세한 연구방법론은 Wasserman & Faust(2009)를 참고하면 된다.

197) 사이람(주)에서 개발한 사회연결망분석 소프트웨어인 넷마이너는 UCINET과 KrackPlot의 장점을 통합시킨 프로그램으로 한국어 처리를 비교적 잘 진행할 수 있다(김용학, 2007).

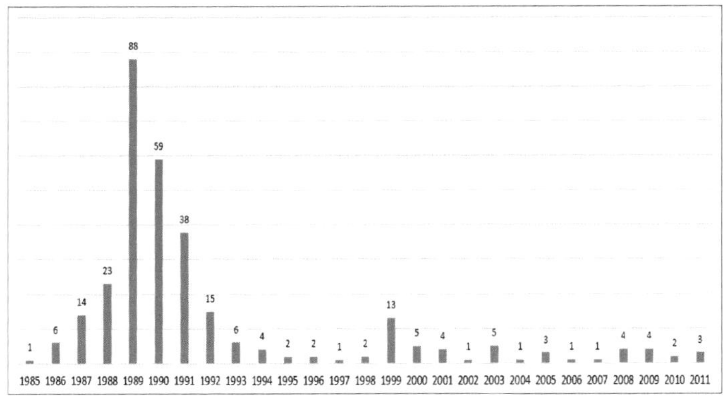

<그림 7> 연도별 분포도

1985년 1편에서 1989년 88편으로 급증하다 1997년까지 지속적으로 급감하는 추세를 보이고 있다. 이후 1999년 13편까지 증가했다가 미미한 수준으로 줄어들고 있음을 확인할 수 있다. 1980년대 후반부터 1990년대 초반까지 집중적으로 분포되어 있음을 확인할 수 있다. 이는 비록 혼인중매는 친인척, 친구를 통해 많이 진행되지만, 공식적인 혼인중매소가 부재했던 상황에서 「오작교」가 공식적인 매체로 거의 유일했기에 초기에 「오작교」에 투고한 사람들이 많았을 것으로 추정된다. 하지만 한중수교 이후 국제결혼, 위장결혼 등 방식을 통해 한국, 일본 등 국외로 이주하는 조선족 여성들이 급증했고 또 혼인소개소, 인터넷 등 매체가 생기면서 「오작교」 활용도가 떨어지고 2011년 이후에는 완전히 없어지게 되었다.

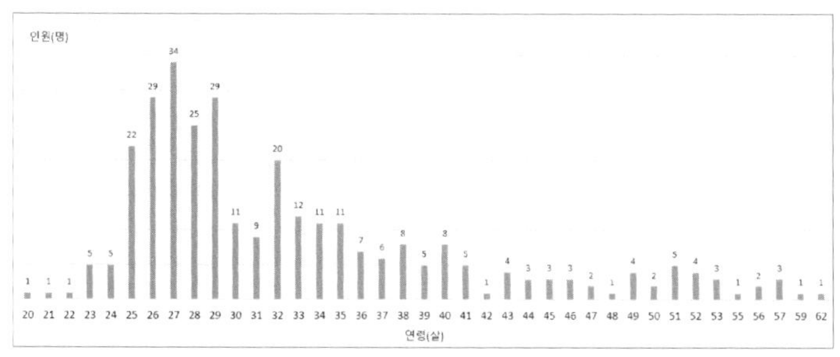

<그림 8> 연령별 분포도

여성 총 308명의 연령별 분포도는 위와 같다. 20살에서부터 62살까지 분포했다. 연령대를 살펴보면, 20대 152명(49%), 30대 100명(32%), 40대 34명(11%), 50대 21명(7%), 60대 1명으로 나타났다. 20대가 49%로 절반 정도를 차지했고, 30대 32%, 40대 11%, 50대 7% 순으로 나타났다. 20, 30대가 81%로 상당수를 차지하고 있음을 확인할 수 있다.

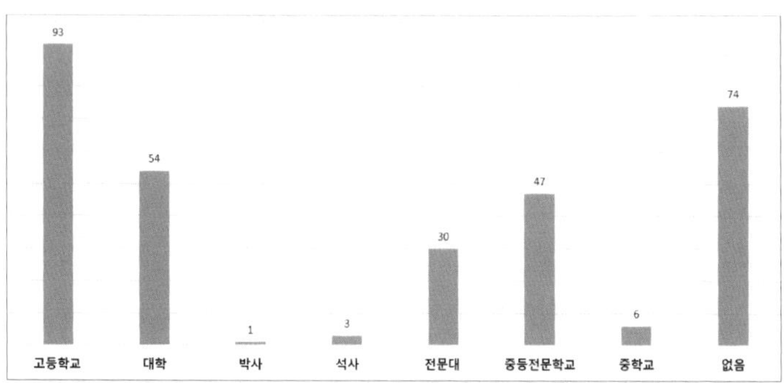

<그림 9> 학력별 분포도

308명 가운데, 학력 정보를 알 수 없는 74명을 제외한 234명의 학력별 분포를 살펴보면 위와 같다. 고등학교 93명(40%), 대학 54명(23%), 중등전문학교[198] 47명(20%), 전문대 30명(13%), 중학교 6명(3%), 석박사 4명(2%) 순으로 나타났다. 중등전문학교와 중고등학교를 합치면 63%로 가장 많았고, 대학과 석박사 학력이 25%, 전문대 3%로 나타났다.

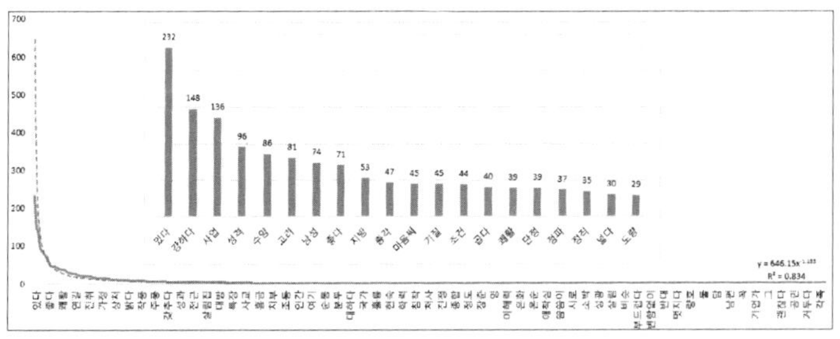

<그림 10> 전체 키워드 & 상위 20위 키워드 분포도

308명의 여성이 배우자 소질에 대해 작성한 텍스트를 분석 대상으로 자연어 처리를 진행했다. 명사, 동사, 형용사 등 모든 품사를 포함해 자연어 처리한 결과 425개의 키워드가 등장했다. 이들 키워드는 총 2,621번 출현했다. 텍스트와 같은 비정형 데이터 속의 키워드 분포는 매우 빈번하게 사용되는 소수의 키워드와 거의 사용되지 않는 대다수의 키워드가 분포되는 멱함수 분포라는 통계적 패턴을 보인다(Zipf, 1949; Newman, 2005). 상위 20위 키워드를 살펴보면, '있다' 232번, '강하다' 148번,

198) 중등전문학교란 전업기술을 전수하는 전문고등학교를 말한다.

‘사업’ 136번, ‘성격’ 96번, ‘수양’ 86번 등의 순으로 분포되어 있다.

3. 조선족 여성 배우자 선택관 변화 양상

308명 조선족 여성의 배우자 선택관을 살펴본 후 20대, 30대, 40대, 50대(62살 포함) 연령대별 배우자 소질 방면에서의 선택관을 비교 분석한다. 아래는 308명 여성 전체의 배우자 선택관을 살펴보기 위해 키워드별 연결정도 중심성 값을 토대로 작성된 상위 키워드 연결망 분석도이다.[199]

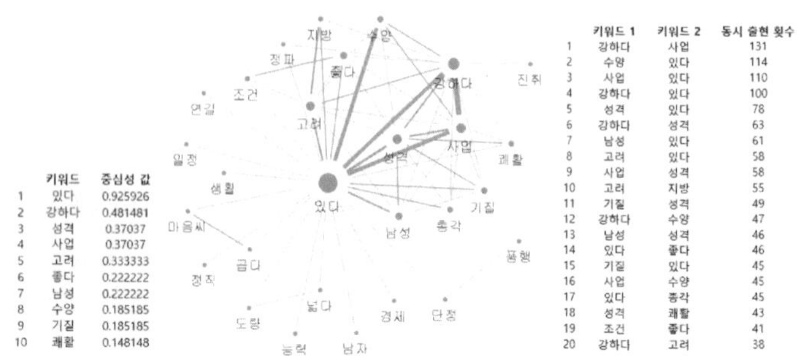

	키워드	중심성 값
1	있다	0.925926
2	강하다	0.481481
3	성격	0.37037
4	사업	0.37037
5	고려	0.333333
6	좋다	0.222222
7	남성	0.222222
8	수양	0.185185
9	기질	0.185185
10	쾌활	0.148148

	키워드 1	키워드 2	동시 출현 횟수
1	강하다	사업	131
2	수양	있다	114
3	사업	있다	110
4	강하다	있다	100
5	성격	있다	78
6	강하다	성격	63
7	남성	있다	61
8	고려	있다	58
9	사업	성격	58
10	고려	지방	55
11	기질	성격	49
12	강하다	수양	47
13	남성	성격	46
14	있다	좋다	46
15	기질	있다	45
16	사업	수양	45
17	있다	총각	45
18	성격	쾌활	43
19	조건	좋다	41
20	강하다	고려	38

<그림 11> 상위 키워드 연결망 분석도 및 관련 데이터(전체)

위의 연결망 분석도를 살펴보면, 키워드 빈도수가 아닌 연결정도가 높은 키워드가 큰 원으로 표시된다. 위 그림의 왼쪽 키

199) 본 연구는 전체 키워드 가운데 키워드 간 링크 수가 많은 키워드 의미구조를 분석하기 위해 ‘링크 리덕션(link reduction)’ 기능을 활용했다. 즉 의미구조를 보다 명확히 도식화하기 위해 링크 수가 작은 키워드를 줄여 나가는 방식을 활용했다.

워드 중심성 값을 보면, ‘있다’라는 키워드가 그 값이 가장 크고, ‘강하다’, ‘성격’, ‘사업’ 등의 순으로 분포되어 있다. ‘있다’라는 키워드의 경우 빈도수도 232번으로 가장 많지만, 다른 키워드와의 연결정도도 가장 크다고 할 수 있다. 한편, 키워드 간 동시출현 횟수가 많을수록 키워드 간 연결선이 굵게 표시된다. 위 그림의 오른쪽 키워드 동시출현 분포도를 살펴보면, ‘사업’과 ‘강하다’의 동시출현 횟수가 131번으로 가장 많다. 그다음으로 ‘수양-있다’ 114번, ‘사업-있다’ 110번, ‘강하다-있다’ 100번 등의 순으로 분포되어 있음을 확인할 수 있다.

‘있다’, ‘강하다’, ‘수양’, ‘성격’, ‘사업’ 등 주요 키워드 간 연결 관계의 의미를 보다 정확하고 구체적으로 파악하기 위해 원문(Original Text) 내용분석을 진행했다.[200] 즉 해당 키워드들이 모두 포함(노란색 음영으로 표시)된 일부 원문을 아래 그림과 같이 도출했다.

Original Text	Document Info
사업심이 강함,수양이있음,정파다움마음씨고움,성격이 쾌활함,총각,지방을 고려하지 않음,룡정시면 더욱좋음	Document11
성격이 쾌활함,너그러움,수양이있음,유모아적,남성다운 기질과 성격,사업심이 강함	Document58
수양이있음,사업심이강함,성격이쾌활함,정파다움,독립성이 강함,연길시 총각,조건이좋으면 외지분도 고려함	Document72
수양이 있음,정파다움,사업심이 강함,남자다운 성격과 기질이 있음,연길시 총각	Document76
수양이 있음,정직함,너그러움,사업심이 강함,남자다운 성격과 기질이 있음	Document105
사업심이 강함,정직함,성격이 쾌활함 수양있음 룡정시나 연길시의 총각	Document127
사업심이 강함,정직함,성격이 쾌활함,수양이 있음,총각,조건이 좋으면 결혼한적있는 남성도 됨	Document129
사업심이 강함,수양이있음,남성다운 기질과 성격	Document178
수양이있음,정직함,사업심이 강함,기정에 충직함,성격이 쾌활함,똑똑함,경제능력이 강함	Document194

<그림 12> 주요 키워드 원문 내용분석

200) 본 연구의 자연어 처리는 한국어 사전을 기반으로 한 것이기 때문에, ‘사업심’과 같은 조선족이 흔히 사용하는 단어들을 제대로 분석하는 데는 한계가 있었다. 따라서 원문 내용분석을 통해 특정 키워드에 대한 보다 정확하고 구체적인 의미를 파악하고자 했다. 지면 관계로 연령대별 주요 키워드 원문 내용분석은 별도로 도식화하지 않았다.

이상의 원문 내용을 토대로 조선족 여성들은 '사업심이 강함', '수양이 있음', '사업 있음', '성격 있음' 순으로 배우자를 선택하고 있음을 확인할 수 있다. '사업심이 강함'과 '사업 있음'은 그 의미에서 다소 차이가 있다. 전자는 사업 의지가 강하고 사업 능력이 뛰어나다는 것을 의미한다면, 후자는 크고 작든 본인 사업이 있다는 것을 의미한다. 이러한 배우자 선택관이 연령대별로 어떻게 나타나고 있는지 살펴보자. 20대 여성 152명의 배우자 선택관은 아래와 같다.

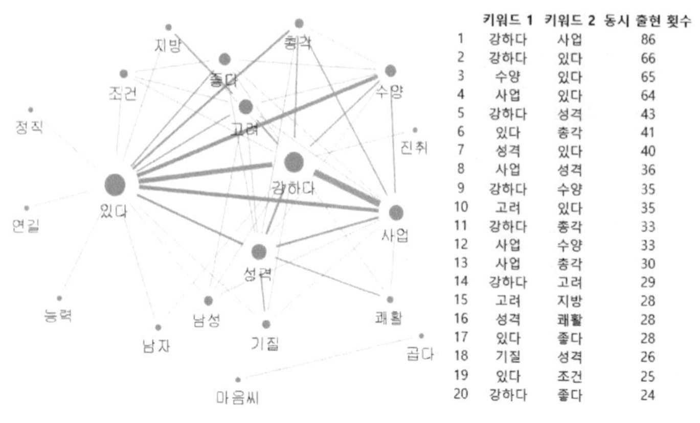

	키워드 1	키워드 2	동시 출현 횟수
1	강하다	사업	86
2	강하다	있다	66
3	수양	있다	65
4	사업	있다	64
5	강하다	성격	43
6	있다	총각	41
7	성격	있다	40
8	사업	성격	36
9	강하다	수양	35
10	고려	있다	35
11	강하다	총각	33
12	사업	수양	33
13	사업	총각	30
14	강하다	고려	29
15	고려	지방	28
16	성격	쾌활	28
17	있다	좋다	28
18	기질	성격	26
19	있다	조건	25
20	강하다	좋다	24

<그림 13> 20대 여성 배우자 선택관

주요 키워드 동시출현 횟수를 살펴보면, '사업-강하다' 86회, '강하다-있다' 66회, '수양-있다' 65회, '사업-있다' 64회, '성격-강하다' 43회 등의 순으로 나타났다. 이러한 주요 키워드를 포함한 원문 내용분석을 통해 20대 여성은 사업심 강한 사람 > 수양 있는 사람 > 사업 있는 사람 > 성격 강한 사람 순으로 선

호하고 있음을 확인할 수 있었다. 30대 여성 100명의 배우자 선택관은 아래와 같다.

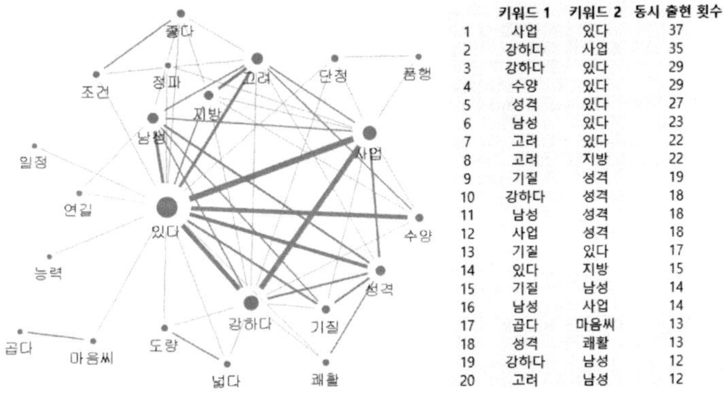

	키워드 1	키워드 2	동시 출현 횟수
1	사업	있다	37
2	강하다	사업	35
3	강하다	있다	29
4	수양	있다	29
5	성격	있다	27
6	남성	있다	23
7	고려	있다	22
8	고려	지방	22
9	기질	성격	19
10	강하다	성격	18
11	남성	성격	18
12	사업	성격	18
13	기질	있다	17
14	있다	지방	15
15	기질	남성	14
16	남성	사업	14
17	곱다	마음씨	13
18	성격	쾌활	13
19	강하다	남성	12
20	고려	남성	12

<그림 14> 30대 여성 배우자 선택관

주요 키워드 동시출현 횟수를 살펴보면, '사업-있다' 37회, '사업-강하다' 35회, '강하다-있다' 29회, '수양-있다' 29회, '성격-있다' 27회 등의 순으로 나타났다. 이러한 주요 키워드를 포함한 원문 내용분석을 통해 30대 여성은 사업 있는 사람 > 사업심 강한 사람 > 수양 있는 사람 > 성격 있는 사람 순으로 선호하고 있음을 확인할 수 있었다. 40대 여성 34명의 배우자 선택관은 아래와 같다.

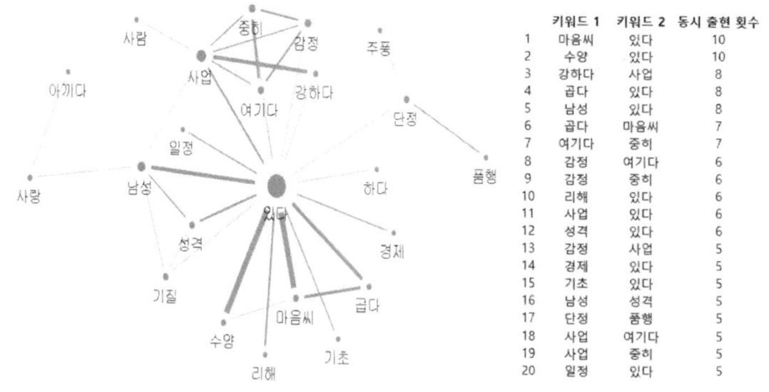

	키워드 1	키워드 2	동시 출현 횟수
1	마음씨	있다	10
2	수양	있다	10
3	강하다	사업	8
4	곱다	있다	8
5	남성	있다	8
6	곱다	마음씨	7
7	여기다	중히	7
8	감정	여기다	6
9	감정	중히	6
10	리해	있다	6
11	사업	있다	6
12	성격	있다	6
13	감정	사업	5
14	경제	있다	5
15	기초	있다	5
16	남성	성격	5
17	단정	품행	5
18	사업	여기다	5
19	사업	중히	5
20	일정	있다	5

<그림 15> 40대 여성 배우자 선택관

주요 키워드 동시 출현 횟수를 살펴보면, '마음씨-있다' 10회, '수양-있다' 10회, '사업-강하다' 8회, '있다-곱다' 8회, '남성-있다' 8회, '마음씨-곱다' 7회 등의 순으로 나타났다. 이러한 주요 키워드를 포함한 원문 내용분석을 통해 40대 여성은 마음씨 고운 사람 > 수양 있는 사람 > 사업심 강한 사람 등의 순으로 선호하고 있음을 확인할 수 있었다. 50대 여성 22명(62살 포함)의 배우자 선택관은 아래와 같다.

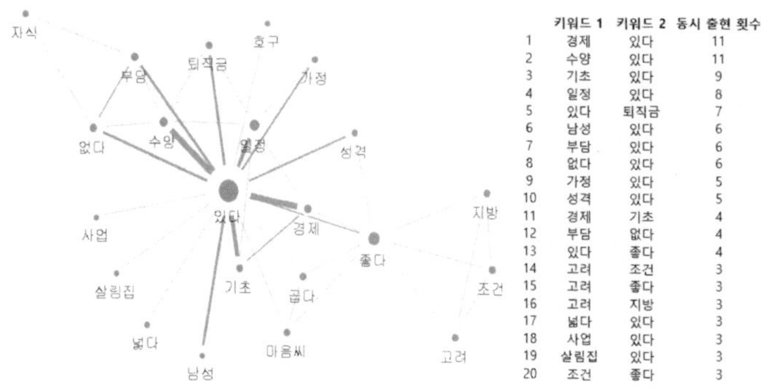

	키워드 1	키워드 2	동시 출현 횟수
1	경제	있다	11
2	수양	있다	11
3	기초	있다	9
4	일정	있다	8
5	있다	퇴직금	7
6	남성	있다	6
7	부담	있다	6
8	없다	있다	6
9	가정	있다	5
10	성격	있다	5
11	경제	기초	4
12	부담	없다	4
13	있다	좋다	4
14	고려	조건	3
15	고려	좋다	3
16	고려	지방	3
17	넓다	있다	3
18	사업	있다	3
19	살림집	있다	3
20	조건	좋다	3

<그림 16> 50대 여성 배우자 선택관

주요 키워드 동시 출현 횟수를 살펴보면, ‘경제-있다’ 11회, ‘수양-있다’ 11회, ‘기초-있다’ 9회, ‘일정-있다’ 8회, ‘퇴직금-있다’ 7회 등의 순으로 나타났다. 이러한 주요 키워드를 포함한 원문 내용분석을 통해 50대 여성은 경제 기초 있는 사람 > 수양 있는 사람 > 퇴직금 있는 사람 등의 순으로 선호하고 있음을 확인할 수 있었다.

아래 <표 2>에서 보면, 연령대별로 뚜렷한 차이가 있음을 확인할 수 있다. 20대의 경우, 사업심 > 수양 > 성격 순으로, 30대의 경우, 사업 > 사업심 > 수양 순으로, 40대의 경우, 마음씨 > 수양 > 사업심 순으로, 50대의 경우 경제 기초 > 수양 > 퇴직금 순으로 꼽았다. 30대가 사업을 가장 중요한 덕목으로 꼽았고, 20대의 경우 사업과 수양을 함께 고려했다. 40대의 경우 사업도 중요하지만, 마음씨와 수양을 제일 중요한 덕목으로 꼽았다. 50대의 경우 경제기초와 퇴직금을 중요시했고, 수양 덕목도 고려했다.

<표 2> 연령대별 배우자관 비교표

연령대	배우자관
20대	**사업심이** 강한 사람 > **수양** 있는 사람 > **성격** 강한 사람 등의 순
30대	**사업** 있는 사람 > **사업심이** 강한 사람 > **수양** 있는 사람 등의 순
40대	**마음씨 고운** 사람 > **수양** 있는 사람 > **사업심이** 강한 사람 등의 순
50대	**경제 기초** 있는 사람 > **수양** 있는 사람 > **퇴직금** 있는 사람 등의 순

이러한 배우자 자질 덕목에 대해 학력 요인이 어떠한 영향을 끼치는지 살펴보고자 한다. 우선 학력별 배우자관 키워드 클라우드를 비교 분석해 보면 아래와 같다. 워드 클라우드(Word

Cloud)는 단어 중요성에 따른 글자 크기로 중요한 단어를 한눈에 파악할 수 있는 시각화 방법이다. 아래 학력별로 배우자 선택의 기준이 되는 주요 키워드의 차이를 시각적으로 파악할 수 있다.

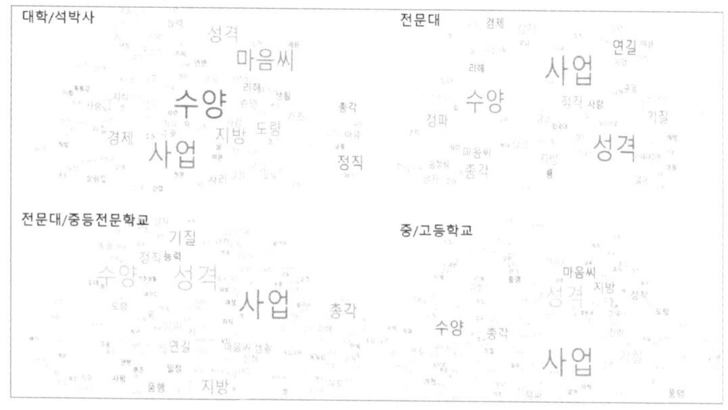

<그림 17> 학력별 배우자관 키워드 클라우드

학력별 배우자관을 상위 키워드 분포도를 통해 비교 분석했다. 자질별 순위를 비교할 목적으로 명사형 키워드만을 포함했다. 전체적으로 사업을 중요한 덕목으로 꼽았지만, 대학/석박사와 같이 고학력자의 경우 수양을 가장 중요한 덕목으로 꼽았다. 그 외 학력의 경우 사업을 가장 중요한 덕목으로 꼽았다. 또한 고학력자의 경우 마음씨 덕목이 다른 학력에 비해 상위의 중요한 덕목으로 꼽았다(<표 3>).[201]

201) 표에서 호구는 도시호구가 있는 사람을 가리키고, '정파(正派)'는 품행이나 정직하고 엄숙하며 공명정대한 품격을 말한다.

<표 3> 학력별 배우자관 비교표

대학/석박사		전문대		고등/중학		중등전문학교		없음	
수양	17	**사업**	15	**사업**	53	**사업**	16	**사업**	36
사업	16	***성격***	13	***성격***	37	***성격***	14	***성격***	23
마음씨	12	**수양**	11	**수양**	23	**수양**	12	**수양**	22
지방	9	총각	6	기질	19	지방	10	지방	14
성격	9	연길	6	*마음씨*	17	기질	9	정파	14
정직	7	정파	5	총각	15	총각	8	총각	12
도량	7	정직	5	지방	15	품행	6	도량	10
경제	7	기질	5	정직	11	생활	6	연길	9
총명	4	지방	4	정파	10	미혼	6	생활	9
총각	4	상처	4	진취	8	진취	5	*마음씨*	9
정파	4	*마음씨*	4	품행	7	정직	5	기질	9
사리	4	경제	4	연길	6	도량	5	품행	8
리해	4	일정	3	도량	6	능력	5	정직	8
기초	4	사랑	3	능력	6	유모	4	사랑	6
품행	3	이해	3	감정	6	연길	4	능력	6
지식	3	남자	3	사랑	5	정파	3	남자	6
주풍	3	호구	3	미혼	5	아적	3	일정	5
일정	3	토대	2	경제	5	*마음씨*	3	유모	5
생활	3	총명	2	가정	5	도문	3	아적	5
사랑	3	정시	2	총명	4	경제	3	아이	5

그렇다면, 연령대별 조선족 여성들의 배우자 선택관의 변화에서 나타나는 조선족 여성들의 전통적인 성별분업 지향의 원인을 중국 사회와 연변 조선족 사회의 역사적 변화 속에서 살펴보고자 한다.

4. 개혁개방 이후 조선족 여성 배우자 선택관 변화의 배경

이 절에서는 조선족 여성들의 결혼 여부에 대한 조사에서

"남성은 직업을 갖고 여성은 가사를 돌보는 것이 바람직하다"는 결과와 앞서 제시한 결과, 즉 조선족 여성들의 배우자 선택관이 사업심이 강한 남자, 사업이 있는 남자를 선호하게 된 현상을 결부시켜 이러한 변화를 조선족 여성들의 전통적인 성별 분업 지향의 '역행'으로 가정하고 그러한 양상을 중국 사회와 연변 조선족 사회의 역사적 변화 속에서 분석해 보고자 한다.

"남성은 직업을 갖고 여성은 가사를 돌보는 것이 바람직하다"는 설문 항은 여성은 직장을 가지지 않고 집에서 가사를 돌보며 남성이 벌어온 돈으로 가정을 영위하는 것을 선호한다는 뜻으로 인식할 수 있다.

그렇다면, 개혁개방 이후 경제적으로 독립함으로써 사회적 지위를 실현하려는 여성들이 증가하는 가운데서 왜 이러한 인식 변화가 생겼을까. 무엇보다도 먼저 사회적으로 진출하는 경로로서의 취업의 양상에 대해 살펴볼 필요가 있다.

조선족 집중거주지역인 연변조선족자치주를 예로 들자면, 당시 여성의 취업은 다음과 같은 양상들을 띠었다. 무엇보다도 여성들의 취직률이 높았다. 1992년 당시 연변조선족자치주의 여성인구는 1,045,092명으로서, 그중 18-56세까지 노동연령에 속하는 여성 수가 61만 명을 차지하며, 취업여성은 46만 명으로 여성 취업률은 75.76%에 달했다.[202] 다음으로, 향진여성노동자의 비율이 높았다.[203] 연변자치주 전체 여성 종업원 수 259,449명 중 향진여성노동자는 56.7%를 차지하여, 연변에서 비농업에 종

---

202) 림금숙, 1994, 「연변 여성취업의 현황」, 『여성연구』1, 연변대학출판사, 98쪽.

203) 향진(乡镇)은 중국의 최하부 행정단위로서 한편으로는 도시와 인접해 있고 다른 한편으로는 농촌과 연결되어 경제적으로 중요한 역할을 하고 있다.

사하는 비율이 전국 평균 비율에 비하여 높다. 그다음으로 여성 노동자의 대부분이 농업, 공업 등 중노동, 저지능 노동에 종사하고 있다. 연변여성노동자 업종구성을 보면, 1차 산업인 농업, 임업, 목축업, 어업에 종사하는 여성 노동자는 46.39%를 차지하고, 2차 산업인 공업, 지질업, 건축업에 종사하는 여성 노동자는 34.3%를 차지하며, 3차 산업에 종사하는 여성 노동자는 20%를 차지한다. 넷째, 연변공업의 불경기로 여성 취업은 위기를 맞이하게 되었다. 마지막으로 제3산업 가운데서도 상업, 서비스업, 위생, 교육 등 업종에서 여성 노동자에 대한 수요가 많았다.[204)]

이와 같이 1978년 개혁개방이라는 시대적 대변혁 속에서 1990년대 연변 여성취업에서의 많은 변화는 여성들의 취업관념의 변화를 동반한다. 여성들은 '철밥통'의 직업 관념에서 벗어나 시장경제의 물결 속으로 뛰어들었다. 조선족 가운데서 제일 먼저 상업에 뛰어든 것은 여성들이었고, 그들이 상업 진출의 주력이었다. 그들은 처음에는 일상 용돈을 마련하려고 쌀을 머리에 이고 시장에 가서 팔기 시작한 것으로부터 점차 조선족 전통음식, 채소, 과일, 의복 등을 파는 데까지 확대되고 나아가서 음식점 등 자영업 경영에까지 이르게 되었다.[205)] 뿐만 아니라 중·조변경(中朝邊境)에서의[206)] 보따리장사로부터 한국 나들이, 러시아 나들이 등 국제무역 무대에서 자기의 능력을 활발히 발휘하였다.[207)]

---

204) 위의 논문, 99-100쪽.

205) 위의 논문, 77쪽.

206) '중조변경'은 중국에서 쓰는 말로 중국과 북한의 변경을 일컫는다.

207) 전신자, 2007, 「중국 조선족 여성들의 국제결혼으로 본 조선족 사회 가족변화」, 『여성이론』16, 72쪽.

그리고 또 1980년대 말부터 많은 조선족 여성들이 도시로 진출하여 경제활동에 종사하였고 물질적 부에 대한 욕구가 늘어남에 따라 대량의 조선족 여성들은 외화벌이를 목적으로 친척방문, 산업연수, 한국 유학 등 여러 가지 방법으로 한국에 진출하였다.[208)]

이와 같이 여성들은 기존의 국영기업에 근무하는 것을 영광으로 여기고 자영업에 종사하는 것을 사회의 버림을 받은 사람으로 비천한 것으로만 여겨오던 것이 개혁개방 이후 자영업자들의 경제수입의 증장, 정부에서 비공유제경제를 발전시킬 데 대한 적극적인 선전, 정책적인 지원으로 말미암아 일부 국영기업에서 일하던 여성들도 직장을 버리고 자영업에 종사하였다. 당시 연변에서 자영업에 종사한 인원은 1981년 4,357명으로부터 1992년 47,312명으로 10배 이상 증가했으며, 그중 80%가 여성들이었다.[209)]

이러한 취업 관념의 변화에 따라 자영업 종사자들이 증가된 반면, 도시에서의 여성 취직은 여전히 다양한 문제를 안고 있었다. 우선, 기업체에서는 여성들은 임신, 해산, 포유기에 휴가를 줘야 하고, 또 가사노동을 전적으로 여성들이 담당해야 하는 상황에서 여성들이 남성보다 기업의 수익을 올리지 못한다는 이유로 여성을 채용하기를 꺼려했다. 계획경제체제하에서는 기업의 모든 지출을 국가가 부담했으나, 시장경제체제로 전환되면서 여성을 채용할 경우 여성들의 해산기 월급, 의료비용, 탁아육아지

---

208) 오상순, 2000, 「개혁개방과 중국조선족 여성들의 의식변화」, 『민족과 문화』9, 한양대학교 민족학연구소.

209) 림금숙, 1994, 「연변 여성취업의 현황」, 『여성연구』1, 연변대학출판사, 105쪽.

출 등을 자부담해야 했기에 대부분의 기업들에서는 남성 직원을 선호했다. 그리하여 여성들이 취직이 어려운 상황에 직면하게 된 것이다. 다음으로, 당시 연변 공업의 불경기 상태는 여성들의 취직에 큰 영향을 미쳤다. 시장경제체제로 전환되면서 연변 공업 부문은 여러 가지 원인으로 말미암아 시대적 변화에 즉시적으로 부응하지 못하였다. 그것은 연변의 공업이 워낙 기초가 박약하고 또 사람들의 경제의식이 상대적으로 낙후했기 때문이며, 따라서 대부분 공업 부문의 기업들이 상품 판로가 원활하지 못하여 부도가 나면서 도시 전체 취업여성의 57% 가까이가 취업위기를 맞게 되었던 것이다. 그다음으로, 여성들의 각 방면의 소질 및 능력상의 한계로 말미암아 능력을 요구하는 시장경제체제하에서 취업기회를 상실하였다. 국유기업의 종신제가 기업의 계약제로 변하고 국가에서 한 개인의 직장을 전적으로 책임지고 분배해 주던 데로부터 기업에서 직접 채용하는 제도로 바뀌면서 직원채용에 있어 전업지식과 능력에 대한 선택으로 전환되었으며 따라서 능력이 제한된 여성들은 자연스럽게 시장경제에서 도태하게 된 것이다.

이와 같이 시장경제체제로 전환되는 대변혁 시기에 취직난에 직면한 여성들은 취직하여 직장, 가사의 이중 부담을 짊어지기보다 차라리 남성이 벌어온 돈으로 가정을 영위하고자 하거나 또는 돈을 잘 버는 남성의 요구대로 직장을 그만두거나 취직을 단념하고 가정주부가 된 것이다. 앞의 <표 2>에서 제시했듯이, 20, 30대 여성들은 바로 이러한 역사적 변화와 사회적 현실 속에서 사업심이 강하거나 사업이 있는 남성을 선호하게 된 것으로 보인다.

이처럼 시장경제체제하의 여성 취업 위기로부터 배우자 선택관의 변화를 볼 수 있는 반면, 여성들의 의식의 변화에서부터도 배우자 선택관의 변화를 설명할 수 있을 것이다. 1978년 개혁개방이라는 사회적 대변동 속에서 조선족 여성들의 인식에는 변화가 생기게 된다. 개혁개방 이전까지 조선족 여성들의 가치관의 변화를 3단계로 구분해 볼 수 있다. 첫 단계는 19세기 중엽 한반도의 '조선인'들이 대량으로 중국에 이주하면서부터 1949년 새 중국 건립 이전까지이다. 둘째 단계는, 신중국 건립 이후부터 문화대혁명 이전까지이다. 세 번째 단계는 1966-1976년 이전까지의 문화대혁명 시기이다. 네 번째 단계는 1978년 이후 여성들의 자아의식과 주체의식이 각성된 전환기이다. 개혁개방을 기점으로 그 이전은 사회주의 건설 시기이고 개혁개방 이후는 중국 특색이 있는 사회주의를 실현하는 현대화 시기로서, 사회주의 건설 시기에 여성들은 사회로 진출하여 사회적 가치를 실현하는 데서 여성으로서의 가치를 추구하였으며, 현대화 시기에는 의식의 변화를 경험하게 되면서 경제체제의 대전환에 적응하는 시기라고 할 수 있다.

우선, 19세기 중엽부터 1949년 새 중국이 건립되기까지 조선족 여성들의 삶의 양상에 대해 살펴본다면, 조선족의 여성들은 다른 민족 여성들과 마찬가지로 가부장적 사회적 규범 속에서 가장 낮은 지위에 처해 있었으며, 전통적인 생산과 생활에서의 남녀 분업은 명확하였고 남자들은 밖에서 '큰일'을 하고 가정에서도 대사결정권이 있으며, 여자들은 가사노동의 전담자로서 그들의 가치는 오직 노동에서만 강조되었다. 중국 동북지역으로 이주한 조선족 여성들은 봉건적인 '삼강오상(三綱五常)', '삼종사덕(三從四德)'의 고정관념을 그대로 고수했으며, 모든 것은 부모, 남편, 자식 나아가 가도를 위해 봉사하고 희생하는 것을 유일한 미덕으로 간주해 왔고 또 그것을 자각적으로 수행해 왔다.

해방 후 조선족 여성들의 사회적 지위에는 근본적인 변화가 일어났고 여성들의 가치관 판단에도 커다란 변화를 가져왔다. 본격적인 사회진출을 통하여 조선족 여성들의 사회적 지위와 정치적 지위는 향상되었지만 동시에 사회와 가정 모두 돌보아야 하는 이중적 역할의 부담도 상당히 컸다. 남자들은 '큰일을 한다'면서 하는 일이 모판 관리, 비료 치기, 전간(田間) 관리 및 힘이 필요한 일과 바깥일에 불과하여, 집에서는 밥상이 나오면 입을 벌리고 옷이 되면 팔을 내미는 '주인'이었다.[210] 책상다리를 틀고 앉아 여자들이 바삐 돌아치는 것을 빤히 보고도 도와줄 생각을 하지 않았으며 여자를 돕는 것을 수치로 생각하면서 그 누가 여자를 도와 가사를 하는 것을 보면 남자가 큰일을 못 한다고 비웃어댔다. 때문에 도시나 농촌을 막론하고 여전히 여성들은 모든 가사노동을 전적으로 부담하면서 사회생산 활동에도 참가해야 했기에 사회와 가정의 이중적 부담으로 육체적으로나 정신적으로 힘들었다.

한마디로 1949년 이후 사회주의 건설 시기 새 중국이 창도하는 "여성은 반쪽 하늘이다"라는 경제 건설을 목적으로 하는

210) 정신철, 2000, 『중국조선족』, 신인간사, 147쪽.

이념하에 장기간 남존여비 사상의 속박 속에서 가정을 나가 사회로 진출하기를 바라왔던 조선족 여성들은 사회노동에 참여함으로써 사회로 진출하려던 목적을 달성했고, "사회성별 동질화" 속에서 남성과 똑같이 일하는 것을 "남녀평등"으로 간주하면서 남성과 동등하게 사업하려고 더욱 노력했으며, 중국의 해방과 더불어 사회주의 건설을 위한 헌신적 사명의식과 사회의식을 지니고 사회의 각 영역에서 활약하면서 자기의 인생가치와 사회가치를 실현하고자 하였다. 그러나 가정적으로는 여전히 가부장적 봉건윤리의 예속과 현모양처의 도덕규범으로 말미암아 가사 전반을 떠맡아 나가야 했고 정신적으로나 육체적으로 이중적 부담을 져야 하는 것이 이 시기의 특징이라고 할 수 있다.

그 후, '문화대혁명'의 10여 년간 조선족 여성들은 혼인 및 가정생활은 정치적 요소와 긴밀히 연결되었고 이 시기 조선족 여성들의 인생가치는 정치적 가치인바 모든 방면에서 정치적 자각성과 혁명적 적극성 등을 보여주었다. 따라서 이 시기를 거쳐 조선족 여성들은 현모양처 윤리도덕을 준수하면서도 부드럽고 온화하던 성격적 기질보다 강한 성격적 특징과 기질이 부각되기 시작했다.

이와 같이 1950-1960년대는 본격적인 사회진출과 더불어 헌신적인 사회활동 참여에서 사업의 가치를 추구하였으며, 그 이후 1980-1990년대의 조선족 여성들은 또한 사회와 가정, 자아가 결합된 차원에서 자아가치를 추구하였다.[211] 시대적 변동

---

211) 오상순, 1994, 「가치의식의 심각한 변화, 변화되고 있는 여성들의 삶」, 『여성

속에서 전통적인 윤리도덕 구조가 해체됨에 따라서 여성들의 주체적 형상이 부각되었으며 경제의식과 실용의식이 강해지고 가정에 대한 책임과 의무감보다 강한 자아성취 욕구와 독립적인 인격 추구가 이 시대의 특징으로 나타났다.

다시 말하면, 1980-1990년의 여성들은 경제적 독립과 정신적 자유를 갈망하는 반면, 1950-1960년대 여성들처럼 사회와 가정 모두 도맡음으로써 육체적으로나 정신적으로 이중적 부담을 지려 하지 않았으며, 오히려 어떻게 하든 그러한 이중적인 부담에서 벗어나고자 하였다. 따라서 취직이 어려운 여성들은 차라리 취직을 통한 사회적 진출을 포기하고 가정에서의 역할을 강화하고자 했으며 남편의 경제력으로 생활을 영위하고자 하였다. 따라서 사업심이 강한 남성 내지 사업이 있는 남성을 남편으로 두거나 결혼대상으로 선택하는 것은 그들의 이러한 의식과 맞물려 행복한 가정을 꾸려나가는 조건이 되었던 것이다.

그리고 중요한 것은, 개혁개방 이전 계획경제체제하의 국영기업은 시장을 독점했기에 시장경제체제에 즉시적으로 적응할 수 없었으며 기업 자체는 규모가 크지만 경쟁력이 없기에 자연적으로 시장에 의해 도태되면서 문을 닫게 되었다. 기업의 최고책임자들은 파산되지 않은 다른 기업으로 직장을 옮기거나 파산된 국유기업을 사들이거나 그들로 하여금 얼마간의 주식을 가지도록 하여 공장에서 다른 직무를 담당하도록 하였기에 최고 책임자들은 그나마 실업의 위기를 모면하였다. 기술자들도 다년간의 경험이 있기에 공장에서 계속하여 임용하였기에

연구』2, 흑룡강조선민족출판사, 113쪽.

그들도 공장에 남아 있게 되었다. 하지만 그들의 대우는 그 이전에 비해 낮아졌으며, 사회적 지위도 상응하여 하락하였다.

이러한 상황에서 가정조건이 허락되고 또 일부분 재부를 축적하여 투자자본이 있거나 일에 맞닥뜨려 밀고 나가는 추진력이 있는 남성들은 창업의 길에 들어섰다. 그들은 시장경제체제에서 요구하는 능력을 키워나가면서 부를 창조했고 짧은 시간 내에 부를 축적하여 부자가 된 남성들도 많았으며, 여성은 집에서 전업주부로 일하고 남성만 밖에서 사업하면서 벌어들인 돈으로 충분히 가정생활을 영위하는 사례들이 많이 나타났다.

종합하면, 여성들의 취직난 및 혼인의식의 변화와 함께 생겨난 이중 부담을 짊어지려고 하지 않는 의식, 나아가 남성들의 창업의 시대 등 다양한 사회적 배경 속에서 여성들은 조선족 여성들이 사업심이 강한 남성, 사업이 있는 남성을 선호하는 경향이 나타나게 된 것이다.

5. 개혁개방 이후 조선족 여성들의 배우자관 변화의 특징

조선족 여성들의 배우자관의 변화의 특징을 살펴보기 이전에 그들의 혼인의식의 변화를 살펴볼 필요가 있을 것이다. 1992년도 현재 동북 경내의 조선족 483호를 중심으로 결혼 경위에 대해 조사한 결과, 소개인이 소개한 후 당사자 쌍방의 의향에 의해 결정된 혼인이 56%, 자유연애를 거쳐 결정된 혼인이 39%, 부모에 의한 결정이 5%로 나타났다.[212] 이로부터 결혼상대를

212) 리복순・최명순, 1999, 「가족 내에서의 조선족 여성생활의 현황과 전망」, 『남북

만나는 경로에 있어 중매가 압도적으로 많음을 알 수 있으며, 그러한 점에서 『연변여성』의 「오작교」가 혼인중매에 있어 일정 정도 영향을 행사했음을 짐작할 수 있다. 그리고 또 조선족 사회에서 자신의 의향에 따라 대상자를 선택하는 혼인 자주의식이 보편화되었음을 알 수 있다.

이러한 혼인 자주의식은 결혼을 평생 결합으로 간주하고 혼인에 불만족하면서 이혼송출을 제기하는 것을 명예롭지 못한 일로 인식하며 혼인을 파괴하지 않으려던 의식에서 점차 애정 없는 혼인을 유지하는 것이 오히려 비도덕적이며 감정이 파열되었을 경우에는 일찍 갈라지는 것이 더 도덕적이라고 생각하는 관념으로 변화된 데서도 알 수 있다. 통계에 의하면, 1992년 이혼소송 원고의 70%가 여성이며[213] 이혼하거나 사별한 중년 부부의 재혼율이 높아지고 노년의 재혼율도 높아졌다.[214]

그리고 세계화 및 이주의 여성화의 국제적 배경하에, 1992년 한중수교 이후 국제결혼을 출국의 수단으로 이용하는 여성들의 행위에서도 혼인 자주의식을 발견할 수 있다. 물론 국제결혼은 남녀 간의 애정으로 이어지는 정상적인 국제결혼도 부인할 수 없지만 해마다 증가하는 국제결혼 수는 하나의 물질문명을 추구하는 경제행위라는 것을 표명함과 동시에 조선족 여성들의 의식이 과거의 전통적이고 보수적인 가족 내 성역할 의식이 변화되고 있음을 말해 준다.[215] 더욱이 급증하는 국제결

한 여성 그리고 중국 조선족 여성의 삶』, 이화여자대학교 여성연구원, 243쪽.

213) 정신철, 2000, 『중국조선족』, 신인간사, 151쪽.

214) 전신자, 2007, 「중국 조선족 여성들의 국제결혼으로 본 조선족 사회 가족변화」, 『여성이론』16, 73쪽.

혼에 나타난 '가짜이혼' 혹은 '위장결혼' 현상은 그들의 정조관념이 윤리도덕보다 경제를 우선시하는 실용주의에로 변화되었음을 여실히 말해 준다.

이처럼 혼인 자주의식에 변화를 가져왔을 뿐만 아니라, 조선족 여성들의 배우자 선택관도 따라서 변하게 되었다. 위의 <표 2>에서 보면,[216] 20대, 30대, 40대, 50대가 선호하는 배우자들은 각기 사업심이 강한 사람, 사업 있는 사람, 마음씨 고운 사람, 경제 기초 있는 사람 등이다. 1960-1970년대에 선호했던 배우자 유형과는 질적으로 다른 변화를 가져온 셈이다.

이러한 변화는 1960-1970년대와 1980-1990년대 조선족 사회의 시대적 변화 양상 속에서 살펴봐야 할 것이다. 1960-1970년대 중국에서 정치운동이 연속 진행된 이유로 좌파 노선의 영향하에 출신배경, 성분이 혼인의 기준으로 되었으며 혼인은 애정을 기반으로 하지 않는 정치적 색채를 많이 띠었으며 직업에 있어서도 주로 노동자, 군대 등 직업들이 선호되었다.

---

215) 위의 논문, 72쪽.

216) <표 2>에 분류한 연령대는 전체 「오작교」를 대상으로 했을 때 「오작교」에 혼인 광고를 게재한 여성의 게재 당시 나이에 근거한 것이다. 본 연구에서는 각 연대마다 결혼적령기의 여성들, 예를 들어 1980년대 20대, 1990년대 20대, 2000년대 20대의 혼인관에는 어떤 변화가 있는지에 고찰한 것이 아니라, 1985-2011년 사이의 20대, 30대, 40대, 50대의 혼인관 차이를 보려고 했다. 그것은 조선족 여성일 경우 1992년 한중수교 이후 결혼적령기인 20대를 포함한 30대, 40대, 50대 모두에 걸쳐 한국 남성과의 결혼을 통해 한국에 입국하고자 하는 여성들이 많이 존재했으며 그럴 경우 「오작교」에 혼인 광고를 할 이유가 없기 때문에 「오작교」 텍스트를 통해 배우자 선택관 변화를 살펴보는 데에는 무리가 있지 않을까 하는 생각에서였다. 그리고 왜 조선족 여성들은 혼인에 대한 자유를 갈망하면서 기존의 성역할을 유지하고자 했을까, 이를 그들의 배우자에 대한 선택에서의 변화를 통해 살펴볼 수 있을까라는 본 연구 목적으로부터 출발했을 때, 20대, 30대, 40대, 50대의 배우자 선택관 변화에서 조선족 여성들이 경제적, 사회적 자유를 갈망하면서도 역설적으로 남성에게 자발적으로 의지하는 그들의 주체성을 더욱 깊이 살펴볼 수 있는 여지가 있다고 판단했기 때문이다.

그러던 것이, 1980년대에 들어 개혁개방의 사회적 대변혁 속에서 1980년대, 1990년대에는 공무원, 사업가 등으로 변화되었다. 위의 통계에서도 잘 보여주듯이, 1990년대 20-30대 여성들은 사업심이 강한 남자 혹은 사업이 있는 남자를 선호하였다. 박혜란(1994)의 연구에서도, 40대 이상의 여성 중 강한 성취욕구가 있는 여성들은 남성에 의존하려 하지 않지만, 20, 30대 여성들은 개혁개방 이후 시장경제로 편입됨에 따라 취직이 어려운 등 여러 요소로 인해 남성에 의존하는 경향이 오히려 강해지고 있음을 주장하고 있다.[217)]

리복순(1999)의 논문에서도 배우자 선택에 있어 인품(19%), 문화 정도(15.92%), 성격(10.42%), 가정조건(12.84%), 능력(7.94%), 외모(8.58%), 수양(8.34%), 일 잘하는 것(7.1%), 사업심(5.92%), 정치(1.71%), 기타(0.3%) 등 요소들이 순차적으로 나타나고 있다고 밝혔다.[218)] 이 설문지에서 제시한 요소들, 예를 들어 능력, 일 잘하는 것, 사업심 등을 통틀어 배우자의 사업심 및 능력으로 볼 수 있으며, 이 세 가지를 합하면 20.96%를 차지함으로써 인품보다 더 높은 비중을 차지한다.

본 주제와 관련하여 필자는 1958년생 조선족 여성 김 모 씨의 연애, 혼인, 가정생활, 이혼, 재혼 등 과정에 대한 심층면접을 통해 혼인관 변화에 대해 살펴보았다.

김 씨는 현재의 배우자를 만나기 전부터 선호하는 배우자 직

---

217) 박혜란, 1994, 「구술사를 통해 본 중국 조선족 여성의 삶」, 『여성학논집』11, 이화여자대학교 한국여성연구소.

218) 리복순 · 최명순, 1999, 「가족 내에서의 조선족 여성생활의 현황과 전망」, 『남북한 여성 그리고 중국 조선족 여성의 삶』, 이화여자대학교 여성연구원, 21쪽.

업이 있었는데, 바로 경찰, 군대 등 직업으로서, 경찰, 군대 직업이 아니면 만나지 않겠다고 생각을 굳힐 정도로 직업에 대한 선호가 뚜렷하였다. 그러던 차에 지인의 소개로 1976년 12월 24일에 당시 경찰직에 있던 남편을 만나게 되며 1981년 초에 결혼하게 된다.

결혼 이후 삶은 그다지 넉넉한 편이 아니었다. 주지하다시피 경찰 직업은 출퇴근 시간이 정해지지 않고 형사사건이 발생하는 대로 야근해야 되기에 김 씨는 혼자서 두 아이를 돌볼 때가 많았으며 식품상점에서 일하다 보니 월급이 얼마 되지 않은데다가 남편 월급은 남편이 모두 소비하였기에 김 씨의 월급 39위안으로 생활을 영위하기가 대단히 어려운 상황이었다. 조선족 남자들이 대개 그러했듯이, 김 씨의 남편은 사업에만 열중했을 뿐 가정이 어떻게 운영되어 가는지에 대해서는 무관심하였다.

특히 1980년대는 개혁개방으로 인해 사회적 대변혁기를 맞이하게 되는 시기로서 사람들은 너나없이 시대적 흐름을 타고 치부의 길을 개척하였으며, 직장인이든 자영업자든 자신의 모든 자원을 동원하여 크게 치부한 사례들이 속속 나타났다. 시장경제가 작동됨에 따라 사람들의 물질적 욕구는 점점 더 커져갔으며 치부는 모든 가정의 대사로 부상하였다. 이러한 상황에서 김 씨는 식품상점에서 일하면서 또 북조선 보따리 장사를 하기도 하지만 수입이 증가되지 않고 두 아이를 키우는 것은 점점 더 힘들어지게 되었다. 또한 남성들이 창업하여 돈을 벌고 여성들은 집에서 남편이 번 돈으로 호강하는 가정에 비했을 때, 자신은 남편이 있음에도 불구하고 혼자의 월급으로 가정 내에서 아이들의 육아를 전담하는 것이 너무나 억울하고 한심하여 1992년 "부의 창출에 관심이 없고 시대에 뒤떨어진 남편"과 이혼하고 도시로 이사를 하게 된다. 김송죽(1994)은 1989년부터 1993년까지 연길시 4개 사회구역에서 발생한 조선족들의 협의 이혼 건 중에서 여성들이 제기한 242건의 이혼안건을 선택하여 그 원인에 대해 조사하였는데, 남편의 나쁜 습성 문제 32.6%, 경솔하게 결혼한 문제 25%, 성격・감정 문제, 11.2%, 제3의 간섭 10.3%, 상호 의심 8.3%, 경제문제 5%, 무도장・술집 다니는 문제, 성생활 부조화 문제 6.6%, 기타 문제 11.2%를 차지했다.[219)]

이로부터 이혼 원인 가운데 가정경제 문제가 상당한 정도로 작용을 했음을 알 수 있다. 다양한 경제적 원인 중 여성들이 경제적으로 남편과 비슷한 수입이 있으나 가정 내에서는 여전히 "남존여비"의 사상하에 피지배적인 위치에서 벗어나지 못하고 이중 부담을 짊어지고 살아가는 불평등한 운명에 억울함을 느끼면서 이혼을 하는 경우가 많으며, 다른 가정이 날마다 부유해지는 반면에 자신의 남편은 치부에 무관심하거나 무능력함이 용허되지 않고 또 그러한 인식이 부부 감정에 영향을 주어 결국 이혼을 선택하는 경우도 많다. 많은 남녀들이 시장경제체제에 편입되면서 그들의 애정관, 혼인관 등에는 큰 변화가 생겼으며 따라서 가정불화의 원인으로 작동하였다. 이러한 경제적 원인과 함께 또 다른 원인이 있다면, 개혁개방 이후 여

219) 김송죽, 1994, 「조선족여성들의 이혼문제에 대한 사고」, 『여성연구』2, 흑룡강조선민족출판사, 211쪽.

성들은 사회활동을 통해 자아를 완성하기 위한 노력을 늦추지 않으면서 가사노동과 사회적 활동의 이중 부담을 짊어지고 생활하게 되며, 이에 여성들은 남편이 주동적으로 도와주기를 바라지만 남편들이 가정보다 사회적 활동을 더욱 중시하면서 장기간 무책임한 자세를 취하게 됨에 따라서 여성들의 정감 욕구에 충격을 주어 결국 이혼을 선택하게 되는 경우도 허다하다.

따라서 개혁개방 이후 가정구조 및 그 기능이 과거의 전통적이거나 폐쇄적인 형태로부터 근대적이고 개방적인 형태로 변화하게 되었으며 여성들의 배우자관도 시대적 변화에 부응하는 추세를 보였다. 1993년 연길에 이사한 후, 김 모 씨는 서시장에서 옷을 팔기도 하고 또 식당을 운영하기도 하면서 두 아이를 키우게 되었으며, 그 이후부터 그는 미래 배우자 직업은 무조건 사업가여야 한다고 생각했다. 이혼하기 전 경제적으로 어려웠고 그런 상황에서 혼자서 육아를 전담하면서 힘들게 살던 시절을 회상하면서 미래 배우자는 직장인이 아닌 돈을 많이 벌어서 가정생활을 풍요롭게 해줄 수 있는 사업가를 선호하게 되었던 것이다.

그렇다면, 이러한 조선족 여성들의 배우자관이 시대에 부응한 결과로 자기 자신이 사업가로 되는 것보다 사업가 남성을 선호하면서 자신은 가정에서의 성역할을 유지하고자 한 현상을 우리는 어떻게 보아야 하는가?

앞에서도 언급했듯이, 개혁개방을 맞이하며 부의 창조는 매 가정의 대사로 부상하였다. 여성들이 배우자를 선택함에 있어 사업심이 강하고 사업이 있는 남자를 선호한 것은 결코 혼인에서의 자유를 포기하고 전적으로 남성에 의탁하여 살아가겠다는 것이 아니라 소비사회에 진입하면서 여성들이 더욱 풍요로운 삶을 위해 부의 축적을 욕망하는 등의 시대적 특징으로 볼 수 있을 것이다. 1992년 한중수교 이후 많은 조선족 여성들은 부를 창조하기 위해 더욱 좋은 삶을 살기 위해 한국으로의 이주를 선택했으며 그중에는 교사, 직원 등 직업에 종사하다가 퇴직하거나 사직하고 한국으로 입국하여 하층노동자로 일하는 여성들이 많은 수를 차지했다는 사실에서부터도 이를 알 수 있다.

이로부터 개혁개방을 맞이하며 조선족 여성들이 전통적인 성별분업을 지향하는 양상을 띠게 된 것은 시대의 변화에 거슬러서 진행된 역행으로 볼 것이 아니라, 사회대변혁 속에서 사회로 진출하여 경제적으로 독립함으로써 자유와 자기가치를 실현하고자 하는 과정에서 여성으로서의 한계를 느끼면서 남성에 의탁하여 더욱 안정된 가정을 꾸리고자 하는 양면성이 공존하는 한 시대의 현상으로 볼 수 있다.

그리고 기존 성역할의 강화 내지 지속은 조선족 여성들이 젠더 정체성 수행이라는 입장에서 설명할 수 있을 것이다. 새로운 시대를 맞이하면서 기존의 가부장적 문화는 단번에 해체되는 것이 아니라 그것을 수행하는 주체들의 행위에 의해 지속, 해체, 생성의 과정을 거듭하면서 새로운 문화를 창조하는 것이다. 조선족 여성들은 배우자 선택에 있어 '젠더화 된 여성 주체'로서 기존의 가부장적 규범을 수행해 왔으며, 가정에서의 성역할을 유지하고자 하는 자각적인 젠더 정체성 수행 행위를 통해 기존의 정체성을 지속시켰다. 하지만 혼인관계에서 남성의 부속

물이 아니라 평등한 차원에서 가정생활을 영위하고자 하며 조건이 허락되는 상황에서는 여전히 사회로 진출하여 경제적 독립을 실현하고 사회적 지위를 향상시키고자 하는 행위에서 그들의 새로운 젠더 정체성의 생성도 함께 보아낼 수 있다. 새롭게 생성된 정체성은 가부장적인 문화의 수행으로 인해 기존의 젠더 정체성과 뒤섞여 있으며 다양한 층위에서 젠더 정체성의 지속, 해체, 생성들을 동시에 수행함으로써 기존의 가부장적 규범들을 변화시키는 것이다. 조선족 여성들은 어찌 보면 그러한 젠더 정체성 수행을 통해 기존의 가부장적 문화 속에서 부단히 해방됨으로써 평등한 관계를 형성해 가고자 하는 행위의 주체들이라 할 수 있다.

6. 맺으며

본 논문에서는 왜 조선족 여성들은 혼인에 대한 자유를 갈망하면서 기존의 성역할을 유지하고자 했는가, 이를 그들의 배우자에 대한 선택 변화를 통해 살펴볼 수 있을까라는 연구 질문에 대한 답을 찾고자 『연변여성』의 「오작교」란에 대한 텍스트 마이닝 분석을 중심으로 개혁개방 이후 조선족 여성들의 전통적인 성별분업 지향의 '역행'현상에 대해 분석하였다. 본 연구의 결과는 다음과 같다.

첫째, 텍스트 마이닝 방법을 통하여 「오작교」란에 있는 308명의 조선족 여성들의 배우자 자질 선택관에 대해 살펴본 결과, 20대의 경우 사업 > 수양 > 성격 순으로, 30대의 경우 사업 >

사업 > 수양 순으로, 40대의 경우, 마음씨 > 수양 > 사업 순으로, 50대의 경우 경제 기초 > 수양 > 퇴직금 순으로 꼽았다. 30대가 사업을 가장 중요한 덕목으로 꼽았고, 20대의 경우 사업과 수양을 함께 고려했다. 40대의 경우 사업도 중요하지만, 마음씨와 수양을 제일 중요한 덕목으로 꼽았다. 50대의 경우 경제 기초와 퇴직금을 중요시했고, 수양 덕목도 고려했다.

둘째, 1960-1970년대 중국에서 정치운동이 연속 진행된 이유로 좌파 노선의 영향하에 출신배경, 성분이 혼인의 기준으로 됨으로써, 혼인은 애정을 기반으로 하지 않는 정치적 색채를 많이 띠었으며 직업에 있어서도 주로 노동자, 군대 등 직업들이 선호되었다. 하지만 개혁개방 이후인 1980-1990년대에는 공무원, 사업가 등으로 변화되었으며, 사업이 있는 남자, 사업심이 강한 남자를 선호하는 경향을 띠게 된다. 이러한 배우자 선택관의 변화는 국가의 경제체제와 환경과 밀접한 관계를 가진다. 개혁개방 이후 시장경제체제하의 여성들의 취직난, 경제체제 변화에 부응한 남성들의 창업, 나아가 1980-1990년대 조선족 여성들의 이중적인 부담에서 벗어나고자 하는 의식변화 등 요소들이 맞물려 여성들은 사업이 있거나 사업심이 강한 남자를 선호하면서 자신들의 가정 내에서의 역할을 더욱 강조하는 전통적인 성별분업을 지향하는 양상을 띠게 된 것이다.

셋째, 개혁개방을 맞이하며 조선족 여성들이 전통적인 성별분업을 지향하는 양상을 띠게 된 것은 시대의 변화에 거슬러서 진행된 역행으로 볼 것이 아니라, 사회대변혁 속에서 사회로 진출하여 경제적으로 독립함으로써 자유와 자기가치를 실현하고자 하는 과정에서 여성으로서의 한계를 느끼면서 남성에 의탁하여 더욱 안정된 가정을 꾸리고자 하는 양면성이 공존하는 한 시대의 현상으로 볼 수 있다. 그리고 기존 성역할의 강화 내지 지속은 조선족 여성들이 젠더 정체성 수행이라는 입장에서 설명할 수 있으며, 새로운 시대를 맞이하면서 기존의 가부장적 문화는 단번에 해체되는 것이 아니라 그것을 수행하는 주체들의 행위에 의해 지속, 해체, 생성의 과정을 거듭하면서 변화되는 것이다. 조선족 여성들은 어찌 보면 그러한 젠더 정체성 수행을 통해 기존의 가부장적 문화 속에서 부단히 해방됨으로써 평등한 관계를 형성해 가고자 하는 행위의 주체들이라 할 수 있다.

끝으로, 본 연구는 다음과 같은 한계를 가지고 있다. 1985년부터 2011년 사이 약 26년에 걸친 308편의 텍스트 데이터를 전처리하고 분류하는 과정에서 불가피하게 분석자의 주관적 판단이 개입될 수밖에 없었을 것으로 판단된다. 예를 들어 배우자 선택에 있어 사업, 마음, 성격 외에 또 다른 주요한 덕목을 통한 데이터 해석이 가능할 것이다. 또한 학력별, 세대별 구분 외에 시대의 변화에 따른 시기별 배우자관의 변화 역시 중요하게 분석해야 할 주제임에도 수집 데이터의 한계로 관련 논의를 진행하지 못했다. 향후 「오작교」와 같은 텍스트의 발굴과 전반적인 분석을 통해 이러한 한계를 보완해 나가야 할 것으로 판단된다. 이를 통해 남성들의 혼인관도 함께 고찰함으로써 성별 간 차이 및 그 원인에 대해 전반적으로 분석하며 나아가 한 시대의 젠더 정체성 (재)구성에 대해 깊이 있게 파악한다면 조선족 여성 연구에 많은 기초적 자료를 제공해 줄 수 있을 것이다.

제4장

한중수교 이후 중국 조선족 여성들의 한국 이주와 삶

Ⅰ. 한국 남성과 결혼한 중국 조선족 여성들의 결혼 생활

1. 들어가며

1992년 한중수교 이후, 중국 조선족들은 한국으로의 이주를 치부와 더 나은 삶의 수단으로 삼고 한국으로 대량 이주하게 된다. 2021년 10월 출입국외국인정책 통계월보에 의하면, 2021년 10월 말까지 외국국적동포는 784,262명으로 전체 체류외국인 1,980,557명의 39.6%를 차지하고 있으며, 국적별로는 중국이 633,980명으로 전체의 80.8%를 차지하였다. 자격별로는 재외동포(F-4) 477,155명, 방문취업(H-2) 131,564명, 영주(F-5) 112,461명, 방문동거(F-1) 27,020명 등 순위를 차지한다. 중국 조선족 여성들은 여러 가지 목적으로 노동연수, 친척방문, 유학, 결혼이주, 위장결혼, 밀항 등 다양한 방식과 도경을 통해 한국으로 입국하게 되며 그중 결혼이주로 이주한 여성이 가장 많은 비중을 차지한다.

현재 한국 사회는 국제결혼의 시대를 맞이하였다고 해도 과언은 아닐 것이다. 한국 여성의 결혼기피 및 만혼, 배우자 차별 선택의 차별화, 남성의 경제력 약화, 남성 성비의 불균형 등 사회적 요인으로 말미암아 한국 남성들은 국제결혼으로 그 모순을 해결하려 하며 한국 사회에서 국제적 결혼은 증가되는 추세를 보여왔다. 국제결혼 이주여성 중에서 중국 조선족 이주여성이 가장 많은 비중을 차지하고 있으며 비록 2021년에는 13,973건으로 15년 전인 2005년의 20,635건에 비해 7,000여 건 감소되었지만 중국 조선족 국제결혼 이주여성에 관해 여전히 중요한 연구문제로 남아 있다. 그동안 이주여성의 생활 동태, 이주동기 및 가족생활, 이주여성의 복지정책, 이주여성의 사회문화적 적응 등 국제결혼 이주여성에 관한 연구들이 이루어졌고 그에 기초한 정부의 이주관련정책, 사회복지정책들이 제정되었다.

낯선 문화의 유입과 함께 한국 사회는 다문화사회에 진입했지만 단일민족을 선호하는 한국인들의 다문화에 대한 실질적 포용력은 미흡한 수준이며 타국 문화를 이해하려 하는 자세보다는 한국 문화의 잣대로 이주민들을 평가하는 경우가 많다. 한국 사회에서 국제결혼이 증가되고 있는 시대, 한국 사회는 다문화주의 차원에서 출발하여 국제결혼 이주여성을 단순히 '동화'와 '적용'의 대상으로가 아니라 다문화사회 문화적 주체로 간주하고 다문화사회를 함께 만들어가는 주체로 보아야 한다고 생각된다.

여기서는 한국의 국제결혼 이주여성 중에서 가장 많은 비중을 차지하고 있는 중국 조선족 국제결혼 이주여성들을 대상으로, 중국 조선족 여성들이 한국으로 이주하게 된 배경을 살펴보고 그들의 결혼 생활 체험의 본질로부터 문화적 갈등의 원인을 고찰해 보고자 한다.

2. 국제결혼의 이론적 배경

1) 국제결혼 이주의 '여성화'

1990년대에 들어 아시아에서는 '이주의 여성화'라는 현상에 주목하게 되었다. 이주의 여성화란, 이주하는 여성의 수가 증가하는 현상임을 말함과 동시에 세계화가 진행되면서 유지되기 힘든 특정한 성별 노동 분업[220]이 보다 가난한 국가 출신의 여성 이주를 통해 지속되거나 새로운 형태로 강화되는 현상을 의미한다.[221] 세계화와 더불어 진행된 경제발전의 불균형을 바탕으로 한국으로 이주하는 여성들의 이주 형태는 입국의 경로에 따라 크게 노동허가를 받고 입국하는 노동자, 친지방문 등 정식비자를 받고 입국하는 자, 유학생, 국제결혼 이민자 등으로 나누어 볼 수 있다.

이 중에서도 국가 간의 '경제적' 차이를 사적인 차원의 성적 결합으로 변화시켜내는 국제결혼이 여성들의 이주를 촉진시키고 있는데 이 상황은 소위 국제결혼 이주의 '여성화' 현상을 낳고 있다.[222] 이러한 국제결혼 이주의 '여성화'는 송출국과

---

220) 성별노동분업이란 가사노동을 비롯한 감정노동 영역의 급속한 상품화를 말한다.

221) 김민정·유명기·이혜경·정기선, 2006, 「국제결혼 이주여성의 딜레마와 선택: 베트남과 필리핀 아내의 사례를 중심으로」, 『한국문화인류학』39(1), 한국문화인류학회, 159-160쪽.

222) Castles and Miller, 2003; Piper, 2004; Piper and Roces, 2003; Parrenas, 2001 (재인용: 김현미, 2006, 「국제결혼의 전 지구적 젠더 정치학」, 『경제와 사회』 70, 한국산업사회학회, 14쪽).

유입국 양방의 사회경제적 배경하에서의 여성의 각 방면의 빈곤화에서 기인한다고 할 수 있다. 이주의 경로가 제한적인 상황에서 자본이 없는 여성들은 상대적으로 거래 비용이 적게 드는 국제결혼이나 '유흥업' 분야를 통해 이주하는 경향이 높다. 또 유입국에서는 결혼이 힘든 농촌 남성이나 도시의 중하층 남성의 결혼이 성사되고 가족관계를 지속할 수 있기 때문에 이러한 현상은 가부장제 등 사회구조와 연관되어 설명되기도 한다. 또한 가난과 실업이 사회문제로 부상한 송출국 사회 여성송출 장려정책, 결혼이 힘들어진 문제를 해결하기 위해 외국에서 여성을 충원하는 유입국 사회의 묵인과 유입정책, 국제결혼 중개업체 등 다양한 차원의 구조들이 복잡하게 얽혀 이주의 여성화 현상을 증가시키는 것이다.

그러나 일부 연구(김현미, 2005)에 의하면, 국제결혼이 글로벌체제라는 변화하는 세계 속에서 여성들이 가족부양의 의무 못지않게 계층상승이나 새로운 삶에 대한 욕망이 그들을 글로벌 차원의 결혼시장으로 편입시키는 중요한 요소가 되고 있다고 본다. 따라서 국제결혼의 증가는 여성이 송출국에서 처한 가난 및 실업이라는 경제적 어려움 속에서 더 나은 삶에 대한 추구로 국제결혼을 선택함으로써 국제결혼의 여성화 현상을 지속시킨다고 볼 수 있다. 즉 자본주의 시장경제체제가 작동하는 세계체제하에 경제적으로나 문화적으로나 주변부에 머물러 있는 사회의 구성원들은 전 지구화라는 새로운 시스템에 '적응'하는 과정에서 이주를 선택한 자들로서 그들은 체제의 급격한 변동에 신속히 '적응'하면서 더욱 나은 삶을 위해 과감히 이주를 선택한 능동적인 행위 주체들인 것이다.

2) 한국 다문화주의

유입국 국가가 인종·문화의 다양성에 대응하는 방법 등에 따라 몇 가지 유형으로 나누어질 수 있다. 카슬과 밀러(Castles and Miller)는 세계 각국 사회가 이주자를 받아들이는 유형을 차별배제 모형(differential exclusion), 동화 모형(assimilation), 다문화주의 모형(multicultural) 등 세 가지 범주로 구분한다.[223)]

베리(Berry)의 문화접변 적응 유형은 소수 이주민 혹은 집단이 얼마나 문화접변을 원하느냐에 대한 선택의 자유에 의해 형성되기는 하지만 이 개념은 정착 사회집단이 문화접변의 어떠한 특정 형태를 강요하거나 소수 이민자 집단 혹은 개인들이 선택의 제약을 받을 경우에는 그것을 설명할 다른 조건들이 필요하다. 이에 베리(2005)는 최근 연구에서 이주민들의 문화적응 전략 형태에 영향을 미치는 주류집단의 태도라는

<표 1> 이주민에 대한 정착사회의 문화접변 태도[224)]

			축 1	
			원(original) 문화의 정체성 및 특성 유지	
			강	약
축 2	**주류 사회와의 관계유지 (사회참여)**	강	다문화주의 (multicul tralism)	융 합 (melting pot)
		약	격 리 (segregation)	배 제 (exclusion)

223) 김영란, 2006, 「한국사회에서 이주여성의 삶과 사회문화적 적응관련 정책」, 『아세아여성연구』45, 숙명여자대학교 아세아여성문제연구소, 151쪽.

224) 위의 표는 Berry(2005, 705쪽)를 참조(재인용: 강현주, 2007, 「국제결혼 이주여

세 번째 관점을 덧붙여 설명하고 있다. 먼저, 정착사회의 주류 문화접변 집단이 이주민의 원(original) 문화 정체성을 주류사회로 흡수하고 동화를 강요할 때 주류집단의 태도는 '융합'의 형태를 띠고 같은 맥락에서 정착사회 집단이 이주민의 모국문화 특성을 인정하지 않고 정착사회에서 분리시키는 태도를 '배제', 이주민의 모국문화 특성을 인정하지만 정착사회 참여를 배제시키는 태도를 '격리'라고 정의하였다. 마지막으로 이주민의 원 문화 정체성 유지를 인정하고 더불어 이주 정착사회와의 원만한 관계를 위해 이주자를 다양한 수준에서 포섭하는 것을 '다문화주의'라고 하는데, 곧 정착사회가 모든 다양한 민족문화 집단을 포함하고, 다양성이 그 사회 전체의 특성으로 수용될 때, 그 사회는 '다문화주의'로 불리게 된다.

요컨대, 베리의 문화적응 이론을 구성하는 3가지 중요한 요소는 다문화 사회에서 소수 이주민의 문화정체성 유지와 정착사회에 대한 참여도라는 두 영역에 대한 심리적 반응과 이주민에 대한 정착사회의 문화접변 태도라고 할 수 있다. 곧 소수 이주민의 문화정체성 유지와 정착사회와의 관계에 따라 문화적응 형태가 결정되고, 동시에 정착사회의 이주민의 문화정체성 인정 수준에 따라 이주 정착국의 문화접변 태도가 결정되는 것이다.

국제결혼 등 이주여성들의 급증과 함께 한국은 다문화사회의 도전에 직면하게 되었고 다인종 사회에서의 조화와 공존, 통합의 문제가 새롭게 대두되고 있다. 오늘날 전 지구적인 현

성의 모국문화 표출 유지 욕구와 정체성에 관한 연구」, 숙명여자대학교 정치외교학과 석사학위논문, 31쪽).

상이 되고 있는 다문화사회의 유형은 크게 두 가지로 구분할 수 있다. 첫째는 영국이나 독일, 프랑스처럼 비교적 동질적인 문화를 가졌던 전통적인 국민국가들이 자본과 노동의 세계화에 따른 이주노동자와 낯선 문화, 그리고 새로운 종교의 유입과 함께 다문화사회의 도전에 직면한 경우이고, 둘째는 캐나다나 미국처럼 출범 초기부터 다양한 인종과 문화로 구성된 이민자의 나라였던 경우로서 이들은 상대적으로 다문화사회의 도전에 익숙하지만 여전히 이들 나라에서 사회통합의 문제는 심각한 주제이다.[225] 단일민족과 단일문화를 강조하던 한국은 첫 번째 유형에 속하며 줄곧 단일민족 이데올로기 지배하에 있었던 한국인들은 다양한 인종과 문화와의 접촉과정에서 혼란을 겪고 있을 뿐만 아니라 그 다양성 수용의 도전으로부터 자유롭지 못하다. 더욱이 그들의 의식과 관행은 줄곧 전통적이고 폐쇄적인 '단일혈통 민족'의 시각에서 크게 벗어나지 못하고 있으며 타국 문화를 이해하려 하는 자세보다는 한국 문화의 잣대로 이주민들을 평가하고 차별하며 배척함으로써 이주자들로 하여금 곤혹에 빠지게 한다.

한국 정부는 국제결혼 등 이주현상으로 인한 인종·문화의 다양성에 대한 대응방법으로 다문화주의 모형을 취하고 있다. 다문화주의[226]에 대한 한국 정부의 관심은 2005년 5월, 외국

225) 김남국, 2005, 「다문화 시대의 시민: 한국사회에 대한 시론」, 『국제정치논집』 45(4), 한국국제정치학회, 98쪽.

226) 다문화주의가 본격적으로 논의되기 시작한 시점이 1970년대라는 점을 상기해 볼 때, 다문화주의는 이제 불과 30년 정도의 짧은 역사를 가지고 있는 개념이다. 현재 다문화주의를 실천하고 있는 국가의 수준에서나 학문적 수준에서 다문화주의에 대한 공통된 인식이나 정의는 존재하지 않는다. 그러나 다문화주의를 정의하기 전에 다문화주의가 그 자체의 목적인가 아니면 다문화주의를

인 문제의 위상이 "대통령 지시 과제"로 격상되면서 본격화되기 시작하였다. 2006년 4월 국정회의에서 "다인종·다문화 사회로의 진전은 거스를 수 없는 대세"라는 대통령의 발언이 있은 후, 한국 사회의 '다문화·다민족 사회로의 전환'이라는 문제의식을 급작스레 선언하는 방식으로 이주자를 둘러싼 사회문제를 해결하고자 했다.

이렇게 한국 정부는 이주현상의 보편성과 불가피성을 인정하면서 이주를 통해 드러나는 전통과 근대적 전환의 문제를 적극적으로 해결하기 위한 수단으로서의 다문화주의 정책을 실시하려 하였다. 정부가 고려하는 다문화정책의 대상 범주는 결혼이민자 가정이다. 그러나 결혼이민자 가정을 대상으로 하는 정부의 다문화정책 역시 사회통합이라는 입장을 고수하고 있다는 한계를 드러낸다. 한국 다문화주의는 한국 남성과 결혼한 외국인 여성들은 가부장적인 한국 사회 및 문화에 통합되어야 할 대상이지 결코 다문화사회의 평등한 사회 구성원으로 인정되지 않는다.

3. 국제결혼의 역사적 배경

중국 조선족 여성들의 국제결혼 현상은 중국의 사회적 조건

통한 추상적 수준의 것을 실현하기 위한 것인가 하는 의문에 따른 해답 여부에 따라 그 정의는 달라질 수 있다. 다문화주의 등장 배경과 관련지어 사고해본다면 민주주의의 심화·확산에 따른 다문화주의의 등장이라고 할 때는 사회적 정의 내지 공정성이 현재의 수준에서 최고로 달성된 상태를 말하는 것으로서 목적성이 강하다. 그러나 두 번째 등장 배경인 국민 형성 이데올로기로서의 다문화주의는 다문화주의가 내포하고 안내하는 정책의 실천을 통해서 국민통합이라는 더 큰 목표를 이루기 위한 수단의 의미라고 할 수 있다(이용승, 2003, 「호주의 다문화주의」, 고려대학교 대학원 정치외교학과 석사학위논문).

과 한국 사회의 변화 및 그들의 의식의 변화로부터 살펴보아야 할 것이다. 여기서는 중국의 개혁개방에 따른 조선족 여성들의 의식의 변화와 한국 사회 산업구조의 변화로부터 국제결혼을 살펴보고자 한다.

1) 개혁개방과 조선족 여성들의 의식 변화

(1) 개혁개방 직전 조선족 여성들의 생활과 가치관의 변화[227)]

개혁개방 이전까지 중국조선족 여성들의 가치관의 변화를 3단계로 갈라볼 수 있다. 첫 단계는 19세기 중엽 한반도의 "조선인"들이 대량으로 중국에 이주하면서부터 1949년 새 중국 건립 이전까지이고, 둘째 단계는 새 중국 건립 이후부터 문화대혁명 이전까지이고, 세 번째 단계는 1966-1976년 이전까지의 문화대혁명 기간이다.

19세기 중엽부터 1949년 새 중국이 건립되기까지 조선족 여성들은 다른 민족 여성들과 마찬가지로 가부장 문화의 억압 속에서 불평등한 대우를 받으며 생활했으며 전통적인 생산과 생활에서의 남녀 분업은 명확하였고 남자들은 "큰일"을 하고 여자들의 가치는 오직 노동의 면에서만 강조되었다. 이주기, 봉건적인 "삼강오상(三綱五常)", "삼종사덕(三從四德)"의 고정관념을 그대로 지니고 온 조선족 여성들은 의식주행용 일체 자기 자신을 위해서는 생각하지 않고 모든 것을 어른, 남편, 자식을

227) 오상순(2000)의 논문을 참조하여 재구성하였음(「개혁개방과 중국조선족 여성들의 의식변화」, 『민족과 문화』9, 한양대학교 민족학연구소, 81-117쪽).

위하며 오직 가도만을 위하여 노력의 흔적도 남기지 않고 봉사하고 희생하는 것을 유일한 미덕으로 간주하는 또한 그러한 의식이 몸에 밴 여성들이었다. 그러나 1919년 신문화운동과 기독교의 자유, 평등, 박애사상의 전파는 민족의식교육과 구국구민(救國救民)운동 등 반일계몽운동의 중요한 사상적 배경이 되었을 뿐만 아니라[228] 장기간 동안 봉건유교사상의 속박하에 있던 조선족 여성들로 하여금 "남존여비", "삼강오상", "삼종사덕" 등 봉건윤리 도덕규범을 타파하고 자유와 평등을 추구하며 자신의 독립적인 인격을 갖추도록 추동하였다. 또한 그러한 자아독립의식은 민족주의자들로 하여금 반일민족교육하에 자신의 해방운동을 민족 멸망의 위기를 만회하는 역사의 주인공으로 등장하도록 하였다.[229] 이는 해방 전 조선족 여성들도 남성들과 함께 항일투쟁 · 토비(土匪)숙청 · 해방 전쟁 및 토지개혁 등 피어린 투쟁에 적극 참가하여 커다란 없는 공헌을 세운 사실로부터 알 수 있다. 해방 전 연변에서 중국공산당이 영도한 유격대와 항일연군에 참가했다가 희생되어 등록된 열사가 1,713명이며 그중 조선족 여성이 393명으로서 전 길림성 여성 열사의 95%를 차지한다.[230] 그러나 전체적으로 볼 때, 장시기 동안 봉건적인 전통 관념이 뿌리 깊이 박힌 대부분 조선족 여성들은 의연히 여성해방, 자아해방의 필요성을 자각하지 못한 채 가부장적인 고정관념하에 현모양처를 인생의 최종 가치로 간주하며

228) 허명철, 1993, 『21세기로 달리는 중국 조선족』1, 연변인민출판사, 137-138쪽.

229) 전신자, 2001, 「20세기 초 조선족 여성과 기독교」, 『조선족연구총서』5, 연변대학출판사.

230) 양옥금, 1994, 「조선족 여성들의 참정의정에 대한 초보적인 연구」, 『여성문제』1, 연변대학출판사, 78쪽.

순종적이고 폐쇄적인 삶을 살았다.

요컨대, 이 시기 수많은 여성들이 중국 해방과 사회실천 속에서 여성해방운동을 추진하였지만 대부분 조선족 여성들은 의연히 현모양처의 의식구조 속에서 가정에서는 남자 권위의 종속적인 생활을 해왔으며, 따라서 사회적 지위나 여성해방은 거의 이루어지지 못했다고 할 수 있다.

해방 후 중국 조선족 여성들의 사회적 지위에는 근본적인 변화가 일어났고 여성들의 가치관 판단에도 커다란 변화를 가져왔다. 당시 중국은 전반 여성의 노동계급화를 통하여 생산수단을 사회화하였고 가정의 사회화 집단화를 정책적으로 추진시켜 나갔다. 이러한 상황하에서 조선족 여성들은 무조건적으로 남성들과 똑같이 사회에 나가서 생산노동에 참가해야 했다. 이렇게 본격적인 사회진출을 통하여 조선족 여성들은 사회적 지위와 정치적 지위의 향상은 얻어왔지만 동시에 사회와 가정에서 양립해야 하는 이중적 역할의 부담도 상당히 컸다. 왜냐하면 중국은 남녀평등·여성해방 문제가 비교적 원만히 해결되어 한족(漢族) 여성들은 사회나 가정에서 실제적으로 평등 권리를 향유하고 부부가 공동으로 가사를 분담하였기에 많은 가사부담을 덜 수 있었지만 조선족 여성들의 경우는 그렇지 않았다. 전통적인 "남존여비"사상은 여전히 조선족 여성들의 해방에서의 가장 큰 장벽이었다. 여성들은 바깥일과 집안일을 전적으로 담당하였다. 남자들은 '큰일을 한다'면서 하는 일이 모판 관리, 비료치기, 전간(田間)관리 및 힘이 필요한 일과 바깥일에 불과하여, 집에서는 밥상이 나오면 입을 벌리고 옷이 되면 팔을 내미는 '주인'이었다.[231] 이와 같이 도시나 농촌을 막론하고 여전히 남자 중심의 가정생활로서 여성들은 모든 가사노동을 전적으로 부담하면서 사회생산 활동에도 참가해야 했기에 사회와 가정의 이중적 부담으로 육체적으로나 정신적으로 매우 피로하고 힘겨웠다.

한마디로 이 시기 중국 조선족 여성들은 중국의 해방과 더불어 사회주의 건설을 위한 헌신적 사명의식과 강한 사회의식을 지니고 사회의 각 영역에서 활약하면서 자기의 인생가치와 사회가치를 실현하려고 하였다. 그러나 가정적으로는 여전히 가부장적 봉건윤리의 예속과 현모양처의 도덕규범으로 말미암아 가사 전반을 떠맡아 나가야 했고 정신적으로나 육체적으로 이중적 부담을 져야 하는 것이 이 시기의 특징이라고 할 수 있다.

그 후, "문화대혁명"의 10여 년간 중국의 조선족 여성들은 정치지상주의의 특정된 현실 속에서 평등의 요구를 초월하여 정치운동에 열광적으로 뛰어들었고 가정생활과 혼인생활도 의식적으로 정치와 연관시키면서 급진적인 정치운동 참여에서 자기의 사회적 지위를 찾으려 하였다. 따라서 조선족 여성들의 현모양처 윤리도덕과 부드럽고 온화한 성격적 기질은 축소되고 강한 특성이 점점 형성되었다.

요컨대, 조선족 여성은 수십 년 동안 중국이라는 문화권 속에서 사회발전의 흐름에 따라 그들은 점차 한반도의 여성과는 다른, 중국의 한족과도 상이한 조선족 특유의 문화를 창조하였고 이중성격의 여성상으로 발전하였다. 개혁개방 이전 조선족

231) 정신철, 2000, 『중국조선족』, 신인간사, 147쪽.

사회에서 여성들은 우선은 가족의 생존이라는 중임을 짊어질 수 있는 여성들이었을 뿐만 아니라 변화에 대한 강한 적응력과 생활력, 포용력의 소유자들이었다.

(2) 개혁개방 이후 조선족 여성들의 의식 변화

개혁개방은 조선족의 전통적인 전원 경제 생활방식을 개변시키고 새로운 생기를 부여하였으며 따라서 조선족 여성들의 전통적인 관념은 개혁개방의 물결 속에서 새로운 변화를 가져왔다.

개혁개방 이후 농촌에서 도거리책임제를 실시하여 노동력이 남아도는 상황에서 생산비가 엄청나게 올라가는 반면에 양식값은 올라가지 않아 농촌들에서는 생활난으로 어려움을 겪었다. 하지만 조선족 여성들은 농촌에서의 생활난과 주어진 운명에 순종하지 않고 농촌의 울타리에서 벗어나 대담하게 치부의 길에 들어섰다. 그들의 경제 활동은 크게 두 방면, 자영업의 흥성과 도시·해외로의 진출로 나누어 볼 수가 있다.

조선족 가운데서 제일 먼저 상업에 뛰어든 계층은 부녀들이었고 그들은 상업 진출에 있어서의 주력군이었다. 조선족 여성들은 부지런하고 모든 가사를 도맡아 하므로 경제적 타산이 남성들보다 앞섰고 줄곧 '큰일'만 바라며 '남성중심주의', '대장부주의' 유교사상이 뿌리 깊이 박힌 남자들은 상업에 종사하는 일을 비천한 일로 간주하였다. 그리하여 조선족 여성들은 처음에는 일상 용돈을 마련하려고 쌀을 머리에 이고 시장에 가서 팔기 시작하던 데로부터 점차 조선족 전통음식, 채소, 과일, 복장 등을 파는 데까지 확대되고 나아가서 음식점 등 자영업 경영에까지 이르게 되었다.[232] 뿐만 아니라 중・조변경(中朝邊境)에서의 보따리장사로부터 러시아, 한국 등 여러 나라로 진출하여 국제무역 무대에서 경제인으로서의 역할을 발휘하였다. 그리고 또 1980년대 말부터 많은 조선족 여성들이 도시에로 진출하여 경제활동에 종사하였고 물질적 부에 대한 욕구가 늘어남에 따라 대량의 조선족 여성들은 외화벌이를 목적으로 친척방문, 산업연수, 한국 유학 등 여러 가지 방법으로 한국에 진출하였다. 개혁개방 후 실제로 조선족 사회를 경제적으로 지탱해 온 것도 여성이라고 하여도 과언은 아닐 것이다.

조선족 여성들은 이러한 상업에로의 진출과 도시・해외로의 이동을 통해 점차 과거 가정의 현모양처 규범을 당연한 것으로 받아들여 오던 이중적 모순체로부터 탈리되어 자존, 자주, 자강의 의식이 강화되었으며, 따라서 그들의 혼인관에도 커다란 변화가 생겼다.

결혼을 평생 결합으로 간주하고 혼인에 만족하지 않으면서도 이혼송출을 제기하는 것을 명예롭지 못한 일로 여기며 혼인을 파괴하지 않으려던 의식으로부터 점차 애정 없는 혼인을 유지하는 것이 오히려 비도덕적이며 감정이 파열되었을 경우에는 일찍 갈라지는 것이 더 도덕적이라는 의식으로 변화하게 되었다. 이는 1992년 이혼소송 원고자의 70%가 여성이라는 점에서도 알 수 있다.[233] 따라서 이혼하거나 사별한 중년부부의

232) 정신철, 위의 책, 77쪽.

233) 정신철, 위의 책, 151쪽.

재혼율이 높아졌으며 노년의 재혼율도 높아졌다.[234)]

혼인에 있어서도 국제결혼을 출국의 수단으로 이용하는 혼인의식이 점차 형성되었다. 물론 국제결혼은 남녀 간의 애정으로 이어지는 정상적인 국제결혼도 부인할 수 없지만 해마다 증가하는 국제결혼 수는 하나의 물질문명을 추구하는 경제행위라는 것을 표명함과 동시에 조선족 여성들의 의식이 과거의 전통적이고 보수적인 가족 내 성역할 의식으로부터 이미 사회역할로 전이하였다는 것을 표명한다.[235)] 더욱이 급증하는 국제결혼에 나타난 "가짜이혼" 혹은 "위장결혼" 현상은 그들의 정조관념이 윤리도덕보다 경제를 우선시하는 실용주의에로 변화되었음을 여실히 말해 준다. 하지만 조선족 여성들의 의식이 어떻게 변화하든지 그들은 딸로서 아내로서 어머니로서 가족생계의 주요한 담당자라는 것을 부인하지 못한다. 왜냐하면 "가짜이혼" 혹은 "위장결혼"이란 수단으로 국제결혼을 한다는 자체가 바로 여성들이 자기 자신의 행복보다 가족 혹은 친정을 위한 것이라는 것을 의미하기 때문이다.

요컨대, 개혁개방 이후 조선족 여성들은 시장경제체제하에 대내적으로는 상업을 천시해 온 조선민족의 체면의식에 용감히 도전한 자들로서 조선족 사회를 경제적으로 지탱해 온 주요 역량이었고 대외적으로 개방정책의 유도하에 제3 산업대군의 선두자로 등장한 자들이었다. 경제적 확립과 물질적 문명, 새로운 삶을 지향하는 그들의 끈질긴 노력과 주동성과 적극성은 대단

---

234) 전신자, 2007, 「중국 조선족 여성들의 국제결혼으로 본 조선족 사회 가족변화」, 『여성이론』16, 도서출판 여이연, 73쪽.

235) 위의 논문, 72쪽.

히 높으며 한국 남성과의 국제결혼도 그들의 의식의 변화에 따른 더욱 좋은 삶을 영위해 나가려는 갈망의 표현이며 그들은 언제까지나 삶의 능동적 행위 주체자라고 할 수 있다.

2) 한국 사회와 국제결혼

1980년대 경제의 고도성장에 따라 산업 부문의 인력부족 현상이 중소기업에서 생산 관련직에서 두드러지게 나타났다. 한국 경제의 고도성장에 따라 1987년 이후의 노사분규의 급격한 증가로 노동자의 임금수준은 급상승했다. 인력부족과 임금상승과 같은 경제적인 요인 이외에 1980년대 중반 한국 내에서는 '3D'직종의 일을 기피하는 분위기가 확산되었고 이는 아시아 지역 개발도상국 출신의 외국인 노동자들의 유입에 추동한 요인들이다. 또한 한국 노동시장의 소비형 서비스 산업의 증가 추세와 한국 사회에서의 성차별 문화, 가족중심주의 인식은 이 부문에서 선호하는 여성 노동자의 인력난을 초래하였다. 이 또한 한국이 발전도상국 나라 여성들의 유입을 촉진한 사회구조적 원인이라고 할 수 있다. 그리하여 많은 여성 노동자들은 한국에 이주하게 되는데 정상적인 경로를 통한 한국으로의 노동력 이주가 불가능한 여성들은 이주의 수단으로 국제결혼을 선택하게 되는 것이다.

그들의 이러한 선택은 한국 정부가 국제결혼의 행사에 적극적으로 개입하고 지원한 정부 차원의 행위와 무관하지 않다. 한중수교 이후 조선족과 한국 간의 교류가 급증하면서 정부의 지원하에 국제결혼 수는 빠른 속도로 늘어났다. 한국 여성들과 결혼할 수 없는 한국 남성들에게 조선족 여성과의 결혼은 하나의 대안으로 여겨졌으며 한국 정부 또한 노동력 이주를 제한하는 동시에 국제결혼을 통한 이주를 허용하는 이주정책을 시행하였다. 조선족 여성들의 한국 남성과의 국제결혼은 바로 이러한 요소들이 작동한 것과 밀접히 연관된다고 할 수 있다.

4. 조선족 여성들의 결혼 생활 체험들로부터 본 문제점

결혼이란 서로 다른 가정에서 성장한 성인 남녀가 만족스러운 관계를 유지하기 위하여 계속적인 노력이 필요한 적응과정이란 점을 고려해 볼 때, 어려운 점이 하나도 없는 완벽한 결혼생활을 영위하기란 매우 어렵다. 더욱이 서로 다른 역사적, 문화적 배경을 가진 두 사람이 맺는 국제결혼은 결혼을 맺는 순간부터 많은 모순들을 내재하고 있다. 조선족 여성들의 국제결혼 가정도 예외는 아니다. 오히려 그들은 '같은 민족'이라는 기대 속에서 정체성의 혼란을 겪는 경우가 많다. 한중관련 정치적인 뉴스가 나올 경우 남편은 중국에 대해 부정적으로 평가하고 있으면서 조선족 아내를 "무시"하고 "비하"한다. '같은 민족'이고 '같은 가족'이기 때문에 가족에 충실해야 한다고 생각했던 조선족 여성들은 이런 남편의 태도에 '정말 실망'한다고 한다. 이런 부부간의 생활을 체험하면서 조선족 여성들은 "내가 왜 한국에 시집왔는지", "나는 누구인지"에 대한 고민을 가진다고 한다.

애기 아빠랑 중국 사람이 다 한국 사람이다 하면서 싸운 적이 있었어요. 너무 웃긴게 여기는 한국산 조개고 저기는 중국산 조개라고 하는 게 너무 웃기고 또 중국산은 무조건 안 좋다는 식으로 신토불이를 따지는 것 같아요. … 중국산에 대해 너무 비하하는 그런 게 있어요. 뭐 이게 안 좋고 그러면 이게 중국산 아니냐고 의심하고 맛없다고 한 적 있어요.[236)]

국가에 대한 인식에 있어 한국 남성은 조선족 여성을 아내라고 생각하지 않고 '중국인'이라고 인식하면서 일방적으로 무시하고 비난한다. 국가관에 있어서 한국 남성들은 조선족 여성들이 무조건 남성의 국가관을 순응해야 한다는 가부장적 태도를 보여주고 있다.

그런 것은 분명히 존재해요. 국가관이라면요. 30여 년 동안 다른 국가에서 살아왔기 때문에 사회적인 생각도 있고 문화라고 하기는 좀 그렇고 가치관이겠죠. … 특히 역사, 정치에 있어서 많이 차이가 나죠. 할 얘기가 없어요.[237)]

부부간의 다종다양한 생활 체험을 통해 조선족 여성들은 남편과의 갈등과 문제를 해결하는 방법을 터득하게 된다. 정치적이고 문화적인 요소 때문에 부부관계에 문제가 생길 경우 대부분 조선족 여성들은 "회피"하는 방식을 선택하게 된다.

후에야 터득한 일이지만 우리는 함께 뉴스를 보지 않는 것이 제일 평화로운 일이며 뉴스에 대한 얘기를 하지 않는 것이 제일 지혜로운 일이라는 것을.[238)]

---

236) 최금해, 2005, 「한국 남성과 결혼한 중국 조선족 여성들의 한국에서의 적응기 생활체험에 관한 연구-여성주의적 고찰」, 『아세아여성연구』44(1), 숙명여자대학교 아시아여성연구소, 343쪽(면접자-나이: 31, 배우자 나이: 38, 결혼기간: 9년, 입국 날짜: 1996년, 자녀 수: 2명, 직업: 국제결혼 중매, 거주 지역: 충남).

237) 위의 논문, 344쪽(면접자-나이: 29, 배우자 나이: 36, 결혼기간: 1년, 입국 날짜: 2003년, 자녀 수: 없음, 현황: 식당일 및 국제결혼 중매, 거주 지역: 서울).

238) 위의 논문, 342쪽(면접자-나이: 34, 배우자 나이: 44, 결혼기간: 10년, 입국 날짜: 1995년, 자녀 수: 1명, 현황: 대학원생, 거주 지역: 인천).

또한 가부장적 사고방식을 가진 한국 남성은 조선족 아내보다 부모님에게 효도하고 친척들과의 관계를 더 중시한다. 한국 남성들은 아내보다 부모, 형제를 중시하는 것이 남자의 도리라고 생각하고 있다. 이는 시부모와의 갈등을 남편에게 '하소연' 할 때 남편이 보여주는 '무시'와 '화를 내는' 행동에서 느낄 수 있다고 한다. 가부장적사회에서 부모에 대한 불만은 절대 허용하지 못할 일이라고 생각한다. 부모에 대한 효도와 순종은 절대적이라고 생각하고 있기 때문이다.

> 저녁에 돌아온 남편에게 하소연하니 남편은 이것이 바로 한국 여성이 되는 과정이라나. … 남편은 무조건 시어머님 편이다. … 뭐 한국 여성들은 다 이렇게 산다. … 내가 한국에 온 '죄'로 한국을 이해하려고 하지만 중국 문화를 모르는 남편은 이해한다는 것이 상상에 맡길 수밖에.[239)]

시어머님들은 조선족 아내들을 시종 '중국 사람'은 '한국 사람'이 아닌 남이라고 생각하고 있으며 '남'이기 때문에 며느리의 노력에도 불구하고 며느리에 대한 태도에는 변화가 없다고 하였다.

> 자기 것은 무조건 옳고 남의 것은 무조건 틀리다는 그런 사람… 시장 가면 뭐 중국 마늘은 사지 마라, 중국에 관한 나쁜 뉴스가 나오면 무조건 중국이니까 그렇다는 식으로 얘기한다. … 중국은 변화하고 있고 나도 변하고 있지만 시어머님은 절대로 변하지 않는다. 그것도 나에 대한 태도 변화는 없었다. 그래서 나는 시어머니랑 같이 있는 시간이 너무 괴롭다.[240)]

---

239) 위의 논문, 342쪽(면접자-나이: 34, 배우자 나이: 44, 결혼기간: 10년, 입국 날짜: 1995년, 자녀 수: 1명, 현황: 대학원생, 거주 지역: 인천).

240) 위의 논문, 345쪽(면접자-나이: 34, 배우자 나이: 44, 결혼기간: 10년, 입국 날짜: 1995년, 자녀 수: 1명, 직업: 대학원생, 거주 지역: 인천).

시부모와의 갈등을 해결하는 방법은 시부모와 교류를 단절하거나 자신의 인식을 변화하는 등 크게 두 가지로 구분할 수 있다.

> 하루 종일 같이 있어도 말 한마디 안 한다. 나는 피하는 것이 스트레스 해소의 상책이라고 생각한다.241)

조선족 여성들은 또 동서와의 관계에서 비교적 많은 갈등을 겪고 있는데 동서들은 조선족 여성들을 자기네들보다 '못사는 중국'에서 왔기 때문에 한국 문화에 적응되어야 한다는 식으로 항상 '가르치며' 그것도 '좋게 가르치는 것이 아니라' '비웃음'의 대상으로 삼고 있다.

> '아, 형님, 그런 것은 그렇게 하는 게 아니에요' 하면서 비웃고 그래요. 아니 좋게 얘기하고 그러면 내가 몰라서 나를 가르치고 있구나라는 생각이 드는데, 그런 게 아니고 나를 무시하고 있다는 것을 느끼게 되는 거예요. … 그래서 동서랑 싸웠어요.242)

> 큰형님은 나한테 '동서 왜 중국 돈에서 똥 냄새가 나냐' 하더라고요.243)

동서들과의 생활체험을 통해 대부분 조선족 여성들은 "강하게" 대응한다고 했다. 즉 "무시", "비웃음"의 결과는 동서와의 "싸움"이었다. "싸움" 끝에 동서는 "더 이상 함부로 대하지 못

---

241) 위의 논문, 346쪽(면접자-나이: 34, 배우자 나이: 44, 결혼기간: 10년, 입국 날짜: 1995년, 자녀 수: 1명, 직업: 대학원생, 거주 지역: 인천).

242) 위의 논문, 347쪽(면접자-나이: 31, 배우자 나이: 38, 결혼기간: 9년, 입국 날짜: 1996년, 자녀 수: 2명, 직업: 국제결혼 중매, 거주 지역: 충남).

243) 위의 논문, 348쪽(면접자-나이: 30, 배우자 나이: 30, 결혼기간: 6년, 입국 날짜: 1999년, 자녀 수: 없음, 직업: 중국어 강사, 거주 지역: 서울).

한다"고 말한 여성들이 있는 반면 "대화로 해결이 안 되는 이상", "방법 없이 적응"한다고 말한 여성들도 있다.

> 임신중독 걸렸는데 제사상 준비하는데… 제일 힘든 것은 동서가 안 도와주는 거예요. 속상해도 방법 없어요.[244)]

이와 같이 동서들은 가부장제의 영향을 받아 자신도 여성으로서 차별과 무시를 받으면서도 자신보다 더 '낙후한 중국'에서 온 조선족 여성들을 무시한다. 성, 연령, 경제적 및 사회적 지위 등과 관련된 위계적인 관계 속에서 조선족 여성들은 시부모, 동서 등 가족 친척 관계에서 억압을 받고 있다.

아래의 <표 2>[245)]에서도 알 수 있듯이 결혼 이후, 조선족 여성들이 한국에서 생활하면서 가장 힘들었던 점으로는 "외로움(27.9%)"과 "문화 차이(15.1%)"이다. 즉, 그들의 사회심리적 소외감 극복이 그들이 결혼 생활 적응의 핵심임을 알 수 있다. 그러나 별다른 차별을 느끼지 않고 정체성의 혼란 경험이 없이 살아가는 여성들도 있다.

> 중국과 한국이 다르긴 하지만 나에게는 똑같아요. 여자로서, 아내로서, 어머니로서 살아가는 것은 양국이 거의 비슷해요. 한국에서 살면서 이해가 되지 않았던 것은 별로 없어요. 내가 살던 곳과 다른 점이 거의 없었어요. 생각하는 게 달라서 시댁이나 이웃과 문제가 있었던 적도 없어요.[246)]

---

244) 위의 논문, 348쪽(면접자-나이: 34, 배우자 나이: 41, 결혼기간: 2년, 입국 날짜: 2002년, 자녀 수: 1명, 직업: 주부, 거주 지역: 서울).

245) 한국사회학회, 2006년, 「결혼이민자가족실태조사 및 중장기 지원정책방안연구」, 216쪽.

246) 설동훈 외, 2006, 「결혼이민자의 가족생활 심층면접기록」, 서울: 여성가족부, 4쪽(면접자-나이: 39, 배우자 나이: 44, 결혼기간: 1년, 입국 날짜: 2005년, 자녀

<표 2> 한국에서 생활하면서 가장 힘든 점

(단위: 1순위 %, 명)

이민자 조사			외로움	문화 차이	자녀 문제	경제 문제	언어 문제	가족 갈등	주위의 시선·태도	음식 기후
전체		(1156)	22.3	14.6	13.8	12.1	11.5	3.5	3.1	3.0
성별	여성	(1044)	23.2	15.0	14.7	11.4	11.8	3.7	2.6	3.0
	남성	(112)	14.3	10.7	5.4	18.8	8.9	0.9	8.0	3.6
성별·거주지별	여성-도시	(805)	23.9	14.5	13.5	11.7	11.3	4.1	2.7	2.4
	여성-농촌	(239)	20.9	16.7	18.4	10.5	13.4	2.5	2.1	5.0
	남성	(112)	14.3	10.7	5.4	18.8	8.9	0.9	8.0	3.6
성별·출신국별	여성-조선족	(484)	27.9	15.1	13.6	14.7	3.1	4.8	4.1	2.1
	여성-한족	(109)	20.2	11.0	14.7	11.9	24.8	4.6	0.9	2.8
	여성-베트남	(184)	19.0	10.3	14.7	6.5	18.5	1.6	2.2	5.4
	여성-일본	(99)	11.1	18.2	30.3	10.1	16.2	6.1	0.0	2.0
	여성-필리핀	(100)	30.0	21.0	4.0	8.0	17.0	2.0	1.0	5.0
	여성-기타	(68)	13.2	20.6	14.7	7.4	20.6	0.0	1.5	1.5
	남성-조선족	(74)	14.9	9.5	5.4	23.0	4.1	0.0	8.1	4.1
	남성-한족	(15)	20.0	6.7	0.0	20.0	20.0	0.0	0.0	0.0
	남성-기타	(23)	8.7	17.4	8.7	4.3	17.4	4.3	13.0	4.3

> 국제결혼의 장점은 특별히 없어요. 아이들이 중국어를 할 수 있는 것도 아니에요. 국제결혼이기 때문에 가지고 있는 장점은 없는 것 같아요. 또한 국제결혼 때문에 어려운 점도 없어요. 사람 사는 것은 다 비슷하고 그것이 국제결혼이라서 힘든 것은 아닌 것 같아요.[247]

한국 가족들은 우리보다 못사는 중국의 풍습은 '미개한' 것, '야만적'인 것으로 여겨지기 때문에 조선족들이 보다 잘사는 한국의 풍습을 따르는 것이 당연하다고 생각하면서 조선족 아내를 차별한다. 남편을 중심으로 위계화된 서열 속에서 조선족 여성들은 '조선족'이기 때문에 평등한 대우를 받지 못하며 시부모는 물론 동서들로부터도 무시와 차별을 당한다. 이러한 가

수: 1명, 직업: 음식점 점원, 거주 지역: 서울).

247) 위의 논문, 6쪽(면접자-나이: 41, 배우자 나이: 40, 결혼기간: 12년, 입국 날짜: 1995년, 자녀 수: 2명, 현황: 학생, 거주 지역: 서울).

족 구성원들의 편견과 몰이해로 인해 조선족 여성들은 심리적 허탈감, 무기력증 등을 느끼게 되며 대응방식으로 조선족 여성들은 '회피'하거나 '방법 없이 적응'하는 방식으로 결혼 생활을 영위해 나가고 있다.

그러나 한국 남성들은 조선족 여성들이 우리보다 못사는 나라에서 왔기 때문에 더 순종적이고 자신의 말이면 무조건 순종할 것이라고 생각했지만 그들은 결혼 생활을 통해 사회주의 국가인 중국에서의 남녀관계는 오히려 한국보다 덜 '전통적'이라는 것을 깨닫게 된다. 위에서도 살펴보았듯이 조선족 여성들은 수십 년 동안 중국이라는 문화권 속에서 사회발전의 흐름에 따라 점차 한반도의 여성과는 다른, 중국의 한족과도 다른 조선족 특유의 문화와 여성상을 형성하였다. 그들은 외유내강의 기질과 강한 생활력, 적응력, 포용력의 소유자로서 사업에서는 자신이 자주적이고 남성들과 겨룰 수 있는 강자로 되려고 하며 생활에서는 아름답고 온화하며 남성들의 환심을 살 수 있는 여인이 되고 자신의 생활적 향수도 누릴 수 있는 삶을 바란다. 한국 가족 구성원들은 조선족 여성들의 이러한 고유한 문화 특성을 무시한 채 일방적인 적응만 강요한다.

이상 결혼 생활 적응 양상으로부터 우리는 국제결혼 조선족 여성들은 한국 가족 내에서 '조선족'이기 때문에 차별과 무시를 받는 것이 제일 큰 문제점이라는 것을 알 수 있다. 필자는 그 문제점의 근원은 한국인과 조선족들의 문화적 차이에서라기보다는 한국인들의 가치 지향성에 내재된 차별의식으로부터 기인한다고 생각된다. 또한 그에 따른 가정불화로 인해 이혼율이 증가되는 문제도 하나의 사회문제로 부상하였다.

이정희(2006)는 국제결혼의 위험요인은 문화적 갈등과 이혼위기를 야기시키는 인과적 요인으로 여러 가지 갈등과 이혼문제에 영향을 주는 근본 원인으로 나타났다고 지적하고 그 위험요인들은 '유입기' 남편에 대한 인식 부족, 상황에 내몰린 결혼과 '실망하면서 적응하기'의 약속과 다른 현실, 돈(매매혼)이 개입된 결혼 현실에 대한 인식 부족, 결혼에 대한 환상이 깨어짐, 부부 역할에 대한 인식 부족 등이라고 하였다.[248]

손은록(2004)은 조선족 여성 국제결혼 가정의 경우, 이혼을 생각해 본 적이 있는가에 대해 조사한 결과 51.6%가 이혼을 생각해 본 적이 있는 것으로 나타났는데 그 주된 이유로는 남편의 폭력과 무시가 제일 큰 원인으로 나타났다.[249] 국제결혼을 한 이주여성의 가정 내에서 당하는 가정폭력 피해 유형을 살펴보면 신체적 폭력인 구타(36.8%)가 가장 많이 나타났고, 그다음으로 성적 학대(31.6%), 정신적 폭력인 폭언, 멸시(26.3%), 경제적 학대(4.3%) 순으로 나타났다.[250] 그러나 표면적으로는 가정폭력 때문에 이혼을 생각하게 되고 이혼을 선택하게 된 것 같으나 그 이면의 결혼 생활 속에는 다양한 문제와 갈등이 내재되어 있다. 또한 그러한 폭력을 감당하면서 결혼 생활을 더 이상 영위해

248) 이정희, 2006, 「여성결혼이민자의 문화적 갈등과 이혼위기에 대한 사례연구」, 계명대학교 여성학대학원 사회복지학과 석사학위논문, 41쪽.

249) 손은록, 2004, 「국제결혼 가정의 부부갈등요인과 갈등대처방안에 관한 연구: 한국인과 결혼한 중국조선족 여성을 중심으로」, 강남대학교 사회복지 전문대학원 사회복지학과 석사학위논문, 65쪽.

250) 양정화, 2005, 「이주여성의 차별과 폭력경험에 관한 실태조사 연구: 경남지역을 중심으로」, 경남대학교 대학원 NGO협동과정 석사학위논문, 80쪽.

나갈 수 없음에도 많은 이주여성들은 이혼을 선불리 선택할 수 없는데 이혼을 주저하는 요인으로는 자식을 빼앗길까 봐 42.1%로 가장 많고, 모국으로 돌아가기 어려워서 10.5%, 언젠가는 좋아지리라는 희망 때문 10.5%, 경제적 자립이 어려워서 10.5% 등으로 나타났다.[251] 이혼을 선택하기 어려운 상황에서도 이혼율은 부단히 상승하고 있는데 이혼을 촉진하게 되는 요인으로는 가정폭력이라는 주된 요인을 제외하고 또 가정폭력으로 인한 경제적인 어려움과 함께 '변화하지 않는 남편', '여성결혼이민자의 가치관의 변화와 자아성찰', '경제적인 자립 확보' 등이 중요한 원인들이다.[252]

종합하면, '우리'와 남을 구분하여 행동하는 경향은 모든 인간집단에 공통된 현상이지만 한국인들의 '우리'에 대한 애착과 남에 대한 배타성은 좀 유별난 측면이 있다. '우리끼리 문화'가 국가 차원으로 확대되면 단일민족으로서의 '우리'인 한국인과 '남'인 외국인이 대비되는 인식구조가 생겨난다. 단일민족으로서 혈통의 단일성과 문화전통의 동질성이 끊임없이 강조되는 한편, 외부의 다른 민족 집단에 대한 경계의식이 고취된다. 이러한 한국인의 가치 지향성에 내재된 차별의식으로 인해 조선족 여성들은 소외되며 동시에 사회적으로도 결혼적령기에 결혼을 못하는 한국 남성은 또 조선족 여성과 결혼했기 때문에 모자라는 사람으로 여겨지며 한국 사회에서 소외된다. 그러한 관념이 조선족 여성과 결혼한 가정에 투사되어 한국 남편은 조

251) 위의 논문, 87쪽.

252) 이정희, 2006, 「여성결혼이민자의 문화적 갈등과 이혼위기에 대한 사례연구」, 계명대학교 여성학대학원 사회복지학과 석사학위논문, 78쪽.

선족 부인을 부끄러워하며 부인이 조선족 여성이라는 사실을 숨기고 싶어 하기 때문에 조선족 여성은 가정적으로나 사회적으로나 더욱 소외된다.

5. 맺으며

조선족 여성들은 한국인들의 이상과 같은 문화 속성 때문에 한국 사회에서 차별받고 있음을 인지해야 하며 다른 문화를 이해하고 모든 사물에 대한 객관적 평가능력을 갖추기에 노력함으로써 한국 사회에서의 자신의 정체성을 확고히 해야 한다. 왜냐하면 조선족 여성들에 대한 한국인들의 차별현상은 절대 문화적인 차이에서가 아니라, 한국 사회의 문화적 속성에 있기 때문이다. 세기를 넘어 뿌리 깊이 박힌 문화는 짧은 시간 내에 질적인 변화를 가져오기 힘들며 한국인들의 가치 지향성에 뿌리 깊이 박힌 차별의식도 한순간 변화될 수 있는 것이 아니다. 때문에 조선족 여성들은 한국 사회에 능동적으로 적응함으로써 강한 적응력과 포용력을 갖춘 삶의 능동적 주체로서 살아가야 할 것이다.

문화적 다양성은 이미 존재하기 때문에 인정해야 한다는 소극적인 측면에서만이 아니라 생물종의 다양성이 지구 생태계의 지속에 필요하듯이 인류문화가 미래에 건강하게 발전하기 위해서 문화적 다양성이 필수적인 조건이라고 보는 것이다. 즉 문화는 어떤 이념이나 원리, 법칙이 선재하기 때문에 질서를 위해 존재하는 것이 아니라, 이러한 추상적 구조를 거부할 때,

살아 있는 문화로 뿌리내리고 구체화될 수 있는 것이다.

한국인들은 이제 다문화사회 시민 된 자세를 갖추어야 할 시점에 왔으며 차이가 시대정신인 오늘날 다름의 문화, 차이가 있는 문화는 배척, 제거해야 할 것이 아니라 그러한 차이, 다름, 타자에 대해 수용함으로써 편견 없는 문화공생을 도모해야 할 필요성을 인지해야 한다. 왜냐하면 서구인들 스스로 미래는 자신들의 서구 중심의 획일적 진리가 소통될 수 없음을 반성하고 또 인정하고 서구적 진리가 스스로 변화를 꾀하지 못하면 무너질 운명을 맞이할 것이라는 것을 깨우친 것과 같이 한국도 이제 그러한 시점에 놓여 있기 때문이다.

한국 사회는 앞으로 평등하고 인권이 존중되는 사회를 만들기 위해서는 한국 문화의 가치 지향성 속에 내재되어 있는 원천적인 차별적 요소들을 직시하고, 합리적 사고를 북돋을 사회적 풍토를 닦고, '나'와 다른 모든 인종과 민족, 국가가 각기 고유한 문화전통을 갖고 있으며 그러한 문화는 유구한 세월 속에서 성장한 사회·역사적 산물임을 인식하고 인정할 수 있는 공생의 원리와 민주주의를 끊임없이 교육하는 방향으로 나아가야 할 것이다.

Ⅱ. 조선족 여성 이주노동자의 차별 실태와 한국 문화의 속성

1. 들어가며

1990년 후반부터 증가하기 시작한 한국 내 조선족 이주 노동자는 2021년 10월 출입국외국인정책 통계월보에 의하면, 2021년 10월 말까지 외국국적동포는 784,262명으로 전체 체류외국인 1,980,557명의 39.6%를 차지하고 있으며, 국적별로는 중국이 633,980명으로 전체의 80.8%를 차지하며, 그중 절반가량이 조선족 여성들로서 다른 국적의 노동자들에 비해 여성의 비율이 상대적으로 높다. 그들의 국제이주는 1978년 중국 개혁개방 이후, 시장경제화에 따른 조선족 사회의 변화와 한국 산업구조의 변화와 맥락을 같이하였다고 할 수 있다. 현재 한국 사회에서 다양한 삶의 조건에 처해 있는 조선족, 특히 조선족 여성을 만나는 일은 이미 생활의 한 부분으로 되었고 조선족 여성들을 떼놓고 생각하기 어려울 만큼 그들은 한국 사회와 경제 영역에 밀착되어 있다.

역사적, 구조적 배경을 가지는 한국 사회의 협애한 의식풍조와 남과의 차이를 인정하는 데 배타적인 사회적 분위기는 이주노동자로 하여금 다양한 차원의 차별을 받도록 만든다. 즉 단일민족 이데올로기에 익숙한 한국 사회는 "우리"와 "타자"그리고 그 "타자"와의 차이로 인한 다양성을 받아들이지 못하고 있으며 이주노동자들로 하여금 문화이질감, 열악한 노동환경으로 인해 사회·심리적 어려움을 겪게 한다. 특히 가부장적 성차별사회에서 이주여성은 이주남성과는 달리 다차원적 차별구조 속에 있으며 인종(민족)차별, 계급차별, 성차별, 외모차별 등 여러 가지 차별을 받고 있다.

국제화의 맥락에서 노동력의 국제이주는 다양한 배경하에서의 다양한 문화수준의 사람들에 의해 이루어지며 국제이주는 이주 전후의 두 개의 상이한 사회구조가 상호작용하는 역사과정이다. 즉 국제화와 "노동의 국제 이주"가 회피할 수 없는 하나의 객관법칙이라는 점을 고려할 때, 이주노동자와 이주국과의 접촉은 일시적인 현상으로 간과할 수 있는 것이 아니며 그것은 결코 이주노동자에게만 해당되는 일방적인 적응과정인 것이 아니라 그들과 이주국 사이의 상호 적응을 기초로 하는 상호작용의 과정인 것이다. 또한 그들은 단순한 노동력만이 아니라 '총체적 사회현상'을 실현하는 문화담당자인 것이다. 이러한 점을 감안했을 때, 이주노동자와 이주국 간의 상호 적응을 통한 공존의 모색이 필요하며 이미 한국 사회의 주요한 구성원이 되어 가고 있는 조선족 여성 이주노동자들에게 잘 살아갈 수 있도록 좋은 삶의 환경을 마련해 주는 것은 바람직한 다문화 사회발전에 매우 중요하다고 생각된다.

한국 내 이주 노동자 관련 연구는 이주 노동자가 증가함에 따라 1990 년대 후반부터 본격적으로 이루어지기 시작하였으며 주로 국가정책적 차원, 문화인류학적 차원, 사회학적 차원에서 진행되었으며, 주로는 국가적 차원에서의 효율적인 외국 인력 정책의 수립과 운영, 인종 및 문화의 차이로 인한 개인의 갈등과 적응, 이주노동자의 인권과 관련한 시민단체 운동 등에 초점이 맞추어져 있었다.

이러한 연구의 흐름하에 조선족 이주 노동자에 관한 초기의 연구도 주로 조선족 이주노동자들의 이주 과정과 갈등, 적응 양상 등의 문제에 집중되었다. 그리고 그 후의 연구들에서는 조선족 이주노동자들을 단순히 노동력 사용의 대상만이 아닌, 진정한 사회 구성원으로 받아들여야 한다는 관점에서 출발하여, 한국 사회 차별의 실태를 드러냈다는 점에서 논의의 폭이 넓어졌다고 할 수 있다.

조선족에 대한 차별이 문제시된 만큼 조선족 이주노동자들에 대한 연구는 적응과 갈등뿐만 아니라 그들에 대한 '차별'문제도 중요한 연구주제로 부상하였다. 왜냐하면, 조선족들은 재외동포로 취급되기도 하지만 시종 '외국인 노동자'라는 인식하에 놓여 있기 때문이다. 외국인 노동자 차별현상에 대한 한국 학계의 초기 논의에서는 한국인과 외국인 노동자와의 인간관계에 영향 미치는 한국 문화의 속성을 중심으로 논의하였다. 그 후의 한국에서의 차별현상을 여러 가지 원인으로 분석하고자 한 논의들은 한국인들의 차별의식뿐만 아니라 그들한테 '깊게 뿌리 잡은 편견'들이 정부정책과 결합하고 미디어를 통해 서로를 강화하며 끊임없이 재생산되는 구조에 집중된다. 또한 다문화주의가 전제하고 있는 문명이나 문화개념에 대한 비판적 검토가 없이 순혈주의적 민족주의만을 중요한 극복 대상으로 설정하는 것은, 문화민족주의를 무비판적으로 수용하고 확산시키는 결과를 초래할 수 있으며, 문명론적 우월성 민족주의를 기반으로 하는 차별의 폐해는 순혈주의적 민족주의보다 더욱 견고함을 지적하는 논의도 나왔다.253)

이러한 외국인에 대한 차별행위의 문화적 원인과 사회적 배제기제를 중심으로 진행된 논의들에서 행위자들은 대체적으로 '우리'와 '타자'로 구분되는 전제 속에 위치해 있으며, 그들의 차별 경험들은 현실화되지 못하고 있다. 다시 말하자면, 외국인 노동자 차별에 대한 논의는 차별행위 주체들이 없는 담론적 수준에 머물고 있다고 할 수 있다. 때문에 이주자들에 대한 논의는 그들을 하나의 행위 주체로 간주하고 이질적인 것들의 접촉에서 생겨나는 갈등들을 생생하게 그려냄으로써, 접촉하는 주체들의 인식의 차이와 그 본질은 무엇인지에 대해 탐구해야 할 것이다.

조선족들은 기타 재한 외국인 집단과는 달리, 한민족과 민족적 동질성을 유지하면서도 상당히 다른 국가 체제 내에서 살아왔던 집단들이다. 때문에 재한 조선족을 사례로 하는 연구에서도 앞으로는 국가와 사회, 집단 간의 경계를 넘나들며 삶을 이

253) 한경구・한건수, 2007, 「한국적 다문화 사회의 이상과 현실: 순혈주의와 문명론적 차별을 넘어」, 『한국사회학회 기타간행물』, 한국사회학회, 75쪽.

루어내는 행위 주체성에 주목함으로써, 문화적 동질성과 이질성이 시사하는 본질과 의미에 대해 탐구해야 한다. 또한 그러한 것을 탐구하기 위한 전제로서 그들이 살아왔던 역사적 배경에 대한 이해를 함께 고려해야 한다. 왜냐하면, 경합되는 역사는 행위 주체들과 집단들을 역사적 현재 속에 위치시키기 때문에, 차이의 역사성에 대한 고찰이 없이는 '이주' 영역 속에서의 그들의 삶을 제대로 그려낼 수 없기 때문이다.

조선족 이주노동자에 대한 초기의 연구를 살펴보면 주로 조선족 이주노동자들의 이주 과정과 갈등, 적응 양상 등의 문제를 이주노동자가 증가하게 되는 아시아 지역에서의 세계화라는 정치 경제적 구조변동의 맥락 속에서 설명하는 것에 집중되었다. 이후에 조선족 이주노동자에 대한 논의에서는 점차 조선족의 정체성문제에 초점이 맞추어졌다. 최근 조선족 여성 이주노동자에 대한 연구들은 이주노동자들을 단순히 노동력 사용의 대상만이 아닌, 진정한 사회 구성원으로 받아들여야 한다는 시점으로부터 출발하였다는 점에서는 연구 의의가 있지만 그들의 차별실태 나아가 차별을 받게 되는 원인을 한국 문화의 속성과 연관 지어 분석함으로써 조선족 여성 이주노동자들로 하여금 그러한 차별을 해소할 수 있는 방법을 제시하는 데 치중점을 둔 연구는 미흡한 실정이다.

한국인의 차별의식을 한국 문화의 속성과 연관 지어 분석한 연구들은 단지 한국인과 외국인 노동자와의 인간관계에 영향 미치는 한국 문화의 속성을 검토하는 데 치중점을 두었을 뿐 하나의 이론적인 틀로서 여성 이주노동자에 대한 한국인들의

차별의식의 근원을 다루지 못했다는 점에서 한계가 있다.[254)]

여기서는 조선족 여성 이주노동자들이 어떠한 차별을 받고 있는지 왜 이러한 차별을 받아야 하는지 하는 의문으로부터 출발하며 헤르트 홉스테드[255)]의 문화분석이론을 바탕으로 그들이 받는 차별을 한국 문화의 속성과 연관 지어 살펴보고 나아가 그러한 차별을 해소할 수 있는 방법을 제시하는 데 목적을 두고 있다.

2. 이론적 배경

오랜 세월 동안 하나의 민족공동체를 이루고 살아온 한국 사회에서는 민족적 동질감을 강조하고 이질성을 배제하는 전통, 그로 인하여 외부 집단을 배제하는 특성이 매우 강하게 존재하고 있다. 이는 한국 문화의 심층에 자리 잡고 있는 가치 지향성에 차별적 요소들이 내재되어 있기 때문이다.[256)] 외국인 노동자에 대한 차별이나 배제도 한국인의 그러한 사회적 성격과 차별의식이 작용하고 있다. 게다가 역사・문화적 배경하에서 한국

---

254) 유명기, 1997, 「외국인 노동자와 한국문화」, 『노동연구』13, 고려대학교 노동문제연구소, 69-98쪽.
강수돌, 2002, 「한국의 이주노동자–이웃인가, 이방인인가」, 『민족발전연구』7, 중앙대학교 민족발전연구원, 93-109쪽.
한세희, 2003, 「한국인의 문화적 가치지향성에 내재된 차별」, 『차별과 우리사회』, 한국사회이론학회, 241-262쪽.
함한희, 1995, 「한국의 외국인 노동자 유입에 따른 인종과 계급문제」, 『한국문화인류학』28, 한국문화인류학회, 199-221쪽.

255) Geert Hofstede, 네덜란드에서 출생, 국가문화지수를 활용한 비교경영학 창시자, 저서로는 『Cultures and organizations』, 『Culture's consequences』 등이 있음.

256) 한세희, 2003, 「한국인의 문화적 가치지향성에 내재된 차별」, 『차별과 우리사회』, 한국사회이론학회, 242쪽.

인들의 차별에 대한 인식은 아주 모호하며 또한 차별현상을 차별로 인식하기 위한 사회적인 개념틀 혹은 사회적 코드가 오랫동안 존재하지 않았기 때문에 한국 사회 일상을 설명하는 유력한 담론의 하나로 사회화된 차별이라는 현상적인 사실에 대한 논의의 깊이나 대중적 합의는 상당히 취약하다.[257]

여기서는 헤르트 홉스테드의 문화분석이론을 설명함으로써 이주노동자에 대한 차별의 원인분석에 이론적 기초를 마련하고자 한다. 헤르트 홉스테드는 국가들의 문화지수를 백분율로 나타내어 서로 비교할 수 있게 만들었다. 홉스테드 모델로 알려진 VSM[258]에 의하면 문화적 가치지향성을 아래와 같은 5가지 차원으로 나눌 수 있다.

1. 개인주의/집단주의(Individualism/Collectivism)
2. 권력 거리(High/Low Power Distance)
3. 남성성/여성성(Masculinity/Femininity)
4. 불확실성 회피성향(Uncertainty Avoidance)
5. 시간지향성(Long/Short-Tem Orientation)

본 장에서는 외국인 노동자가 받는 3장에서 구성된 3개 절의 차별 유형과 연관 지어 한국 문화의 가치 지향성 속에 내재된 차별적 요소를 집단주의, 권력 거리, 불확실성 회피성향 세

257) 박건, 2006, 「한국사회의 차별구조와 반차별운동: 인정패러다임을 중심으로」, 한국학중앙연구원 한국학대학원 사회・교육전공 박사학위논문, 2쪽.

258) VSM(Valuss Module)은 Geert Hofstede가 1980년에 그의 저서 『Culture's consequences』에 발표한 문화분석 도구로서, IBM의 다국적 조직을 표본으로 삼아 국가 간 문화의 차이를 5개 차원으로 분석하여 백분율로 정리했다.

차원에서만 분석하도록 하겠다.[259)]

1) 집단주의

홉스테드에 의하면 개인주의는 개인과 개인의 관계가 다소 느슨하여 자기 자신과 가족을 스스로 돌보도록 기대되는 사회를 추구하는 가치 지향성이고 이에 반해 집단주의는 출생 이후 강한 결속력의 배타적 내집단들에 속하여 그들에 대한 무조건적인 충성에 대한 대가로 평생토록 보호받는 사회를 추구하는 가치 지향성이라고 하였다. 한국은 미국, 호주, 영국 등 서구 나라에 비해 대단히 집단주의적이다.[260)]

집단주의는 자기와 내 집단 사이의 경계가 불분명하다. 어디까지가 '나'이고 어디서부터 '우리'가 시작되는지 확실치가 않다. 그래서 단결이 잘 될 때는 좋지만 상황이 안 좋을 때는 서로 간의 불분명한 경계 때문에 갈등이 많이 생긴다. 그 대신 내집단과 그 밖의 불특정 다수 사이의 경계는 매우 뚜렷해서 여간해서 뚫고 들어가지를 못한다. 소위 우리 편과 타인들로 나뉘는 것이다. 때문에 집단주의는 결국 내집단에 속하지 않은 타자에 대한 차별이 불가피하다. 차별을 피할 수 있는 유일한 길은 해당 집단에 무조건적 충성을 선언하고 그 내집단의 구성원이 되는 것밖에 없다. 외국인 근로자에 대한 엄청난 차별대우는 바로 이 점을 시사한다. 우리 안에 들어오지 못하는 외국

259) 이 세 가지 성향에 대해서 이금연(2001)의 논문을 참조하여 재구성하였음.

260) 한세희, 2003, 「한국인의 문화적 가치지향성에 내재된 차별」, 『차별과 우리사회』, 한국사회이론학회, 249쪽.

인은 '영원한 너'로서 차별을 하여도 우리와는 관계없는 대상으로 여겨지는 것이다.[261)]

2) 권력 거리

권력 거리란 사람들 사이의 의존관계의 척도이다. 이것이 높다는 것은 계층 간에 감정적 거리감이 크다는 것이다. 그래서 선뜻 다가가서 쉽게 마음을 털어놓고 대화하기가 어렵고 반대 의견 같은 것은 내놓고 말한다는 게 거의 불가능하다.

높은 권력 거리는 곧 힘없는 자에 대한 차별로 귀결된다. 외국인 노동자의 경우, 그들이 생산현장에서 경험하게 되는 차별 경험들은 한국 문화의 뿌리 깊은 위계의식이 작용한 결과로 볼 수 있을 것이다. 이 위계의식은 두 가지 방식으로 작용하는데 하나는 생산현장에서 한국인과 외국인의 경직된 상하질서를 형성케 하며 다른 하나는 외국인을 한국인과의 인간관계에서 소외시키는 것으로 작용한다. 윗사람 중심의 강한 권위주의에 내리 눌리는 가운데 잘못된 것을 항의하지 못하고 말도 못 하는 경우가 생기는데 이주노동자들을 영원한 초보자로 만들면서 상하질서를 엄격하게 적용하고 있어 친밀한 관계의 형성에 어려움을 준다.[262)]

---

261) 이금연, 2001, 「국내여성이주자의 차별실태와 복지욕구에 관한 연구」, 가톨릭대학교 사회복지대학원 사회복지학과 석사학위논문, 12쪽.

262) 위의 논문, 11쪽.

3) 강한 불확실성 회피성향

불확실성 회피성향이란 불확실하거나 잘 모르는 상황에 대해 갖는 불안감의 정도를 말한다. 이것은 같은 상황 속에서도 문화에 따라 다르게 반응하는 주관적 감정이다.

불확실성 회피지수가 높은 나라에서 무언가 색다른 것을 접할 때 다른 것은 위험하다는 반응이 우세한 데 반해, 낮은 나라에서는 다른 것은 흥미롭다는 반응이 우세하다. 따라서 불확실성 회피성향은 다른 것에 대한 강한 차별성을 내재하고 있다. 나 또는 우리가 늘 익숙하게 알고 대해 왔던 것들이 아닌 것들에 대한 거부감이 강하므로, 당연한 것으로 인식되지 않는 일과 그와 관련된 사람들은 차별 대상이 될 수밖에 없다. 그리고 무언가 대세를 지배하는 한 가지 흐름을 따르려는 경향이 크므로 소위 주류가 힘을 얻게 되고 비주류 혹은 소수가 차별을 받을 수밖에 없다. 외국인 노동자에 대해서 옳고 그름을 떠나 단지 우리와 다르다는 이유로 차별하는 문화적 현상이 바로 이 점을 시사한다. 불확실성 회피성향은 '우리'와 다른 것은 위험시하는 문화를 만들어 이는 '다른 것은 위험하다'는 정서를 만들며 외국인 공포증을 가져온다는 것이다.[263)]

요약하면 집단주의는 개인주의에 비해 집단의 개인에 대한, 그리고 내집단의 외집단에 대한 차별이 강하고 큰 권력 거리 문화는 작은 권력 거리 문화에 비해 지적, 경제적, 신분적 약자에 대한 차별이 강하며 강한 불확실성 회피성향 문화는 약한 불확실성 회피성향 문화에 비해 비주류 혹은 주변적 세력에 대

263) 위의 논문, 12쪽.

한 차별이 강하다.

3. 조선족 여성 이주노동자의 차별 실태와 한국 문화의 속성

한국 사회는 이주노동자들을 '이주자'로 보기도 하고 '노동자'로 보기도 한다. 그들을 이주자로 본다는 말은 외부인이나 이방인으로 본다는 뜻이고, 노동자로 본다는 말은 하층에 속하는 계급의 구성원으로 본다는 뜻이 되겠다. 이주노동자를 '이주자'로서 차별을 두는 것은 그들이 가진 인종적, 민족적 속성 때문이며 이주노동자들이 차별받는 이유가 가난한 나라에서 온 돈 없는 사람들이기 때문이라면, 그래서 한국에서 허드렛일에 종사하는 '아랫것들'이기 때문이라면, 이 차별은 하층 계급에 대한 차별로 볼 수 있다.[264] 그리고 여성이주노동자들은 한국 사회의 다양한 유형의 성차별을 받는다.

1) '외국인'으로서 조선족

설동훈(1996)에 따르면, '개인적으로 차별받고 있다'고 응답한 외국인 노동자의 비율은 47.2%에 이른다. 민족 집단별로는 조선족 불법체류자의 경우 '차별받는다'고 느끼는 비율이 61%로 가장 높다.[265] 조선족은 한국 정부의 출입국 관리 체제의 국적에 따른 분류로 인해 중국인으로 분류되어 한국인과 구별

264) 박경태, 2005, 「이주노동자를 보는 시각과 이주노동자 운동의 성격」, 『경제와 사회』67, 한국산업사회학회, 97쪽.

265) 설동훈, 1996, 「한국사회의 외국인노동자에 대한 사회학적 연구: 외국인노동자의 유입과 적응을 중심으로」, 서울대학교 대학원 사회학과 박사학위논문, 159쪽.

되는 다양한 차별적, 억압적 정책의 대상이 된다. 조선족들도 그들이 당하는 한국인과 차별적 임금이나 노동의 격차가 중국에서 왔기 때문에 중국인이기 때문이라는 사실을 알고 있다.[266)]

한국인은 국적에 상관없이 한국인의 혈통을 이은 모든 사람을 '우리 민족'이라고 인식하지만 이런 인식에 어떤 개인적 혹은 국가적 이해관계가 걸릴 때에는 한국인들의 이런 민족의식도 흔들리기 시작한다. 따라서 한국인들은 더 이상 중국 조선족을 '우리 민족'이 아닌 '외국인'이라고 인식하고 이들에 대한 차별도 정당화하고 있다. '우리' 집단 안에 들어오지 못하는 '너'는 영원한 남이다. 이런 차별로 인해 많은 중국 조선족들은 '같은 민족'이라고 기대는 사라지고 중국인으로서 살아가게 된다.

> 일할 때 한국 사람 우리 많이 무시한다. 선진국, 후진국 문화 차이가 있지만 일 "할 수 없다"고 하는 건 깔봐서 그런 거다. "걔네들, 중국 사람, 외국 사람 안 돼"라고 한다. 깨우쳐 주고 일러줘야지 무시하는 건 말이 안 된다.[267)]

> 밖에 나가면 중국 거지들 왔다고. 그런 말을 들을 때면 정말 속상하죠. … 그렇게 무시를 하더라고요. 우리가 마치 집이 없고 자식이 없어서 온 사람들인가. 그리고 수입도 그래요. 수입 나쁘다 나쁘다 하는데 절대 나쁜 거 없어요. 거기는 옥토거든요. 쌀도 햅쌀 먹으면 찹쌀이 울고 가요. 좋죠. 근데 이거 수입하는 사람들이 자기네 싸게 사가지고 와 돈 벌자 그러니까, 몇 년 묵은 거. 우린 묵은 거 안 써요. … 자기네 헐값에 사가지고 여기 와서 돈 벌죠. 우리도 그거 안 먹어요.[268)]

위의 사례에서 '걔네 중국 사람이 돼서 안 돼', '중국에서 거

---

266) 한현숙, 1996, 「한국체류 조선족 노동자의 문화갈등 및 대응」, 한양대학교 대학원 문화인류학과 사회인류전공 석사학위논문, 25쪽.

267) 위의 논문, 32-37쪽.

268) 이진영, 2003, 「한국 내 조선족 여성노동자에 관한 질적 연구: 생활사재구성방법론을 중심으로」, 인하대학교 대학원 정치외교학과 석사학위논문, 50쪽.

지가 왔다' 등과 같은 말투들은 모두 한국인들의 강한 집단주의 성향을 표현하는 것이다. '우리'와 남을 구분하여 행동하는 경향은 모든 인간집단에 공통된 현상이다. 그러나 한국인들의 '우리'에 대한 애착과 남에 대한 배타성은 좀 유별난 측면이 있다. 그리고 이러한 포괄적인 '우리'로서의 집단의식은 가족에만 국한되지 않고 친족이나 마을, 지연공동체, 학연공동체 등 외부 사회에까지 확대되는 것이다.[269] '우리끼리 문화'가 국가 차원으로 확대되면 단일민족으로서의 우리인 한국인과 남인 외국인이 대비되는 인식구조가 생겨난다. 가족의 확대형으로서의 '민족'에 대한 배타적 집착이 나타난다. 단일민족으로서 혈통의 단일성과 문화전통의 동질성이 끊임없이 강조되는 한편, 외부의 다른 민족 집단에 대한 경계와 대항의식이 고취되며 외국인은 더불어 살아야 할 이웃이 아니라 경계의 대상이 된다. 한국인의 가치 지향성에 내재된 강한 집단주의 성향으로 인해 외국인 노동자는 결국 '영원한 남'으로 자리매김된다.

2) '하층계급'으로서 이주노동자

위에서 지적했듯이 이주노동자들이 차별받는 이유가 가난한 나라에서 온 돈 없는 사람들이기 때문이라면, 그래서 한국에서 허드렛일에 종사하는 '아랫것들'이기 때문이라면, 이 차별은 하층 계급에 대한 차별로 볼 수 있으며 한국 사람들이 그들을 '계급'으로 보고 있다는 의미다.

---

269) 유명기, 1997, 「외국인 노동자와 한국문화」, 『노동연구』13, 고려대학교 노동문제연구소, 78쪽.

함한희(1995)는 '한국인들은 외국인 노동자가 피부색이 검고 가난한 출신이라는 점 때문에 그들을 열등한 인종으로 대하는 인종주의적 태도를 갖고 있다'고 하였다. 그러나 설동훈(1997)은 한국인의 외국인 노동자에 대한 차별이 중국동포에 대해서도 예외가 아니라는 점에 주목하여 이러한 태도를 '피부색에 근거한 인종주의'로 해석하기보다는 '전근대적 노사관계 관념'에서 비롯된 것으로 보고 있다. 신분적 위계질서에 바탕을 둔 전근대적 노사관계 관념에서 노동자는 고용주와 결코 평등하지 않다. 한국인들은 그들은 노비 혹은 머슴, 식모와 같은 존재이며 한국인은-비록 그가 노동자라 할지라도- 외국인 노동자에 대하여 자신이 마치 고용주인 것처럼 생각하고 행동한다.[270] 전통 유교사상이 잔존하고 있는 한국 사회에는 육체노동에 대한 천시가 뿌리 깊게 박혀 있으며 그러한 천시는 '3D업종'에 종사하는 '외국인 노동자', 우리보다 못사는 미개한 나라에서 온 '야만인'이라고 생각하는 외국인에 대한 천시로 이어진다.

자본주의 사회에는 계급에 기초한 차별이 존재하는데 이주노동자 차별도 계급에 기초한 차별로 볼 수 있다. 공장노동은 오래전부터 지위가 낮고 하찮으며 비천한 직업으로 여겨졌다. 유교적인 신분질서 아래에서 육체노동을 통해 돈을 버는 노동자들은 '산업의 전사'나 '수출의 역군'이라는 이데올로기 수사에도 불구하고 '공돌이'와 '공순이'라는 비하의 대상에 불과했다.[271] 많이 배운 사람이 임금을 더 받는 것이 당연한 것으로 되

270) 설동훈, 1997, 「외국인노동자와 한국사회의 상호작용」, 『노동연구』13, 고려대학교 노동문제연구소, 23쪽.

271) Koo, 2001, 188-210쪽(재인용: 박경태, 2005, 「이주노동자를 보는 시각과 이주

어 있는 사회에서 못 배운 노동자들은 힘없고 '만만한' 존재에 불과했고, 차별적인 착취를 하더라도 별문제가 되지 않았다. 공장 내 생산직과 사무관리직 사이에 극단적인 차별이 존재할 수 있었던 것도 육체노동자들에 대한 이런 시각과 무관하지 않다.

이주노동자의 경우, 그들이 생산현장에서 받는 차별의 배경의 하나로 공장노동을 경시하는 한국 문화의 뿌리 깊은 '직업에 따른 위계서열(士農工商)'의식, 한국인의 가치 지향성에 내재된 높은 권력 거리가 한몫을 한다. 이 위계의식은 두 가지 방식으로 작용하는데 하나는 생산현장에서 한국인과 외국인의 경직된 상하질서를 형성케 하며 다른 하나는 외국인을 한국인과의 인간관계에서 소외시키는 것으로 작용한다. 그러므로 이주노동자들은 한국 사회에서도 가장 열악한 곳에 취업을 하고 있는 사람들이다.[272)]

한국인 노동자와 이주노동자 사이의 관계는 마치 정규직 노동자와 비정규직 노동자의 관계와 유사한 측면이 있다. 정규직은 영원한 상층 계급이고 비정규직은 영원한 '신참'이다. 한국인 노동자들은 자기들이 신참일 때는 '스패너로 맞아가며' 시키는 대로 일을 배웠음을 기억하며, 고참으로서는 가능성 있는 후배가 있으면 '욕설로서 자존심 빡빡 긁어가며 군기를 잡아' 일을 가르쳐야 한다고 생각한다. 한국인과 외국인 간의 인간관계는 바로 이러한 경직된 상하 위계질서의 틀 속에서 작동되며 외국인은 깊은 모멸감과 차별감을 느끼게 된다.

노동자 운동의 성격」, 『경제와 사회』67, 비판사회학회, 100쪽).

272) 박경태, 2005, 「이주노동자를 보는 시각과 이주노동자 운동의 성격」, 『경제와 사회』67, 비판사회학회, 100쪽.

> 윗사람이나 상사에게는 순종하고, 늦게 회사에 들어온 한국 사람(신입사원)은 상대방(조선족)을 잘 몰라도 무시하고 불순종한다. 한국 19살, 20살 먹은 꼬마들이 나한테 반말하고, 아무 일이나 막 시킨다. 이XX 씨 뭐 해, 하곤 한다.[273)]

> 우리도 처음에 회사에 들어왔을 때는 정말 힘들게 했다. 그런데 우리가 그 사람들(조선족)보고 안됐다는 생각이 들어 잘 대해주니까… 우리하고 완전히 똑같이 놀려고 한다. 우리야 여기서 오래 굴러먹었으니까 적당히 사정 봐가며 그렇게(바깥에 나가 쉬기) 할 수 있지만 인제 들어온 지 두 달밖에 안 된 사람들이 어디 감히 말도 없이 밖에를 나가. 옛날 우리가 기술 배울 때 같으면 머리채를 잡혀도 몇 번 잡혔다.[274)]

3D의 육체노동에 대한 한국인들의 멸시는 그대로 외국인 노동자에 대한 민족적 편견으로 이어진다. 현재 한국 사회에 인종이나 민족별 노동시장의 이중구조가 확실히 형성되어 있다고 말하기는 어렵지만 관념상으로는 이미 3D노동은 외국인 노동자라는 식으로 직업의 위계서열이 인종·민족의 위계서열과 등치되는 구조가 형성되어 있다. 더욱이 노동자들 중에서도 외국인 노동자들은 '계급 이하의 계급'으로서 한국인 노동자들과 또 경직된 상하질서를 이룬다.

조선족 이주노동자들은 이렇듯 '직업에 따른 위계서열'과 권위주의의 질서 속에서 단지 한국 사람들이 기피하는 노동에 종사하는 순수한 '인력'일 뿐이며 노동현장에서 한국인 노동자들보다는 한층 낮은 노동자로서 차별을 받으며 한국인 노동자와도 경직된 상하질서를 형성케 하며 그들과의 인간관계에서 소

---

273) 한현숙, 1996, 「한국체류 조선족 노동자의 문화갈등 및 대응」, 한양대학교 대학원 문화인류학과 사회인류전공 석사학위논문, 36쪽.

274) 유명기, 1997, 「외국인 노동자와 한국문화」, 『노동연구』13, 고려대학교 노동문제연구소, 83쪽.

외된다.

3) 성차별 속의 여성

노동자계급 내의 차별은 성, 외모, 나이 등 자연적, 사회적 요소들을 이용하면서 이뤄지고 있다. 조선족 여성 이주노동자의 경우, '여성 하층서비스 계급성'을 가진 것으로 재현된다.

> 가정주부로 일하던 이 씨는 임금지급 날짜 5일이 지나자 주인에게 월급을 요구했다. 주인 모녀는 80만 원이라는 임금 중 자신들이 20%를 떼어 저금하고는 나머지를 주겠다는 말만 반복하였다. 이 씨는 '내가 번 돈이면 내가 저금해야지 왜 당신들이 저금해 주겠다고 하는 것인가'를 물었다. 이 씨가 제때에 약속한 임금을 주지 않는 고용주에게 항의하자 바로 주인 모녀는 폭력을 행사하기 시작했다. 문을 걸어 잠근 뒤 모녀는 그녀를 때리고 밟기 시작했다. 이 사건으로 그녀는 갈비뼈 네 대가 부러지는 큰 부상을 입고 병원에 실려 갔다.[275)]

한국에서 생활한 지 얼마 지나지 않아서 조선족 여성 노동자들은 음식점 등지에서도 여성을 대상으로 한 성희롱이 빈번하게 발생한다는 것을 발견하고는 놀라움을 금치 못한다. 이들은 한국에서 임금 인상이나 안정된 직장 보장 등을 미끼로 부하 직원에게 성적 요구를 하는 남자들을 처음 보았다고 이야기한다. 중국 여성의 경우 폭언, 조롱, 무시 경험을 폭행으로 한 항목으로 묻는 질문에 응답한 자의 70.6%가 한국인 직장 상사 및 고용주들로부터 그런 경험을 하였다고 응답하고 있다.[276)]

---

275) 이진영, 2003, 「한국 내 조선족 여성노동자에 관한 질적 연구: 생활사재구성방법론을 중심으로」, 인하대학교 대학원 정치외교학과 석사학위논문, 129쪽.

276) 양정화, 2005, 「이주여성의 차별과 폭력경험에 관한 실태조사 연구-경남지역을 중심으로」, 경남대학교 대학원 NGO협동과정 석사학위논문, 49쪽.

성폭력의 발생 원인을 단순히 가부장적이고 위계적인 전통문화 혹은 성산업의 호황으로 규정하는 것은 성폭력에 관한 근본적인 이해를 불가능하게 만든다. 왜냐하면 이와 같이 억압받는 이면에는 '권력'과 '자본'이라고 하는 것이 반드시 내재되어 있기 때문이다.[277] 성매매의 경우 직장 상사 32.3%, 한국인 직장동료 12.9%가 성매매 제의를 하고 있는 것으로 나타나 다른 매개자보다도 직장 내부에서 한국인에 의해 이루어지고 있음은 한국 사회의 남성중심사회의 성 규범과 보편화된 성 상품화가 이주여성에게도 그대로 반영되고 있음을 알 수 있다.[278]

> 겨울에 모텔에서 일할 때 사장이 '야, 너희 중국 여자들은 어떻게 그렇게 이쁘게 생겼는가?' 그래요. 같이 자고 싶다고 말할 때도 있고요. 노골적으로. 너무 깜짝 놀랐죠. 할아버지 같은 사람하고.[279]

> 저의 경우는 언어소통에 문제가 없으니까 남자들이 이상한 소리를 하면 오히려 협박해요. 학원강사이다 보니까 개인적으로 지도를 원하여 약속 장소에 가면 먼저 밥 한 끼 하고 이야기합시다. 식사하고 나면 간단하게 술 한잔합시다. 그러다가 술자리에서 애인 있냐? 없으면 나랑 애인하자고 하는 남성들이 많아요. 그러면 전 당신 애인이나 부인에게 전화해 볼게요, 했더니 그 남자들은 미안하다는 말은 안 하고 화를 내고 간 적이 몇 번 있었는데… 중국에서는 그렇지 않는데… 한국에는 웬 모텔이 그렇게 많은지도 전 당혹스러워요, 이런 일도 성폭력인가요.[280]

> 어떤 한 가정집, 50일 정도 용인에서 일했거든요. 근데 참 여기 돈 있는 사람, 아

277) 이진영, 2003, 「한국 내 조선족 여성노동자에 관한 질적 연구: 생활사재구성방법론을 중심으로」, 인하대학교 대학원 정치외교학과 석사학위논문, 126쪽.

278) 양정화, 2005, 「이주여성의 차별과 폭력경험에 관한 실태조사 연구-경남지역을 중심으로」, 경남대학교 대학원 NGO협동과정 석사학위논문, 90쪽.

279) 이진영, 2003, 「한국 내 조선족 여성노동자에 관한 질적 연구: 생활사재구성방법론을 중심으로」, 인하대학교 대학원 정치외교학과 석사학위논문, 135쪽.

280) 양정화, 2005, 「이주여성의 차별과 폭력경험에 관한 실태조사 연구-경남지역을 중심으로」, 경남대학교 대학원 NGO협동과정 석사학위논문, 59쪽.

니 돈이 있어 우스운 사람이 있더라고요. … 왜냐하면 그… 참… 교포를 우습게 보더라고요. 사장이 글쎄, 사모님이 자기 성적 요구를 만족시키지 못한다고 나한테 얘기하는 거예요. 그때는 내가 말 얼마나 많이 했는데, 사장님, 교포들이라 해서 사람 잘못 본 거라고… 너무 교포라고 없이 보고 그런다.[281)]

중국동포인 순자(33세)는 건설업을 하고 있다고 소개한 한국 남성과 결혼하였으나 알고 보니 건축현장에서 일하는 일용직 노동자이며, 매일 술만 먹고 일을 하지 않아 할 수 없이 이웃집에 도움을 받아 식당에서 일하며 경제적인 책임을 지고 있다. 그런데 순자 씨가 식당에서 일이 바빠 집에 조금 늦게 들어오면 "어느 놈하고 붙어먹다 지금 오느냐"며 폭언을 하고 담뱃불로 배와 사타구니 등을 지지며, "이렇게 해야 다른 놈이랑 못 붙어먹는다"며 강제적 인성관계를 거부하면 그놈은 어떻게 해 주더냐, 그놈한테는 어떻게 반응했느냐며 똑같이 해봐라 하며 지금 내 말을 안 들으면 국적취득이 안 되는데 넌 그러면 불법체류자가 되어 감옥에 가게 된다면서 협박을 받고 있다.[282)]

조선족 여성 이주노동자들은 '외국인', '노동자'라는 신분으로 인해 받는 차별과 함께 여성이기 때문에 성희롱과 성폭행을 당하며 또한 그들의 신분적인 취약성으로 말미암아 성폭력을 당한 이후에 그냥 참아 넘기는 경우가 많은 비중으로 나타난다.[283)]

이상 노동현장에서의 조선족 여성 이주노동자들에 대한 차별 현상을 한국 문화의 속성과 연결시켜 살펴보았다. 오랜 세월 동안 단일민족 이데올로기의 지배하에 하나의 민족공동체를 이루고 살아오던 한국인들의 배타적 집단주의 성향, 높은 권력

---

281) 이진영, 2003, 「한국 내 조선족 여성노동자에 관한 질적 연구: 생활사재구성방법론을 중심으로」, 인하대학교 대학원 정치외교학과 석사학위논문, 135쪽.

282) 손은록, 2004, 「국제결혼 가정의 부부갈등요인과 갈등대처방안에 관한 연구: 한국인과 결혼한 중국 조선족 여성을 중심으로」, 강남대학교 사회복지 전문대학원 사회복지학과 석사학위논문, 65쪽.

283) 양정화, 2005, 「이주여성의 차별과 폭력경험에 관한 실태조사 연구-경남지역을 중심으로」, 경남대학교 대학원 NGO협동과정 석사학위논문, 90쪽.

거리, 불확실성 회피성향 등 가치 성향에 내재된 차별의식이 이주노동자들로 하여금 인간적으로 소외되고 차별받거나 인격적 모욕을 당하게 한다.

그러나 여기에서 주목해야 할 것은 고용주들을 포함한 모든 한국인들이 갖고 있는 이주노동자에 대한 조직된 사고의 틀은 대부분 언론・방송, 사회화된 이슈 의제 등을 통해 형성된 '상상된 관념'으로서의 이주노동자이며[284] 이주노동자들은 이주노동에 대한 상을 만든 특정한 담론을 통해 주변부 노동자, 사회적 타자로 '수렴'된다는 것이다.[285]

케빈 그레이(2004)는 한국에서 이주노동자들이 특히 빈약한 삶의 질 속에서 살고 있는 이유는 단지 이처럼 '깊게 자리 잡은 편견' 때문이 아니라 한국의 주변부 포디즘이 지니는 속성과 더불어 이러한 편견이 정부 정책과 결합하고, 서로를 강화하며, 외국인 노동에 대해 극도로 착취적인 시스템을 만들어내는 방식에 있다고 하였다.[286] 주재원(2006)도 역사적, 구조적 배경을 가지는 한국 사회의 뿌리 깊은 편견과 배타적 분위기는 미디어를 통해 끊임없이 재생산되고, 이를 통해 지배적 담론으로서의 인종주의와 민족주의는 더욱 견고하게 유지된다고 하였다.[287]

284) 설동훈, 2004, 『국내 외국인 노동자 차별해소방안』, 대통령자문정책기획위원회, 55쪽.

285) 김원, 2005, 「한국 사회 이주노동을 둘러싼 담론 분석」, 『한국학』28(2), 한국학중앙연구원, 297쪽.

286) 케빈 그레이, 2004, 「계급이하의 계급으로서 한국의 이주노동자들」, 『아세아문제』47(2), 고려대학교 아시아문제연구소, 101쪽.

287) 주재원, 2006, 「미디어를 통해 형성된 우리 속의 '타자'와 '타자' 속 '우리'에 관한 연구: 외국인노동자와 한국인노동자를 다룬 텔레비전 다큐멘터리를 중심으로」, 연세대학교 영상대학원 영상커뮤니케이션 석사학위논문, 91쪽.

조선족 여성 이주노동자들도 새로운 삶을 지향하는, 삶에 대한 주동성과 적극성으로 구체적 실천을 통해 끊임없이 협상하며 삶의 공간을 확장해 가는, 사회적 행위자임에도 불구하고 '이주자', '노동자', '여성'이기 때문에 한국인들로부터 차별받음과 동시에 미디어를 통해 그들의 '주체성'은 더욱 부정되고 있고 그들의 목소리는 배제되고 있다. 하지만 그들은 사회의 도태자라든가 부적응자가 아니라 오히려 체제의 급격한 변화에 신속히 '적응'하면서 아름다운 미래를 위해 과감하게 국제이주와 삶을 선택한 능동적인 주체들인 것이다.

4. 맺으며

한국 사회는 갈등을 지양하고 '조화'와 '화합'을 이루는 사회를 만들어가야 할 시점에 왔다. 그렇다면 갈등을 지양하고 '조화'와 '화합'을 이룰 수 있는 방법은 무엇인가. 이주자와 지역주민들 간에 다양한 방법으로 밀도 높은 접촉 기회를 확대해야 하며 지역주민도 함께 대상으로 포함하는 수용성 증진 교육이 이루어져야 한다고 본다. 수용성을 증진하는 과정은 마치 강과 바다와의 관계처럼 자연히 하나로 화합하는 과정, 낙엽과 대지의 관계처럼 낙엽이 떨어져서 자연히 대지와 화합하는 과정과 같은 것으로, 이주자들도 한국 사회에 자연적으로 융합되면서 그들의 정체성을 형성할 수 있는 사회적, 지적 풍토를 기반으로 해야 할 것이다. 하나의 정치적 실체 안에서 문화적 다양성을 인정하면서 다양성 속에서 통일성을 찾아가야 할 것이다.

통일성을 지향한다고 해서 다양성을 부정하는 것이 아니며, 하나의 사회구성체 내에서 다양성을 인정한다고 해서 전체를 이루기를 거부하는 것도 아니고 거부한다고 하여 하나로 화합되지 않는 것도 아니다. 이러한 인문학적인 사상을 바탕으로 사람들은 오랜 세월에 걸쳐 자연스럽게 조화를 이루게 될 것이고, 자연스럽게 화합을 이룰 것이라는 기대를 해보는 것 자체가 '도덕적 낭만주의'에 불과할지도 모르겠다. 그럼에도 불구하고 한 나라의 지적 풍토는 무엇보다도 중요한 것이고, 우리는 보이는 선과 보이지 않는 선의 교차와 병행을 함께 다루면서, 허울뿐인 '다문화주의'에서 벗어나 이주화 현상을 다룰 필요가 있다.

참고문헌

강수돌, 2002, 「한국의 이주노동자-이웃인가, 이방인인가」, 『민족발전연구』7, 중앙대학교 민족발전연구원, 93-109쪽.

강순화, 2002, 「중국 조선족 가족의 변화와 문제점」, 한국여성연구원 여성학 특강 자료.

강순화, 2005, 『중국 조선족 문화와 여성문제 연구』, 한국학술정보.

강영심, 2003, 「항일운동가 박차정의 생애와 투쟁」, 『여성이론』8, 도서출판 여이연, 202-219쪽.

강진연 외, 2016, 『사회사/역사사회학』, 다산출판사.

강해순, 1999, 「중한 섭외혼인 생활의 실태와 전망」, 『여성가족생활연구』4, 여성가족생활연구소, 41-59쪽.

강현주, 2007, 「국제결혼 이주여성의 모국문화 표출 유지 욕구와 정체성에 관한 연구」, 숙명여자대학교 정치외교학과 석사학위논문.

고승제, 1973, 『한국 이민사 연구』, 서울: 장문각.

곽배희, 2001, 「한국사회의 이혼실태 및 원인에 관한 연구」, 이화여자대학교 대학원 사회학과 석사학위논문.

권유경, 2007, 「결혼이민자 가정에서의 호혜적기대의 일치와 불일치 연구: 한국남성과 결혼한 필리핀여성의 사례를 중심으로」, 대구가톨릭대학교 사회학과 석사학위논문.

권태환 편저, 2005, 『중국조선족사회의 변화: 1990년 이후를 중심으로』, 서울대학교출판부.

길림성지방지편찬회, 1999, 『길림성지』13, 길림인민출판사.

김경신, 2002, 「재외한인 여성의 적응과정과 사회적 지위: 조선족과 고려인 여성을 중심으로」, 전남대학교 세계한상문화연구단 국내학술회의, 109-120쪽.

김경신, 2004, 「재외한인여성의 가족윤리: 중국 조선족 여성을 중심으로」, 『생활과학연구』14, 전남대학교 생활과학연구소, 108-120쪽.

김경신, 2005, 「중국 조선족 여성 지도자의 사회활동 실태」, 전남대학교 세계한상문화연구단 국내학술회의, 전남대학교 세계한상문화연구단, 539-571쪽.

김경신·이선미, 2007, 「중국 조선족 기혼여성의 심리적 복지에 관한 연구」, 『대한가정학회지』45(2), 대한가정학회, 119-131쪽.

김계월, 2003, 「중국 연변조선족 여중학생들의 사회화과정에 대한 조사분석」, 『여성연구』3, 연변대학출판사, 248-281쪽.

김귀옥, 2005, 「연변조선족사회 속의 여성들: 참여관찰 및 심층면접을 중심으로」, 『중국 조선족사회의 변화』(권태환 편저), 서울대학교 출판부, 177-206쪽.

김남국, 2005, 「다문화 시대의 시민: 한국사회에 대한 시론」, 『국제정치논총』45(4), 한국국제정치학회, 97-121쪽.

김미란, 2007, 「조선족여성형상과 화해의식 탐색」, 『여성연구』5, 연변대학출판사, 221-231쪽.

김민정·유명기·이혜경·정기선, 2006, 「국제결혼 이주여성의 딜레마와 선택: 베트남과 필리핀 아내의 사례를 중심으로」, 『한국문화인류학』39(1), 한국문화인류학회, 159-176쪽.

김송죽, 1994, 「조선족여성들의 이혼문제에 대한 사고」, 『여성연구』2, 흑룡강조선민족출판사, 201-213쪽.

김수정, 2006, 「젠더 정체성, 개념적 계보와 이론적 딜레마」, 『젠더연구의 방법과 사회분석』(김귀옥 외 편), 다해, 36-39쪽.

김숙자·강유진, 1999, 「한중 섭외혼인실태와 그 가족의 복지: 한국남성과 중국 조선족여성과의 섭외혼인실태와 그 가족의 복지를 중심으로」, 『여성가족생활연구』4, 명지대학교 여성가족생활연구소, 61-109쪽.

김순녀, 1994, 「탐색과 곤혹: 연변여성의식의 현주소」, 『여성연구』2, 흑룡강조선민족출판사, 88-100쪽.

김순희·장상권, 2018, 『김찬해전』, 연변대학출판사.

김양·최민자, 1995, 『근대 중국 조선족 녀걸』, 민족출판사.

김염자, 1990, 「중국 혁명과정의 부녀인력동원정책연구: 공산당부녀정책을 중심으로」, 『여성학논집』7, 이화여자대학교 한국여성연구소, 23-43쪽.

김영란, 2006, 「한국사회에서 이주여성의 삶과 사회문화적 적응관련 정책」, 『아세아여성연구』45(1), 숙명여자대학교 아세아여성문제연구소, 143-189쪽.

김오남, 2005, 「이주여성의 부부갈등 결정요인연구」, 가톨릭대학교 대학원 사회복지학과 석사학위논문.

김왕배, 2008, 「식민지시기 재만조선인의 삶과 기억: 1930년대 만주의 조선족 마을 공동체: 흑룡강성 오상현 조선족 마을 형성과정을 중심으로」, 『동방학지』144, 연세대학교 국학연구원, 33-73쪽.

김용학, 2007, 『사회연결망 이론』, 서울: 박영사.

김용학・김영진, 2016, 『사회연결망 분석』. 서울: 박영사.

김원, 2005, 「한국 사회 이주노동을 둘러싼 담론 분석」, 『한국학』28(2), 한국학중앙연구원, 295-322쪽.

김은실・민가영, 2006, 「조선족 사회의 위기 담론과 여성의 이주 경험 간의 성별 정치학」, 『여성학논집』23(1), 이화여자대학교 한국여성연구원, 35-72쪽.

김재국, 1993, 『중국조선족 항일녀투사들』, 요녕민족출판사.

김춘선, 2009, 『중국조선족통사』, 연변인민출판사.

김해룡, 1994, 「조선족 여성의 성격미에 대하여」, 『여성연구』1, 174-188쪽.

김향화, 2003, 「중국조선족 여대생의 사회화과정에 관한 조사연구」, 『여성연구』3, 연변대학출판사, 225-247쪽.

김현미, 2006, 「국제결혼의 전 지구적 젠더 정치학」, 『경제와 사회』70, 한국산업사회학회, 10-37쪽.

김형수, 2004, 『문익환평전』, 실천문학사.

김호웅, 1995, 「중국조선족 가족실태 연구」, 『가족학논집』7, 한국가족학회, 333-353쪽.

김화선, 2010, 「중국 비농화 과정에서 나타난 조선족 마을의 이민모촌화와 여성의 이주」, 이화여자대학교 여성학과 박사학위논문.

노하나, 2006, 「중국 국제결혼 이주여성의 문화적응스트레스에 관한 연구: 문화적응유형과 이주여성이 인지한 사회적 지지를 중심으로」, 이화여자대학교 사회복지학과 석사학위논문.

당대중국조선족여걸편집위원회, 1992, 『당대 중국 조선족 여걸』, 북경

민족출판사.
류승기, 2005, 「사회변형과 여성잡지의 변천: 당대 중국 여성잡지 연구」, 북경사범대학 박사학위논문.
리광인 · 림선옥, 2011, 『피 바람 속에 우뚝 선 풍채: 항일의 성전에 목숨 바친 조선족 녀당원 90 명』, 민족출판사.
리광인 · 림선옥, 2015, 『항일련군의 조선족녀전사들』, 연변인민출판사.
리복순, 1994, 「중국조선족 여성의 가정적 지위변화에 대한 고찰」, 『제1차 한민족여성 학술대회 논문집』, 이화여자대학교 한국여성연구원.
리복순 · 최명순, 1999, 「가족 내에서의 조선족 여성생활의 현황과 전망」, 『남북한 여성 그리고 중국 조선족 여성의 삶』, 이화여자대학교 여성연구원.
리승매, 1994, 「연변조선족여성들의 섭외혼인문제에 관하여」, 『여성연구』 1, 연변대학출판사, 200-217쪽.
리재덕, 2013, 『송산풍설정: 리재덕회고록』, 민족출판사.
리정자, 2011, 『조선족 구술 력사 시리즈: 나의 사랑, 나의 추억』, 민족출판사.
리춘매, 2012, 「연변지역 도시 조선족 여성의 여가운동의 저해요인에 관한 연구」, 연변대학 체육교육 훈련학 석사학위논문.
림 화, 2005, 「재한 조선족 여성의 생활실태 및 문제점에 관한 연구: 서울지역을 중심으로」, 이화여자대학교 소비자인간발달학과 석사학위논문.
림금숙, 1993, 「개혁개방과 더불어 나타나고 있는 여성취업문제: 중국 조선족 여성을 중심으로」, 『여성학논집』10, 이화여자대학교 한국여성연구원, 247-255쪽.
림금숙, 1994, 「연변 여성취업의 현황」, 『여성연구』1, 연변대학출판사, 98-116쪽.
림명선 · 신순분, 2006, 「혼인행위에서의 자원과 교환: 연변조선족여성의 섭외혼인을 중심으로」, 『인구연구』3, 중국인민대학, 50-55쪽.
박 건, 2006, 「한국사회의 차별구조와 반차별운동: 인정패러다임을 중심으로」, 한국학중앙연구원 한국학대학원사회 · 교육전공 박사학위논문.

박경용 외, 2014, 『연변 조선족의 어머니, 박옥련의 삶과 생활사』, 대구: 책과 세계.

박경용, 2013, 「조선족 디아스포라 경험과 신흥이주지 정착 전략: 칭다오(青島) 거주한 여성 이주자의 생애 내러티브(Life Narrative)를 중심으로」, 『다문화와 디아스포라 연구』3, 25-69쪽.

박경용, 2013, 「중국 조선족 한 여성 구술자의 삶과 가족사를 통해 본 디아스포라 애환: 생애 내러티브(Life Narrative)를 중심으로」, 『다문화와 평화』7(2), 성결대학교 다문화평화연구소, 68-106쪽.

박경용, 2014, 「조선족 디아스포라 구술생애사 연구 현황과 방법」, 『아태연구』2(1), 경희대학교 아태지역연구원, 71-108쪽.

박경용, 2014, 「한 조선족 여성의 가족사를 통해 본 디아스포라 경험과 생활사: 1932년생 박순옥의 삶을 중심으로」, 『아시아연구』17(3), 한국아시아학회, 1-36쪽.

박경용・임경희, 2016, 「한 조선족 여성의 디아스포라 경험과 젠더 재구성: 중국 칭다오(青島) 거주 P씨의 구술생애사를 중심으로」, 『아시아여성연구』55(1), 숙명여자대학교 아시아여성연구소, 199-236쪽.

박경태, 2005, 「이주노동자를 보는 시각과 이주노동자 운동의 성격」, 『경제와 사회』67, 한국산업사회학회, 88-112쪽.

박금해, 2012, 「광복전 중국 동북지역에서 여성교육 전개와 여성의식 변화」, 『중국 조선족 교육의 역사와 현실』, 경인문화사, 149-169쪽.

박금해, 2012, 『중국 조선족 교육의 역사와 현실』, 경인문화사.

박명희, 2008, 「경제체제개혁하의 중국 조선족 여성의 사회적 지위변화」, 『신아시아』15(4), 신아시아연구소, 40-63쪽.

박문일 외, 1996, 『중국조선족사 연구』Ⅱ, 연변대학출판사・서울대학교 출판부.

박민자, 2005, 「조선족 사회의 변화와 여성의 역할」, 전남대학교 세계한상문화연구단 국내학술회의, 전남대학교 세계한상문화연구단, 35-48쪽.

박소영, 2015, 「외국인 담론 극복하기: 식모와 조선족 입주 가사노동자의 계급적 위치성과 이중적 정체성에 관한 연구」, 『대한지리학회지』50(2), 대한지리학회, 185-201쪽.

박용옥, 1995, 「1930년대 만주지역 항일여전사연구: 30여전사의 전기를 중심으로」, 『교육연구』29, 성신여자대학교 교육문제연구소, 171-219쪽.

박준성 외, 2009, 「한국 내 조선족여성의 이주동기와 일: 경험에 대한 사례연구」, 한국심리학회 연차학술발표대회 논문집, 430-431쪽.

박준성 외, 2015, 「남한에서 조선족 직장여성의 문화적응」, 『한국심리학회지: 문화 및 사회문제』21(1), 한국심리학회, 21-43쪽.

박창욱 주편, 1992, 『조선족혁명열사전』3, 요녕민족출판사.

박치완, 2002, 「타문화를 보는 시각: 대화론적 문화론의 정초를 위하여」, 『인문학 연구』7, 한국외국어대학교 외국학종합연구센터 인문과학연구소, 57-94쪽.

박현옥, 1993, 「만주 항일 무장투쟁하에서의 여성해방정책과 농민여성」, 『아시아문화』9, 한림대학교 아시아문화연구소, 23-35쪽.

박혜란, 1994, 「구술사를 통해 본 중국 조선족 여성의 삶」, 『여성학논집』11, 이화여자대학교 한국여성연구소, 11-56쪽.

박홍주, 2009, 「이주여성 가사노동자의 경험을 통해 본 돌봄노동의 의미구성과 변화」, 이화여자대학교 여성학과 박사학위논문.

방미화, 2013, 「재한 조선족의 실천전략별 귀속의식과 정체성」, 『사회와 역사』98, 한국사회사학회, 227-257쪽.

방미화, 2017, 「중국 조선족 여성 연구의 현황과 과제」, 『사회와 역사』114, 한국사회사학회, 341-374쪽.

변혜정, 2007, 「조선족 여성의 몸일 경험과 여성성의 변화가능성: 목욕관리사의 몸일(body work)을 통한 '여자 만들기'를 중심으로」, 『여성학논집』24(1), 이화여자대학교 한국여성연구원, 111-150쪽.

설동훈 외, 2006, 「결혼이민자의 가족생활 심층면접기록」, 서울: 여성가족부.

설동훈, 1996, 「한국사회의 외국인노동자에 대한 사회학적 연구: 외국인노동자의 유입과 적응을 중심으로」, 서울대학교 대학원 사회학과 박사학위논문.

설동훈, 1997, 「외국인노동자와 한국사회의 상호작용」, 『노동연구』13, 고려대학교 노동문제연구소, 131-158쪽.

설동훈, 2002, 「차별과 연대: 외국인 노동자 인권침해 실태와 극복방안」, 『창작과 비평』29(2), 358-374쪽.

설동훈, 2004, 『국내 외국인 노동자 차별해소방안』, 대통령자문정책기획위원회.

성지혜, 1996, 「중국교포여성과 한국남성간의 결혼연구」, 대구효성가톨릭대학교 여성학과 석사학위논문.

손영선, 1996, 「조선족 지식여성의 성공률이 낮은 현상에 대하여」, 『흑룡강민족논총』2, 흑룡강성 민족연구소, 35-36쪽.

손은록, 2004, 「국제결혼 가정의 부부갈등요인과 갈등대처방안에 관한 연구: 한국인과 결혼한 중국조선족 여성을 중심으로」, 강남대학교 사회복지 전문대학원 사회복지학과 석사학위논문.

신영숙, 2004, 「연변 조선족 여성 기관 및 단체 연구: 여성의 사회적 역할과 정체성을 중심으로」, 『여성과 역사』1, 한국여성사학회, 105-150쪽.

신영화, 2002, 「한국인 남편과 조선족 아내의 부부문제」, 『한국가족치료학회지』10(2), 한국가족치료학회, 1-24쪽.

싸한조나, 2014, 「또 다른 하나의 이동: 조선족여성혼인 이민과 친정가족의 전략」, 『연변대학학보』4, 55-63쪽.

안혜옥, 2007, 「국제결혼 여성 가정에 대한 연구: 중국, 필리핀, 베트남 여성을 중심으로」, 단국대학교 정책학과 석사학위논문.

안홍매, 2014, 「연변 조선족 여성경영자에 관한 질적연구」, 연변대학 민족학 석사학위논문.

양소전 외, 1992, 『동북지구 조선인혁명투쟁자료회편』, 요녕민족출판사.

양옥금, 1994, 「조선족 여성들의 참정의정에 대한 초보적인 연구」, 『여성문제』1, 연변대학출판사, 77-87쪽.

양옥금, 1994, 「조선족교육에서 여성들의 지위와 역할」, 『여성연구』2, 흑룡강조선민족출판사, 157-171쪽.

양옥금, 1994, 「조선족여대생의 부녀해방의식」, 『연변대학학보』4, 연변대학교, 60-63쪽.

양옥금, 1994, 「조선족여성들의 참정의정에 대한 초보적인 연구」, 『여성연구』1, 연변대학출판사, 77-87쪽.

양옥금·차성희, 2003, 「해방 후 중국조선족 여성의 교육 지위」, 『여성연구』4, 연변대학출판사, 1-21쪽.

양정화, 2005, 「이주여성의 차별과 폭력경험에 관한 실태조사 연구: 경남지역을 중심으로」, 경남대학교 대학원 NGO협동과정 석사학위논문.

엄성흠, 1995, 「중국 조선족 부녀지위의 변화」, 『흑룡강민족논총』3, 흑룡강성 민족연구소, 20-27쪽.

여성가족부, 2006, 「결혼이민자 가족실태조사 및 중장기 지원정책방안 연구」, 여성가족부.

연변조선족 자치주 민정국 편, 1982, 『장백의 투사들』, 연변인민출판사.

연변조선족부녀련합회, 1984, 『항일녀전사』, 연변인민출판사.

연변조선족자치주 부녀연합회, 1984, 『항일녀투사들』, 연변인민출판사.

연변조선족자치주 부녀연합회, 1991, 『연변여성운동사』, 연변인민출판사.

연변조선족자치주지방지편찬위원회 편, 1996, 『연변조선족자치주지』상, 중화서국.

오경석 외, 2007, 『한국에서의 다문화주의』, 한울아카데미.

오상순, 1994, 「가치의식의 심각한 변화, 변화되고 있는 여성들의 삶」, 『여성연구』2, 흑룡강조선민족출판사, 113-124쪽.

오상순, 1994, 「중국의 여성해방문제와 조선족여성들의 가치관 변화」, 『여성연구』1, 연변대학출판사, 36-48쪽.

오상순, 2000, 「개혁개방과 중국조선족 여성들의 의식변화」, 『민족과 문화』9, 한양대학교 민족학 연구소, 81-117쪽.

오신우 외, 2013, 「초국가주의 시각 하 젠더 재구성에 미치는 영향요인 분석: 연변조선족자치주 연길시 조선족 이주여성을 중심으로」, 『학이론』19, 할빈시사회과학원, 133-136쪽.

왕해륜, 2017, 「민족음식업 발전에서의 조선족 여성의 작용」, 연변대학 민족학 석사학위논문.

왕혜민, 2012, 「연변지역 조선족 여성 인구이동에 미치는 영향에 관한 연구」, 길림대학 인구학 석사학위논문.

우명숙·이나영, 2013, 「'조선족' 기혼여성의 초국적 이주와 생애과정 변동: 시간성과 공간성의 교차 지점에서」, 『한국사회학』47(5), 한국사회학회, 139-169쪽.

원동개·탕수려, 2006, 「조선족 농촌여성인구 유동 현상에 대한 분석: 동북지역 모 조선족촌을 중심으로」, 『문화다양성과 당대세계』, 국제학술회의 자료.

유경선, 2002, 『중국 동포 입주가정부 실태조사』, 국회통일시대 평등사회정책연구원.

유명기, 1997, 「외국인 노동자와 한국문화」, 『노동연구』13, 고려대학교 노동문제연구소, 69-98쪽.

유호춘, 1960, 「여성들의 완전한 평등을 위하여」, 『조선여성』, 조선여성사.

이광인, 2015, 『조선족항일련군의 녀전사들』, 연변인민출판사.

이금연, 2001, 「국내여성이주자의 차별실태와 복지욕구에 관한 연구」, 가톨릭대학교 사회복지대학원 사회복지학과 석사학위논문.

이미애, 2009, 「가리봉동 중국거리에서의 조선족 여성의 위치성에 대한 문화·지리적연구」, 중앙대학교 석사학위논문.

이봉연, 1993, 「길림성 민족구역자치구에서의 조선족여성의 지위를 논함」, 『제1차 동북아여성학술대회 자료집』, 31-44쪽.

이봉우, 2009, 「중국 조선문 잡지의 실태와 전망」, 『한국출판학연구』35(1), 한국출판학회, 327-351쪽.

이선미, 2004, 「중국 조선족 여성의 가정생활실태분석」, 전남대학교 세계한상문화연구단 국제학술회의, 전남대학교 세계한상문화연구단.

이송이·홍기순·손여경, 2010, 「한국에서 조선족이모로 살아가기: 조선족 육아·가사도우미의 삶에 대한 해석학적 현상학」, 『한국가정관리학회지』28(1), 한국가정관리학회, 25-36쪽.

이승률, 2007, 『동북아시대와 조선족』, 박영사.

이승매, 1994, 「연변조선족여성들의 섭외혼인문제에 관하여」, 『여성연구』1, 연변대학출판사, 200-217쪽.

이승매, 1994, 「우리 사회 성문화에 대한 초보적인 고찰」, 『여성연구』2, 흑룡강조선민족출판사, 172-186쪽.

이승자, 2007, 「영상자료로부터 본 중국조선족 여성형상」, 『여성연구』5, 연변대학출판사, 152-162쪽.

이옥자, 2010, 「연변 조선족여성 이동으로 인한 혼인법률문제에 관한 연구」, 『운남민족대학학보』3, 운남민족대학, 49-52쪽.

이용승, 2003, 「호주의 다문화주의」, 고려대학교 대학원 정치외교학과 석사학위논문.

이율이·양성은, 2010, 「한국 내 조선족 여성의 분거가족 관계에 대한 탐색적 연구」, 『한국가정관리학회지』28(4), 한국가정관리학회, 77-87쪽.

이정은, 2012, 「'외국인'과 '동포' 사이의 성원권: 재한조선족 사회의 지위분화에 따른 성원권 획득 전략」, 『경제와 사회』96, 비판사회학회, 402-429쪽.

이정희, 2006, 「여성결혼이민자의 문화적 갈등과 이혼위기에 대한 사례연구」, 계명대학교 여성학대학원 사회복지학과 석사학위논문.

이주영, 2005, 「한국 내 조선족 여성이주자의 가사노동 경험」, 연세대학교 사회학과 석사학위논문.

이주홍, 2002, 「한국사회의 이혼율 증가에 관한 연구: 1997년 이후 구조적요인과 미시적요인을 중심으로」, 연세대학교 대학원 사회학과 석사학위논문.

이진영, 2003, 「한국 내 조선족 여성노동자에 관한 질적 연구: 생활사 재구성 방법론을 중심으로」, 인하대학교 정치외교학과 석사학위논문.

이태정, 2004, 「외국인 이주노동자에 대한 사회적 배제연구: 안산시 "국경없는 마을"을 중심으로」, 한양대학교 대학원 사회학 석사학위논문.

이해응, 2005, 「중국조선족 기혼여성의 이주경험을 통해 본 주체성변화에 관한 연구」, 이화여자대학교 여성학과 석사학위논문.

이해응, 2010, 「다문화제도화의 포함/배제논리와 조선족이주여성의 위치성: 젠더 시각으로 본 한국 다문화주의와 동포(민족)주의의 경합」, 한국사회학회 사회학대회 논문집, 841-851쪽.

이해응, 2013, 「중장년 조선족 이주여성의 노동경험과 탈구적 삶에 관한 연구」, 이화여자대학교 여성학과 박사학위논문.
이해응, 2014, 「중장년 조선족 여성 이주노동자의 몸 아픔 경험에 관한 연구」, 『한국여성학』30(1), 한국여성학회, 213-252쪽.
이형찬, 1988, 「1920-1930년대 한국인의 만주 이민 연구」, 『사회와 역사』12, 한국사회사학회, 209-283쪽.
이혜경·정기선·유명기·김민정, 2006, 「이주의 여성화와 초국가적 가족: 조선족 사례를 중심으로」, 『한국사회학』40(5), 한국사회학회, 258-298쪽.
임경혜, 2004, 「국제결혼 사례별로 나타난 가족문제에 따른 사회복지적 대책에 관한 연구」, 대구대학교 사회복지대학원 사회복지학과 석사학위논문.
임계순, 2003, 『우리에게 다가온 조선족은 누구인가』, 서울: 현암사.
임성숙, 2004, 「한국내 조선족 노동자의 민족정체성 재형성과정」, 한양대학교 대학원 문화인류학과 석사학위논문.
임옥희, 2008, 『젠더의 조롱과 우울의 철학, 주디스 버틀러 읽기』, 서울: 여이연.
전금희, 2013, 「요성 조선족 여성들의 민족문화사업발전에서의 작용」, 『요동학원학보』2, 88-91쪽.
전부원, 2017, 「조선족 여성의 가정지위의 변화에 관한 연구: 3대 여성의 구술자료를 중심으로」, 연변대학 민족학 석사학위논문.
전신자, 2001, 「20세기 초 조선족 여성과 기독교」, 『조선족연구총서』5, 연변대학출판사, 24-38쪽.
전신자, 2001, 「시장경제 하 조선족 여성들의 창업정신과 효응」, 『홍변부민과 소수민족 발전』, 요녕민족출판사.
전신자, 2003, 「기독교신앙과 여성교육」, 『여성연구』4, 연변대학출판사, 183-193쪽.
전신자, 2004, 「중국 조선족 여성의 섭외혼인」, 『연변대학학보』4, 연변대학교, 39-43쪽.
전신자, 2006, 「중국 조선족 여성의 섭외혼인 연구」, 중앙민족대학 민족학 박사학위논문.
전신자, 2006, 「중한국제 혼인 중의 문화적 요소」, 『당대아태』3, 중국사회과학원, 58-63쪽.

전신자, 2007, 「조선족 여성 섭외혼인의 기본 형태에 관한 탐색」, 『동강학간』4, 연변대학교, 99-105쪽.

전신자, 2007, 「중국 조선족 여성들의 국제결혼으로 본 조선족 사회 가족변화」, 『여성이론』16, 도서출판 여이연, 57-77쪽.

전신자, 2012, 「월경민족의 정체성 형성의 배경과 특징: 중국 조선족 국제결혼여성 이민자를 중심으로」, 『연변대학학보』5, 연변대학교, 87-94쪽.

전신자, 2012, 『동원이류의 문화감정: 중한 국제 혼인 중 조선족 국제결혼 여성의 이민 현상에 대한 탐색』, 학원출판사.

전신자, 2014, 「중국 조선족 여성과 북한 여성의 초국적 혼인 비교」, 『북한학』10(1), 동국대학교 북한학연구소, 171-205쪽.

정신철, 1999, 『중국 조선족 사회의 변천과 전망』, 요녕민족출판사.

정신철, 2000, 『중국조선족』, 신인간사.

정옥빈, 2011, 『어머니가 걸어온 길』, 흑룡강조선민족출판사.

정현백, 2007, 「'여성사'쓰기에 대한 (재)성찰」, 『역사교육』102, 역사교육연구회, 163-206쪽.

정현욱, 1999, 「조선족 귀화여성들에 관한 연구: 유입배경, 수용환경 및 부적응에 관한 고찰」, 『정치정보연구』2(3), 한국정치정보학회, 258-298쪽.

조복희·이재연·윤종희, 1993, 「연변지역 조선족의 가족생활 및 육아방식의 실태조사」, 『대한가정학회지』31(1), 대한가정학회, 35-44쪽.

조은 W. 스콧 저(배은경 역), 「젠더와 정치에 대한 몇 가지 성찰」, 『여성과 사회』13, 창작과 비평사, 210-249쪽.

조인복, 2004, 「중국 조선족 여성들의 예술창작현황」, 『젠더와 문화』세미나, 이화여자대학교 한국여성연구원, 52-67쪽.

주재원, 2006, 「미디어를 통해 형성된 우리 속의 '타자'와 '타자' 속 '우리'에 관한 연구-외국인노동자와 한국인노동자를 다룬 텔레비전 다큐멘터리를 중심으로」, 연세대학교 영상대학원 영상커뮤니케이션 석사학위논문.

중공연변주위당사연구실 편, 2002, 『연변역사대사기』, 민족출판사.

중공흑룡강성위당사공작위원회 편, 1987, 『흑룡강당사자료』11, 중공흑룡강성위당사공작위원회.

차명숙, 2015, 『조선족여속고』, 상해금수문장출판사.

찬드라 탈파드 모한티(문현아 역), 2005, 『경계없는 페미니즘』, 이연.

채미화, 1994, 「중국 조선족 여성들의 미의식과 그 발전방향」, 『여성연구』2, 흑룡강조선민족출판사, 75-87쪽.

채미화, 1995, 「당대 중국 조선족 여성들의 민족문화의식」, 『재중한민족여성의 한국문화의식 학술자료집』, 47-59쪽.

채미화, 2003, 「중한여성문화심태비교연구」, 『여성연구』3, 연변대학출판사, 55-83쪽.

최금해, 2005, 「한국 남성과 결혼한 중국 조선족 여성들의 한국에서의 적응기 생활체험에 관한 연구: 여성주의적 고찰」, 『아세아여성연구』44(1), 숙명여자대학교 아시아여성연구소, 329-364쪽.

최금해, 2006, 「한국남성과 결혼한 중국 조선족 여성들의 한국생활 적응에 관한 연구」, 서울대학교 사회복지학과 박사학위논문.

최금해, 2010, 「고학력 조선족 국제결혼 여성들의 한국생활에 관한 질적 연구」, 『재외한인연구』22, 재외한인학회, 1-26쪽.

최형녕, 2015, 「연변 조선족 여성의 빈곤문제와 권한 부여에 관한 연구」, 연변대학 민족학 석사학위논문.

케빈 그레이, 2004, 「계급이하의 계급으로서 한국의 이주노동자들」, 『아세아문제』47(2), 고려대학교 아시아문제연구소, 97-128쪽.

탕수려, 2009, 「조선족 농촌여성의 이동현상에 대한 인류학적 연구」, 『화북수리수전학원학보』1, 화북수리수전대학, 35-37쪽.

한국사회이론학회・김철, 2003, 『차별과 우리 사회』, 푸른사상사.

한금옥, 1994, 「도시 조선족맞벌이가정주부들의 가정지위에 대한 조사」, 『여성연구』1, 연변대학출판사, 161-173쪽.

한금옥, 1994, 「현대창가에 반영된 여성해방의식」, 『여성연구』2, 흑룡강조선민족출판사, 33-60쪽.

한세희, 2003, 「한국인의 문화적 가치지향성에 내재된 차별」, 『차별과 우리사회』, 한국사회이론학회, 241-262쪽.

한영희, 2003, 「새 시기 조선족연극에 체현된 여성의 혼인패턴연구」, 『여성연구』3, 연변대학출판사, 213-224쪽.
한현숙, 1996, 「한국체류 조선족 노동자의 문화갈등 및 대응」, 한양대학교 대학원 문화인류학과 사회인류전공 석사학위논문.
함한희, 1995, 「한국의 외국인 노동자 유입에 따른 인종과 계급문제」, 『한국문화인류학』28, 한국문화인류학회, 199-221쪽.
허계옥, 1994, 「연변지구 여성문화소질과 경제발전」, 『여성연구』1, 연변대학출판사, 88-97쪽.
허명철, 1993, 『21세기로 달리는 중국 조선족』1, 연변인민출판사.
홍기혜, 2000, 「중국 조선족 여성과 한국 남성간의 결혼을 통해 본 이주의 성별 정치학」, 이화여자대학교 대학원 여성학과 석사학위논문.
홍양희, 2013, 「한국 근대 여성사 연구의 현황과 전망」, 『여성과 역사』19, 한국여성사학회, 67-103쪽.
화룡현지방지편찬위원회, 1992, 『화룡현지』, 길림문사출판사.
『연변여성』, 1983-2011년.
『연변주부련회 당안자료』, 1952-1994년.
『독립신문』, 1986.4.21일 자.
「달라지는 조선족 위상…3세대 부상」, 연합뉴스, 2012.1.10일 자.
Judith Butler, “Performative Acts and Gender Constitution: An Essay in Phenomenology and Feminist Theory”, *Theatre Journal*, Vol.40, No.4, 1998.
Judith Butler, “Performative Acts and Gender Constitution: An Essay in Phenomenology and Feminist Theory”, Theatre Journal, Vol.40, No.4, 1998.
Judith Butler, *Feminist Contentions Routledge*, Routledge, 1995.
Judith Butler, *Gender Trouble*, Routledge Butler, 1990(조현준 역, 『젠더 트러블』, 문학동네, 2010).
Newman, M. E. (2005), Power laws, Pareto distributions and Zipf's law.Contemporary physics, 46(5), 323-351.
Wasserman, S. and K. Faust, *Social Network Analysis: Methods and Applications,* Cambridge: Cambridge University Press, 2009.
Zipf, G. K. (1949), Human Behavior and the Principle of Least Effort.

Addison-Welsey: Reading, Mass.
Judith Butler, Gender Trouble, Routledge Butler, 조현준 역, 『젠더 트러블』, 파주: 문학동네, 2010.
「高举毛泽东思想的旗帜,进一步发动妇女,为实现1960年继续跃进而奋斗」, 1960, 『新华半月刊』5, 新华半月刊社.
「家庭妇女应当如何更好地为社会主义建设服务」, 1955, 『新中国妇女』10, 新华书店.
藏健・董乃强, 1996, 『近百年中国妇女论著总目提要』, 长春: 北方妇女儿童出版社.
陈正人, 1958, 「进一步发挥妇女在社会主义建设中的伟大作用」, 『新华半月刊』23, 新华半月刊社.
褚 鸽, 2019, 「新中国成立后延边地区妇女联合会研究」, 延边大学中国少数民族史硕士学位论文.
丁 娟, 2008, 「妇联干部对妇联组织的认知与评价: 关于妇联组织能力建设状况的调查研究」, 『中华女子学院学报』20(1), 中华女子学院.
范铁中, 2017, 「新时期上海市妇联组织参与社会治理的困境与对策研究」, 『湖北社会科学学报』10, 湖北省社会科学联合会.
妇女们, 1959, 「鼓足冲天干劲作出更大贡献」, 『新华半月刊』6, 新华半月刊社.
高小贤, 2005, 「"银花赛": 20世纪50年代农村妇女的性别分工」, 『社会学研究』4, 中国社会科学院社会学研究所.
耿化敏, 2006, 「文革时期妇联组织演变的历史考察」, 『当代中国史研究』13(5), 当代中国研究所.
耿化敏, 2007, 「文革时期妇联组织危机与成因初探」, 『党史研究与教学』5, 中共福建省委党校与福建省中共党史学会.
耿化敏, 2016, 『中国共产党妇女工作史 (1949-1978)』, 社会科学文献出版社.
国家图书馆国家记忆项目组织编纂, 2016, 『我的抗联岁月: 东北抗日联军战士口述史』, 北京: 中信出版社.
何 玲, 2007, 「论妇联组织在新农村建设中的突出作用」, 『广西大学学报』29, 广西大学.

何 玲, 2012,「新农村建设中农村妇女发展道路探析: 以妇联组织在农村妇女组织化发展中的独特作用为例」,『山东女子学院学报』4, 山东女子学院.

洪梅、敏华, 2007,「哺育过金正日的女战士李在德」,『中国老区建设』3, 中国老区建设促进会.

黄璐茜, 2016,「妇联组织在妇女维权中的困境与出路: 以N市妇联为例」, 南昌大学硕士学位论文.

揭爱花, 2012,『国家、组织与妇女: 中国妇女解放实践的运行机制研究」, 上海: 学林出版社.

金一虹, 2006,「"铁姑娘"再思考: 中国文化大革命期间的社会性别与劳动」,『社会学研究』1, 中国社会科学院社会学研究所.

李淑娟, 2007,「抗日巾帼-记朝鲜族抗联女战士李在德」,『党史纵横』2, 中共辽宁省委党史研究室.

梁宗仁, 2003,「帽儿山被服厂始末」,『世纪桥』, 中共黑龙江省委党史研究室.

林 苏, 1990,『妇女运动简史』, 广州: 广东高等教育出版社.

刘家铭, 2017,「长沙市妇联妇女就业管理系统的设计与实现」, 电子科技大学硕士学位论文.

刘巨才, 1989,『中国近代妇女运动史』, 北京: 中国妇女出版社.

马晨曦, 2011,「论建国初期上海市民主联合会在社会治理中的作用」,『渤海大学学报』6, 渤海大学学报杂志社.

马克思等, 1958,『马克思、恩格斯、列宁论共产主义社会』, 人民出版社.

马文瑞, 1958,「进一步地解放妇女劳动力」,『新华半月刊』16, 新华半月刊社.

全国妇联办公厅, 1991,『中国全国妇女联合会四十年』, 北京: 中国妇女出版社.

全国妇女联合会, 1989,『中国妇女运动史』, 北京: 春秋出版社.

施 明, 2017,「妇联小额担保财政贴息贷款系统」, 江西财经大学硕士学位论文.

史义军, 2014,「东北抗联中的女战士」,『党史博览』, 中共河南省委党史研究室.

孙璐璐, 2021,「朝鲜族李在德的革命历程及其贡献研究」, 烟台大学硕士论文.

王 薇, 2009,「转型期妇联职能转变问题研究: 以济宁市妇联推进女性就业为例」, 北京交通大学硕士学位论文.

吴 彦, 2012,「妇联组织参与社会管理工作的研究」, 内蒙古大学 硕士学位论文.

余雪青, 2008,「浙江省妇联基层组织建设研究」, 山东师范大学 硕士学位论文.

俞 丽, 2009,「转型期妇联组织维护妇女权益问题研究: 以常州市妇联为例」, 上海交通大学硕士学位论文.

约翰・伊特韦尔, 1992,『新帕尔格雷夫经济学大辞典』2, 经济科学出版社.

张翠娥, 2014,『社会转型中的农村妇女组织』, 中国社会科学出版社.

张正隆, 2016,「雪冷血热」,『党的生活』, 中共黑龙江省委政策研究室.

张志永, 2010,「错位的解放: 大跃进时期华北农村妇女参加生产运动评述」,『江西社会科学』4, 江西省社会科学院.

赵 明, 2009,「定位与功能: 转型期中国妇联组织角色研究」, 武汉大学博士学位论文.

中共中央办公厅, 1956,『中国农村的社会主义高潮(中)』, 北京人民出版社.

부록

<표 1> 만주 조선인 항일 여전사 의식변화

	구분	복수의식	반봉건의식	계급의식	혁명인식
1	홍혜순		○	○	○
2	김영신	○	○	○	○
3	문두찬			○	○
4	최금숙	○		○	○
5	김순희			○	○
6	리 숙		○	○	○
7	황정신	○		○	○
8	김정옥				
9	최희숙			○	○
10	리계순				
11	박정자			○	○
12	김정길		○	○	○
13	김정숙		○	○	○
14	안순화			○	○
15	리어순				
16	허성숙	○			
17	김인수	○			
18	박록금				
19	박수환				
20	오철순	○			
21	리부평	○		○	○
22	박영자	○			
23	주신옥	○			
24	림정옥				
25	허현숙				
26	안순복	○			
27	리근숙	○		○	○
28	김백문	○			
28	김옥선	○			
30	리영근				
31	신련옥				
32	리재덕				

<표 2> 만주 항일 여전사의 항일 참여 영향 요인

구분		인도자 요인					교육환경 요인		
		부모	형제	남편 아들	친인척	혁명지사 마을청년	학교	야학	진보 서적
1	홍혜순		○	○	○	○	○		○
2	김영신			○		○		○	
3	문두찬					○		○	
4	최금숙			○			○		
5	김순희					○			
6	리 숙							○	
7	황정신	○							
8	김정옥							○	
9	최희숙			○		○		○	
10	리계순		○				○	○	○
11	박정자			○				○	
12	김정길	○					○	○	
13	김정숙		○					○	
14	안순화			○					
15	리어순		○						
16	허성숙					○		○	
17	김인수			△					
18	박록금								
19	박수환								
20	오철순	△							
21	리부평					○			
22	박영자	○							
23	주신옥			○					
24	림정옥					○			
25	허현숙			○					
26	안순복	○	○			○			
27	리근숙	△					○		
28	김백문	△							
29	김옥선	○				○			
30	리영근				○				
31	신련옥				○				
32	리재덕	○					○		

<표 3> 만주 조선인 여전사들의 항일활동 상황

	구분	활동경력	활동내용
1	홍혜순	야학운동 5.30 폭동(1930) 용두산 당지부 서기(1930) 평강구 부녀위원 겸 혁명호조회 책임자(1930.7.10)	교재편찬, 혁명사상 전파 군중인솔 투쟁 삐라 인쇄 살포
2	김영신	야학운동 중공왕청현위 제1임 부녀위원(1930.10) 중공동만특위 부녀위원	삐라 인쇄 살포 선전조직사업 여성 동원하여 유격대에 보낼 식량 장만, 선전조직사업 진행 비밀암호 전달임무 수행
3	문두찬	야학운동 공청단, 봉이동단지부 선전위원 및 분회 책임자(1930.6) 공청단평강구위원회 소선대 책임자(1930.7)	글, 항일가요 배워줌 빠라 살포 여성동원, 홍군에게 밥, 반찬 마련 부녀동원, 혁명군에게 식량 마련, 양말, 옷 등을 빨거나 기워주고, 바느실, 성냥 등 전달
4	최금숙	부녀회사업(1930) 소왕청 마촌 당지부 부녀위원(1930) 소왕청구(제2구)부녀위원(1932.2) 반일회 여성대표 왕청현 부녀위원(1933.10)	삐라 살포, 문건 송달 추수투쟁 여성군중 동원하여 투쟁에서 부상당한 환자의 상처에 좋은 약재를 구함 춘황투쟁에서 지주 양곡 탈환 차량투쟁, 탈량투쟁 준비 토비집단에 항일구국 선전 식량을 저장하여 항일유격전쟁 지원 항일유격대의 반소탕전 배합
5	김순희	야학운동 적위대 대원, 약수동부녀구국회 소선대 조직 추수투쟁 참여	혁명사상 전파 지주와 투쟁, 식량의복을 적위대에 보냄 소년대원 인솔, 삐라 살포, 통신임무 진행 군중사상 통일하기 위한 선전고동사업 진행
6	리 숙	야학운동 대흥동부녀회 책임자(1930) 추수투쟁 참여 혁명사상전파 활동 진행	유격대에 식량, 통신 전달, 망보기, 삐라 살포 여성 인솔하여 시위행진 진행 지주집 양곡 탈환 부녀를 선전하여 유격대에 가입시킴

	구분	활동경력	활동내용
7	황정신	지하혁명조직 가담 부녀사업 통신사업 유격대 지원	 부녀 동원하여 전선에 식량 나름 모연공작 수행 왕옥진 부대에 직접 가서 항일 선전 임무 진행 삐라 살포 통신 연락 임무 수행
8	김정옥	소선대 가입(1931년 봄) 추수, 춘황투쟁에 구유격대 전사 자격으로 참여 적후유격전 진행 화룡 제3퇀 주력부대 편입(1934년 봄)	보초, 통신 임무 수행 적들과 치열한 방어전 벌임 화식원을 도와 산나물 캐고, 해진 전사들의 군복을 기워줌 처창즈 개척전투 진행 적의 포대 까부수는 임무 수행 중 전사
9	최희숙	야학에 다님 추수투쟁, 춘황투쟁 참여 용암동 부녀회회장 사업(1932) 연길현항일유격대 가입(1932) 안도현 처창즈유격근거지 대원(1935) 동북항일연군 제2군 제6사 대원(1938)	 작식대 사업 수행 재봉대 사업 수행 재봉대 책임자 3광정책으로 인해 무시로 습격 받는 상황에서 림해설원을 재봉기 걸머지고 행군 8명의 대원과 함께 600벌 되는 겨울 군복을 재봉해야 하는 임무 20일 만에 완성
10	리계순	야학운동 일제주구 투쟁대회 참가 어량촌 근거지의 부녀회 아동단 사업 진행(1932) 안도현 처창즈 유격근거지 개척 사업(1933.11) 6사 후방병원에서 사업(1937)	여성과 함께 곳곳에 표어 붙여 혁명적 분위기 조성, 아동단원 조직하여 대회 안전 보장, 여성 동원하여 대회에 참석케 함 혁명사상 전파하여 부녀회조직 결성 여성을 조직하여 밥 짓고 옷 빨고 탄약을 날라주는 등 행위로 전사 지원 소작료 둘러싸고 지주와 투쟁 아동단 조직망을 보고, 통신을 나르게 함 물품을 모아 전사들에게 물자 공급 부상자 돌보는 사업 수행, 개인 상황 돌보지 않고 약재 캐오고 식량 구해와서 부상자 간호

	구분	활동경력	활동내용
11	박정자	현농민협회 부녀부 책임자(1931) 야학운동 추수투쟁 참여 평강구 농민협회 부녀부 책임자(1932 봄)	자기 집에 있던 손재봉침을 유격대에 주고 천, 옷가지 등을 동지들에게 나누어 주고, 이부자리, 가장집물 함께 나누어 쓰도록 함 근거지로 돌아오는 여성 안치 식량 해결, 비행선전대 파견 작식대, 피복공장, 장공장 등 유격대 원호사업 책임 유격대원 의복 씻어 기워줌 유격대원 위문
12	김정길	야학운동 반일애국학생운동 참여(1930) 5.30 폭동 참여 지하공작 진행	반제반봉건 사상교육 진행, 특히 남녀평등, 혼인자유, 여성해방, 부녀운동 등 교육 진행 일제주구 및 지주와 투쟁 봉림동 부녀야학의 50-60명 여성 영솔하여 광주항일운동시위 진행 보초 서기, 통신 나르기 등 중공동만특위연락소를 보호
13	김정숙	야학운동 금곡촌 부녀사업 책임자 여성연예대 조직(1932) 강제조혼 반대운동(1932 봄) 지주 및 일제주구 투쟁 대회(1932.5)	 삐라 살포 유격대에 편지, 식량 나름 유격대원에게 밥 짓고 옷 기워줌 부상자들에게 약 발라주는 등 간호 문예 형식으로 항일구국 사상 선전 여성 참가자가 170명 중 70명
14	안순화	반일회 가입(1930년 가을) 당지부 부녀위원사업(1931) 훈춘현 성구 부녀위원 사업(1932.5) 추수투쟁, 춘황투쟁 참여 연통라자 후루베서골 당지부 부녀주임 사업(1932.5) 항일유격대 재봉대 지도사업 동북인민혁명군 제2군4퇀 병원 작식, 간호(1935.3) 재봉대 복귀(1936년 가을)	삐라 살포 선전사업, 여성 동원 조직하여 계급의식 전파, 혁명 열정 불러일으킨 결과, 부녀 10명, 지주 한희삼 친청 5명 항일근거지 창설 위한 군중 기초 마련 당의 통일전선사업 진행(구국군 위문) 아동들에 대한 교육사업 진행 식량 마련 보관하여 식량난 감소 몸을 지탱하며 식량 마련 사득판갈밭 속에서 군복 12벌 지음

	구분	활동경력	활동내용
15	리어순	학생 동맹 참가, 소선대 대장(1930.6-7) 추수투쟁 참여 단사업, 부녀회 사업(1932)	통신연락, 선전활동, 망보기, 마을 순시 매매혼인 반대 많은 여성 가정을 벗어나 혁명 참여
16	허성숙	소년선봉대 가입(1931) 공청단 가입(1933) 동북인민혁명군 제2군제1퇀 대원 왕우구사방대(四方台) 근거지 청년단 구위 여성사업 항일련군 제1로군 제4사 1퇀 1련 첫 여성기관총반원 지방공작(1939년 여름)	망보기, 통신 나르기, 삐라 살포 전투 참여 부상병 간호, 전우 옷 기워줌, 작식대원 도와줌. 림강, 묘령, 안도, 간삼봉 전투 참여 화전현 목기하, 돈화현 다푸차이하 전투 참여(1939.3) 시베이차 전투 참여(1939.4)
17	김인수	적위대원 남골 번개동 부녀회 주임사업(1933)	로두구경찰서습격 백초구고개매복전
18	박록금	왕청현유격대 제1중대 가입 항일련군 제2군 제3사 편입 무송현 만강 제6사 사령부 직속 여성련 첫 련장(1936.4)	위만군 병영 기습, 전리품 노획 위만군 기병대 30여 명 짓부수는 전투 서남차 부근 병실 공사장 습격전투 부대원호 사업 진행
19	박수환	화룡현 어랑촌 근거지 재봉대원 선전사업 항일련군 제2군 제6사 재봉대 주요 책임 일군	만강전투, 서강 전투 등 일련의 전투에 참가(1936년 봄) 대덕수전투, 소덕수전투에 참가(1936년 가을) 보천보 전투에서 제6사 원정부대가 입을 새 군복을 한 주일 만에 100벌 짓는 임무 수행
20	오철순	반일자위대 작식대원 항일연군 제2군 교도퇀 항일연군 제2군 제4사 원 제4사 밀영 재봉대원	전화선 절단, 교통 파괴, 자위단실 불을 지름 식량 마련 물자 노획 위만군 병영 습격 묘령 전투 천보산전투 등 수십 차 전투 참가 안도현 대사하습격전투 참가

	구분	활동경력	활동내용
21	리부평	부녀회원 사업 반석 화전 혁명군 제1군 제1사 밀영 책임자	반석일대 1932년 "4.3", "5.1", "5.7" 농민폭동 참가 유격대 원호 사업 밥 하고 옷 깁고 간호 등 40일 식량이 떨어진 상황에서 작식대원, 피복공장 여성들과 식량 마련
22	박영자	중공반석현위 부녀사업(1931) 독립사 사령부 제1군 군부 제1로군 사령부 전투원	1939년 물자를 구하기 위한 습격에서 아군의 습격에 조건을 마련하는 전투임무 수행 작식 대원을 도와 눈 속을 헤치면서 마른 버섯을 줍거나 나무껍질을 벗겨 죽을 끓이고, 전사들의 해진 옷 기워줌
23	주신옥	공청단 가입(1932) 훈춘현 유격대 가입(1934) 동북인민혁명군 제2군제4퇀 작식대원(1934년 봄) 항일련군 제5군 부녀퇀 대원	후방병원, 재봉대 건설 평소에 선전대, 재봉대, 간호대, 경찰대 임무 수행 필요시 전투대가 되어 전투에 참가 의란현소재지전투, 전조령툰야습전, 대반도매복전, 희샤즈요저격전 참가 란봉 산간지구에서 적들과 투쟁
24	림정옥	공천단 가입, 선전사업(1932) 소목단툰 단지부서기 시업 평일파유격근거지 재봉소 지도사업(1934 초) 노동의무대 첫 여전투원 반장직	삐라 살포 유격대와 연계, 제때에 일제 처단 주력부대 철퇴 엄호 수행 중 희생
25	허현숙	목릉현 하성지구 부녀회사업 중공밀산현위 지방 부녀조직 책임자(1933) 반일회 조직(1933) 양강구 밀영 제1사 제2퇀 제2련 지도원 재봉대원	선전원, 봉사원 사업을 통해 부대 사기 북돋움 주하현 루산진 전투 참가 원보진에서 적들과 투쟁
26	안순복	소선대 가입 항일구국유격군 가입(1933.2)	보초 서기, 삐라 살포 우등불가에서 전사들의 옷을 꿰맴
27	리근숙	소선대원 밀산현위 위원(1932.10)	화요당 지시에 따라 삐라 살포 선동사업 여성들과 함께 말뚝에 말을 매고 물을 긷고 여물을 써는 등 잡일 함 동맹군을 항일에로 이끄는 임무 수행
28	김백문	모아산 제6군 후방피복공장 성위 교통원과 함께 철려로 옴	식량 마련
29	김옥선	항일연군에 입대, 부녀반 편입(1936.8) 항일연군 제3군 제3사 12지대 재봉대원	복장, 탄알주머니, 옷, 모자 등 재봉 서정길에서 15-16명 여전사와 함께 물자를 노획하기 위한 철력 채벌대를 치는 전투에 참가

	구분	활동경력	활동내용
30	리영근	항일연군 입대 철력에 파견, 재봉대 당지부서기 및 대장(1937.8)	
31	신련옥	흑룡강성 요하현에서 참군(1936) 항일연군 제7군 제3사단 재봉대 전근(1939) 항일연군 부대를 따라 소련으로 전이, 내무부 농장 및 건축 부문에서 근무(1940-1955)	재봉기를 메고 다니면서 재봉
32	리재덕	공청단 가입(1932) 탕원반일유격대 가입(1933) 항일연군 제3군 후방사업 소련에서 군사훈련 및 무선 관련 기술 습득(1940) 귀국 후 유격대 사업 전개(1941) 소련에 가서 88교통영 전사로 편입	삐라 살포, 통신 나르기 적들의 총 16대 노획 탕왕하 후방의 임시 피복공장에서 군복 재봉

<표 4> 만주 조선인 여전사들의 고난 상황

	구분	일반여성			혁명전사	
		해산	양육 부재	자녀 상실	고문	몸
1	홍혜순		애를 어머니한테 맡김			
2	김영신			병마에 시달려 숨짐		
3	문두찬	옥중해산	갓난애를 시어머니에게 보냄			
4	최금숙					
5	김순희			배 안에서 숨짐		혀 물어 끊음, 열 손톱을 이빨로 물어뜯음
6	리 숙		딸애를 친척집에, 아들을 양어머니에게 맡김		꽁꽁 묶은 후 총박죽으로 후려갈김	

	구분	일반여성			혁명전사	
		해산	양육 부재	자녀 상실	고문	몸
7	황정신			산속에서 해산, 열이 올라 사망	쇠줄채찍으로 후려침, 쇠막대기로 가새주리를 틀다	혀를 물어서 끊음, 한 길 넘어되는 웅덩이로 뛰어내림
8	김정옥					
9	최희숙				눈알 뺌	밤낮을 이어가며 20일 만에 군복 600벌 만드는 임무 수행
10	리계순	옥중해산	아이를 처장즈에 남겨둠, 배고프다고 우는 아이에게 조겨를 밀어넣음			
11	박정자		딸애를 남에게 줌			
12	김정길					
13	김정숙		아들을 남편에게 맡김			
14	안순화			둘째 아들 일제에 살해됨, 딸애가 굶어서 숨짐, 큰아들 북만으로 보내고, 첫돌 안 되는 아들을 목단강의 한 유모에게 보냄	가슴에 나무꼬챙이를 박음	나물을 캐려고 먼 산까지 걸어감. 지쳐서 앉지 못하고 땅에 엎드린 채 팔을 뻗치고 나물을 캠. 나물을 캐가지고 휘청거리며 겨우 돌아옴
15	리어순					
16	허성숙					
17	김인수			넷째인 금숙의 입에 저고리 섶을 틀어막아 숨짐		
18	박록금		어린아이를 친정아버지에게 맡김			
19	박수환					
20	오철순					

	구분	일반여성			혁명전사	
		해산	양육 부재	자녀 상실	고문	몸
21	리부평		칭얼거리는 어린아이의 손을 입으로 막음, 거의 숨지다가 '토벌'대를 다른 곳으로 유인한 덕분에 살아남. 아이를 남에게 보냄			
22	박영자				가죽 띠로 때리고 시뻘겋게 단 인두로 젖가슴을 지지고 손톱을 빼는 등 고문	
23	주신옥					
24	림정옥					
25	허현숙		중국 류 어머니에게 딸애를 맡김			
26	안순복					
27	리근숙		딸애를 주인집 아주머니에게 맡김			
28	김백문		아기 입에 비상용으로 지니고 다니던 아편을 입에 발라 아기가 취해서 자게 함			
29	김옥선	옥중해산, 전우들은 작은 유리조각으로 탯줄을 끊고 옷으로 갓난애를 싸줌. 산후에 큰 병을 얻어 사흘 동안 물 한 모금 못 마시는 바람에 손발이 차지면서 목숨이 위태로워짐				계절 바뀔 때는 밤낮을 가리지 않고 옷과 모자를 만들었음

	구분	일반여성			혁명전사	
		해산	양육 부재	자녀 상실	고문	몸
30	리영근		큰딸을 농가에 보냄			
31	신련옥					
32	리재덕			해산 후 먹을 것이 하나도 없고, 젖도 나오지 않아서 어린 생명이 기아에 허덕임. 해산 후 5일 되는 날, 아들 사망		산후풍에 의해 온몸이 부대끼고 나서도 죽음의 변두리에서 허덕임

방미화

출생년월: 1982년 4월

교육경력: 연변대학 역사학부 학사
연변대학 역사학부 석사
한국학중앙연구원 사회학과 박사

소　　속: 연변대학 인문사회과학학원 사회학과

연구분야: 국제이민연구, 조선족 여성사연구, 조선족 사회사연구 등

연구성과: 저서『초국적 공간에서의 경계의 재생산 그리고 귀환』(2019),『이동과 정착의 경계에서』(2013), 논문「재한 조선족의 실천전략별 귀속의식과 정체성」(2013),「재한 조선족의 사회적 삶과 경계 재생산」(2020),「연변지역 '귀환' 조선족 창업과정 사례와 정책과제」(2018),「중국 대도시 지역 노동실태를 통해 본 조선족 공동체의 전망」(2020) 등 다수 발표.

중국 조선족 여성의 삶과 여성해방

초판인쇄 2021년 12월 15일
초판발행 2021년 12월 15일

지은이 방미화
펴낸이 채종준
펴낸곳 한국학술정보㈜
주 소 경기도 파주시 회동길 230(문발동)
전 화 031) 908-3181(대표)
팩 스 031) 908-3189
홈페이지 http://ebook.kstudy.com
E-mail 출판사업부 publish@kstudy.com
출판신고 2003년 9월 25일 제406-2003-000012호

ISBN 979-11-6801-278-3 93330